教学随笔：让语文成为语文

吴华宝 著

中国科学技术大学出版社

内 容 简 介

本书是学语文的一把钥匙,是教语文的一面镜子,是用语文的一根拐杖。全书共分四个部分。第一部分:追本溯源,研究什么是"语文",解决语文性质问题。第二部分:从学生出发,研究有效语文学习方法,借鉴古代学法,研究字理、词性、句式、章法,重视学理,重视案例。第三部分:研究教法,对多种教学方法进行比较辨析,并有名师教案、课堂实录剖析,颇能给一线教师启发。第四部分:研究教师、教材和考试。

作者认为,语文即字、词、句、篇,而字、词、句、篇的学习都有对应的方法。中小学生只有采取相应的正确方法,才能学好字、词、句、篇,才能培养字、词、句、篇的能力,才能有效地学好语文。

本书新颖、实用,会受到中学师生、师范院校中文系学生欢迎,也可供语文教学研究者参考。

图书在版编目(CIP)数据

教学随笔:让语文成为语文/吴华宝著. —合肥:中国科学技术大学出版社,2015.1

ISBN 978-7-312-03610-1

Ⅰ. 教… Ⅱ. 吴… Ⅲ. 语文课—教学研究—中小学 Ⅳ. G633.302

中国版本图书馆 CIP 数据核字(2014)第 258503 号

出版	中国科学技术大学出版社
	安徽省合肥市金寨路 96 号,230026
	http://press.ustc.edu.cn
印刷	合肥市宏基印刷有限公司
发行	中国科学技术大学出版社
经销	全国新华书店
开本	710 mm×1000 mm 1/16
印张	20.75
字数	340 千
版次	2015 年 1 月第 1 版
印次	2015 年 1 月第 1 次印刷
定价	35.00 元

序

语文教学是少、慢、差、费吗?难以断定。

语文新课改成功吗?难以明说。

少、慢、差、费可是公认的一位名家、大家所言,我居然说"难以断定";语文新课改可是上层认可,一群群名家、大家在倡导推动的,我居然说"难以明说"——所以,我的这本书蕴含着"批判"元素。

语文是什么?语文怎么学?语文怎样教?语文教材怎样编写?这些是太常见的问题了,提问的人以千万计,但是,问题明确了吗?问题解决了吗?还是难以断定,难以明说——但有一点可以明确:我们要努力让语文成为语文。

我从教至今30余年了。其间除执教高中语文27年外,还教过小学、初中、中专、夜大学和大学语文,并从2006年起担任安徽省高中语文教师远程培训辅导教师(2008年起担任语文学科组组长)。所以,关于语文,站在我的立场,从我的角度,我有发言权。

虽然蕴含"批判"元素,但我秉承的原则是:从语文实际出发,从学生实际出发,从教学实际出发。我的发言靠事实支撑,实事求是。

要强调的是,所谓"批判"只是铺垫,只是映衬,破为的是立,为的是"语文学习",为的是让语文成为语文。

本书的主要任务即在于:讨论语文是什么,语文怎么学,兼讨论语文如何教等。

本人认为,语文即字、词、句、篇,而字、词、句、篇的学习都有对应的方法。中小学生只有采取相应的正确方法,才能学好字、词、句、篇,才能培养字、词、句、篇的能力,才能有效地学好语文。

语文成为语文后,语文就不难了,学习语文当然也就不难了,教语文也会容易一些。

是为序。

吴华宝

目 录

序 .... (i)

语文是什么 .... (001)

语文怎么学 .... (029)
  一　镜鉴 .... (031)
  二　字理 .... (047)
  三　词性 .... (077)
  四　句式 .... (115)
  五　章法（上） .... (151)
  六　章法（下） .... (196)

语文如何教 .... (223)

教材·教师·考试 .... (307)

附录 .... (317)

跋 .... (323)

语文是什么

人莫不饮食也,鲜能知味也。——《中庸》

都云作者痴,谁解其中味?——《红楼梦》

1

语文是什么?

这似乎是个不是问题的问题。但是,恰恰是这个似乎不是问题的问题,一直没有得到明确的、准确的解决。由于这个问题没有明确地、准确地解决,引发了一系列观念、操作方面的问题,引发了争议,引发了改革,引发了否定以及否定之否定,这个问题到现在仍然是个问题,仍然是个硬邦邦的问题。

2

《语文是什么》(作者　佚名)

语文是对秦砖汉瓦的向往;语文是对唐诗宋词的热爱;语文是对《红楼梦》的崇拜;语文是对《西游记》的迷恋;语文是离不开名著的双眸。

语文是大江东去的气势;语文是怒发冲冠的激情;语文是大漠孤烟的雄浑;语文是小桥流水的婉约;语文是对陶渊明"不为五斗米折腰"的叹服;语文是对屈夫子"路曼曼其修远兮"的注解。

语文是一口流利的普通话;语文是一手秀丽的方块字;语文是从笔端流出的锦绣文章;语文是侃侃而谈的风度和气魄;语文是举手投足间的"书卷气";语文是与对手辩论时智慧的应对;语文是和他人聊天时得体的话语。

语文是中华民族历史的缩影;语文是五千年古老文明的积淀;语文是博大而丰满的精神元素。

语文,就是引领学生,说铿锵有力的中国话,写方方正正的中国字,书洋洋洒洒的中国文,做堂堂正正的中国人。

……语文到底是什么？语文是海洋,是森林,是天空,是无穷无尽的神秘世界!

这是一首整合起来的、颇有名的诗。

诗作者有文化,语文素养颇高,但是,我要直接地说:诗作者不知语文是什么。

3

有一个真实的故事:

1983年,我刚走上工作岗位,在一所"文化大革命"前很有名的中学——肥东县长临河中学——执教高一语文。一天,见一乡干部与学校的教务主任聊天。

乡干部说:"干部不好干,我到你们学校教书吧。"

主任问:"你教哪一学科呢?"

乡干部答曰:"别的学科我自知不行,但是,语文容易,我来教语文吧!"

教务主任也是语文教师,无语半晌。

故事可笑。

乡干部本无文化,缺乏语文素养,但他有勇气教语文,他觉得语文容易教,我们不知道他这种底气是从哪里来的。但应该知道,这种现象反映了一种滑稽而严酷的社会现实:自以为懂语文的人太多了。

4

语文教师中流传两句话:

上辈子杀猪,这辈子教书;上辈子杀人,这辈子教语文。

语言学家洪禹平有一篇文章:

《误尽苍生——也谈语文教育》。它曾"让语文教育界语塞一时"。

作家王蒙有一句话:

我要考作文都能交白卷。

语文教师觉得教书不好,教语文更不好,如今教语文是没有积善的恶果,是恶报。由此看来,语文难教,语文教师真的倦怠了。

语文误尽苍生?洪禹平先生看几篇课文,研究几则预习、练习,分析若干份试卷,就得出语文"繁琐"、"荒唐"以至"误尽苍生"这样的结论,我们只能对此说两个字:冤哉!

作家王蒙考作文真能交白卷吗?

5

语文悲哀。

语文教师悲哀。

语文工作者也悲哀。

扎实研究问题,客观发表看法,对语文都是有好处的。

而如果耸人听闻或危言耸听,必别有用意,甚至别有所求。

6

为什么语文学科承受着那么多的责难?为什么语文学科遭受那么多白眼?

先从常识回答：语文太平易近人了。

画鬼神易，画牛马难。语文是牛马，谁都懂一些，谁都可以指指点点。一个字、一个词、一句话、一个典故、一篇文章，都可说道。更要命的，知道点鸡毛蒜皮者能说道，完全不懂语文的也能说道。最要命的，语言大家、文字权威说得头头是道，他们是画牛马的权威啊。

鬼神神秘、难测，谁都说不清，数学、英语即鬼神。除了加、减、乘、除与生活联系密切外，数学实际上是象牙之塔，函数、对数、积分、微积分之类都远离生活。英语，多数人不了解，隔了一层，一些人学过几个单词、几句英语，但很难正统、纯粹，对研究和教学当然是不敢置喙了。所以，人们对数学、英语敬而远之。

在学校里，听语文公开课的人最多；在社会上，就语文发论的人也最多。

再从语文本身回答：教学效果或多或少存在问题。事出有因，无风不起浪嘛。

7

《当前语文教学中两个迫切问题》（作者　吕叔湘）

中小学语文教学效果很差，中学毕业生语文水平低，大家都知道，但是对于少、慢、差、费的严重程度，恐怕还认识不足。……这个问题是不是应该引起大家的重视？是不是应该研究如何提高语文教学的效率，用较少的时间取得较好的成绩？

十年时间，2700多课时，用来学本国语文，却是大多数不过关，岂非咄咄怪事！

吕叔湘先生的这篇文章刊于1978年3月16日的《人民日报》上。

吕叔湘先生觉得人们对"少、慢、差、费"问题"还认识不足"，而这个问题"应该引起大家重视"。

具体说，少、慢、差、费的内涵是内容少，进度慢，效果差，费时多。概括说,少、慢、差、费就是语文教学"效果很差",效率不高。

如果分析起来,少、慢、费属于效率问题,差是效果问题。

少、慢、差、费现象是否存在?我们拿语文与数学、英语作一个简单比较。

数学等理科学科,是西方成熟的东西,假设、演算、实验、推论、定义、公式,千年少说也有数百年搞出来的东西,其概念、内涵清楚,范围、边界清晰。数学就是代数、三角、几何、立体几何、函数、积分、微积分等。一册几何,就讲几何问题,范围明确,循序渐进。一堂数学课,概念、定义、公式、推导、应用、训练,大家觉得就是这个套路。业内业外都没什么好说的。

英语更是舶来品。圈外人士面对英语,噤不能言。圈内人士则很明确:英语就是工具,就是语言,英语教学就是语言教学,就是词、句、篇的教学,单词量,句法(语法),小作文,大作文。由于中外文化差异大,也会增加异域文化知识什么的。由于没有外语环境,学生就要反复地听、说、读、写,很多时候还是死记硬背。

从现在学校的教学安排看,给语文的课时数不比数学、英语多。在课外,学生用于数学、英语的时间、精力更远远超过语文。

我的观点:语文教学少、慢、费问题的真实性可以讨论。

我的另外一个观点:语文教学不能"差",要切实保证语文教学的效果。

8

20世纪80年代末,高校批评录取的大学生"高分低能"。

因为是高校的声音,影响很大,引起了教育改革:以能力立意的教学改革。

20世纪80年代末开始的教改关注教学法,重视启发式、点拨法、比较阅读、读写结合、情景教学等等。流行的话是"教学有法,但无定法"。

改革主要在课堂教学领域。针对串讲式、满堂灌、注入式(简单化、程式化、刻板化),上海育才中学实行"八字"教学模式(读读,议议,练练,讲讲),钱梦龙创造"三主四式"教学模式(教师为主导,学生为主体,训练为主线;自读课,教读课,练习课,复习课)。

后来,有论者以为,以能力立意,出现了"重术轻人"的弊端,人文素养不够。

我以为,少、慢、差、费在"文革"后提出,有其现实意义,有其积极意义,字、词、句、篇、语、修、逻、文得到重视,"文革"前的工具说得以恢复。工具说或有缺点,但是,工欲善其事,必先利其器,工具说可以利其器,这就功德无量了。

因为重视基础知识,就被指为缺少能力;于是,出现反拨,以能力立意。

但是,没有知识,哪来能力?高分低能是否真的存在?如果存在,本质上是一个什么问题?

能力立意少说也有20年了,效果如何?学生能力强起来了没有?就语文而言,涛声依旧啊!负责任地说,学生语文能力依然相当弱,可能比以前更弱了。

9

1997年第11期《北京文学》对语文教育发难,发了三篇火药味很浓的文章。

洪禹平先生看了那几篇文章后,发表了《误尽苍生——也谈语文教育》,产生了轩然大波。同时期,又出版了《语文教育忧思录》《审视中学语文教学》《素质教育在美国》等著述。

这次讨论的范围非常广泛,有教学理念、教学内容、教学方式、教材、考试等等。并且把传统的语文教育与当下的语文教育、中国的语文教育与西方的语文教育进行比较。特别是关注语文的人文性、文学教育。

10

　　20世纪70年代末、80年代末、90年代末由少慢差费、高分低能、文学教育等问题引起的三次讨论，引发了语文教学的三次改革，也为新课改作了铺垫。

　　2001年、2003年教育部分别颁发义务教育段、高中段《语文课程标准》，"标准"是新课改的纲领。

　　新课改实践中出现的一些问题，值得认真研究：

　　以人为本，尊重学生，正确；但操作中不敢批评学生，更不敢严格要求，正确吗？教师廉价表扬，虚假尊重，有什么意义呢？

　　学生主导，轰轰烈烈，分组合作，井然有序，实际效果好吗？是不是有点肤浅、浮躁？

　　多媒体是新课改让人耳目一新的技术，是一个亮点，且亮度高，十分炫目，但实际作用如何？就语文而言，多媒体很多时候代替了板书，而图声并茂，直接影响了对文字的琢磨体悟和切磋讨论。

　　反思三年真能成为名师？反思本是教师反思，每个教师的个人情况不同，反思岂能千篇一律？反思如果没有正确观念指导，可能越反思越邪乎。1990年代即已提倡的写"教后记"，其实有很好的效果。

　　减负是新课改的重要目标之一。减负以后，负担比原先是不是重了？为什么越减负担越重？港、台地区常用字近5000个，大陆3500个，谁负担重？从另一角度看，古代苦读、苦吟、十年寒窗，学生吃一定的苦，不也是一种磨炼、历练吗？

　　积累、整合、感受、鉴赏、思考、领悟、应用、拓展、发现、创新，所谓语文课程中的"二十字经"，美好且美妙，然而很多地方很虚，落实于教学实践更难。

　　提倡人文精神，不错，应该；但是，空中楼阁，花里胡哨，行吗？人文的东西，政、史、地是否可以承担？生活是否可以承担？语文能否全部承担？

　　改革过程中提出了"有效教学"，是不是因为我们的教学低效甚至无效

009

了？"有效"的"效"如何解释？若释为效率，一节课一篇乃至几篇课文，效率绝对有了；若释为效果，半年甚至一年一本《论语》，效果还真不差。"有效"的概念十分模糊。

近年探讨"教学内容的确定"，以前的教学重点、教学难点不管用了？当然，返本归元，自有其意义。

实际上，有效教学、教学内容的确定等，可以看成是对最初改革的反拨、纠正。

"平等中的首席"，符合我们的国情吗？道严师尊是妨碍还是有利于学生学习？

"元认知"，是引进的理念，对认知的再认知、监控、调节。其实，不就是复习、检测、评估还有纠正吗？

建构主义，也是引进的理念。不就是由已知到新知吗？我们的温故知新明确明白，简洁易懂。

食古不化害人，食洋不化则可能更害人，因为洋人的东西跟我们隔了几层，而拉大旗，作虎皮，可以吓唬人，可以让人敢怒而不敢言，"与世界接轨"啊，震耳欲聋。

面面俱到，必然蜻蜓点水。

八面玲珑，必然失去自己。

11

各种混乱局面的出现，因素很多，而重要的一条，是我们对语文的内涵不清楚。

语文是什么，语文学什么，这些本是常识性的问题，也是根本性的问题，却一直摆在我们的面前，始终没有明确解决。

因此，语文内部缺少定性，人云亦云，甚至自惭形秽，别人一批评，心里就慌了。于是只好唯唯诺诺了。语文外部则抓住语文教学的"败笔"，放宽、放大、传递、传播。乱象的出现，迫使我们从头做起。我们应正本清源。

我们看到,过去的忧思、审视,多从外部探讨,自有其价值。

但最终,还是要从语文内部解决问题,要从语文本身解决问题。我们要一步一个脚印地研究、解决问题。

语文是什么?我们早该研究了。

12

1904年语文学科独立(脱离了诗书教化)。1906年刘师培《中国文学教科书》面世。1908年《国文教科书》和《中学国文读本》出版。1949年前,语文课的名称中学称"国文",小学称"国语"。

1949年,著名的语言学家叶圣陶先生提出将"国语"和"国文"合二为一,改称"语文"。这一建议被华北人民政府教育部教科书编写委员会采纳,随后推向全国。叶圣陶说:"口头为语,书面为文。"打这以后"国文""国语"就正式改为"语文"了。这时"语文"的意思是"语言",包括口头语言和书面语言。

顺便说一下,有人以为还是叫国语好,国语给人自豪感,使人有认同感、归属感。还有人认为语文应该改为"华语"。

13

语文是什么,实际就是"语文内容是什么",带出的问题是"语文怎么学"以及"语文如何教"。语文内容是关键所在。

语:语言,包括语音、语汇、语法等;文:文学,包含文学作品(如诗歌、散文、小说、戏剧)、文学家、文学流派、文学手法等。

语:口语,说话,讲;文:书面语。

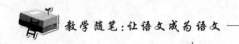

语:白话,语体文;文:古文,文言文。

以现行语文教材为据,语文内容包括以上几个方面的东西;而语言文学、口语书面语、白话文言文等,它们共有的要素是字、词、句、篇。

14

《释语文　说课标　防偏差》(作者　管艳、吴华宝)

（一）

语:语言,包括语音、语汇、语法等;文:文学,包含文学作品(如诗歌、散文、小说、戏剧)、文学家、文学流派、文学手法等。

汉语语音抑扬顿挫,具备特有的美感。语音必须有严格的训练。似是而非,遇字读半边,都是绝对不能允许的。朗读训练,能检验语音,培养语感,还能收到"熟读唐诗三百首,不会吟诗也会吟"的效果。

学外语讲究单词量,其实,汉语也有单词量问题。语词的积累必须强调,语词的积累应该处于积累的首要位置。概念,词义,或微殊,或迥异,这些都是基本功夫。大作家无不掌握丰富语词,好的文章,它的遣词总是贴切、优美、生动,它的文句总是富有表现力。

有人说,司马迁不学语法,文章却照样写得极好,意思是语法可以不去学习。这是错误的。因为,司马迁的语法操作是极为娴熟,堪称楷模的。比较《史记》中来源于或脱胎于《战国策》等史书的文章,选词铸句中极好地体现出了司马迁的功夫、功力。这是严格训练、精细模仿、遵循规范的结果。

《语文课程标准》指出:"工具性与人文性的统一,是语文课程的基本特点。"对此,我们应该深刻体会,正确理解,切实贯彻。

古人的"文道统一"基本具有"工具性与人文性统一"的内涵。"文以载道",文是载道的,无文何以载道,道通过文这个载体而呈现,意思清楚、清晰。

无工具性,就无人文性。工具性是基础,人文性是深化和升华。语言文字是载体,人文是精神灵魂。扳手、犁铧、枪炮:这些是"工具";扳手制造器械,犁铧耕耘田亩,枪炮打击敌人:这些体现"人文"。假如没有扳手、犁铧、枪炮这些"工具",谈何"人文"?假如有扳手、犁铧、枪炮这些"工具",却用扳手敲打人头,用犁铧铲坏打谷场,用枪炮打自己人,又谈何"人文"?

所以说,"工具性与人文性的统一,是语文课程的基本特点"。

但是,一段时间以来,"工具性"被有意无意地忽视。老师们不再追求语音的准确、语词的贴切、语法的规范,不再讲究语言的推敲锤炼,而把教学重点放在"人文性"方面。渗透德育,架空分析,拔高主旨,强调精神。德育渗透当然需要,但语文课不能成为第二思想品德课。长此以往,学生可能懂得很多的大道理和小道理,"时代精神"也能得到张扬,但是字音误读,字形误写,语词误用,句子误造……语文教学将出现可怕局面。语文教学(母语教学)还存在么?甚至,语文(母语)还存在么?

语文教师(包括语文工作者)应该正确认识"工具性与人文性统一"的深刻意义,应该认清"工具性与人文性统一"是任重而道远的事情。

(二)

语:口语,说话,讲;文:书面语。

口语使用频率高,交际范围广。书面语源于口语,与口语相比较,书面语简洁、洗练。

说话要通顺正确,说话要优美动听。话或长,或短,各得其体;或含蓄,或直率,各擅其用;或沉练,或热情,各呈其妙;或华丽,或质朴,各显其美。

说话与听话密不可分。听话要能听清,听懂,听出重点,听出精髓,还要能听出弦外之音。

听、读是吸收内化,说、写是输出表达。听、说属于口语交际,读、写属于书面交流。四者互相映衬、弥补、促进。能说与能写基本一致,善读与善听基本一致。说、写、读、听也是基本一致的。

现在重视学生的讲(口语),无可非议;强调学生的读(诵读),千真万确,这是践行《语文课程标准》"帮助学生获得较为全面的语文素养"的要求。

但是,有些课改实验区出现了偏差:老师在课堂上不敢"讲"了,严重的到了谈"讲"色变的程度。有老师以为,老师"讲"就是忽视学生的主体地位,就是"灌",于是,课堂上老师三缄其口,而对学生,只要他们发言,就立即予以表扬,不能是是非非,更不敢对学生进行批评。这是对"课标"的误解甚至是曲解。

我们认为:首先,语文教师的"讲"是学科特色的体现。看华夏语文名师,哪一位不是"讲"的高手? 其次,语文教师的"讲"是教学基本功的体现,对学生有熏陶作用,有示范效果。其三,为了保证教师"讲"好,可以对"讲"作研究。正如叶圣陶先生所说:"'讲'当然是必要的,问题可能在于如何看待'讲'和怎么'讲'。"

(三)

语:白话,语体文;文:古文,文言文。

文言文优美、凝练。那些古代的优秀作品,蕴含中华民族的精神。继承传统少不了也离不开文言文。学好文言文,能促进白话学习。文白相间也是一种风格。

《语文课程标准》明确指出,"阅读浅易文言文","从历史发展的角度理解古代作品的价值"。

但是,毋庸讳言,在比较大的时空范围内,文言文教学出现两个偏差:一是字字落实,有时深入发掘(把浅易变成繁难),疏通对译后万事大吉;一是不讲字词,专搞微言大义(成为空中楼阁)。

我们的观点是:学习文言文,也要做到"工具性与人文性统一"。第一,常见的实词、虚词的意义或用法以及典型句式的特点,都要通过阅读和训练来掌握,能举一反三最理想。第二,这些基础工作做好后,再"用现代观念审视作品,评价其积极意义与历史局限"。

15

以语文教材为据说明语文内容,还不是从源头解决问题。

语文是地道的中国货,我们再以几种典籍为例,看看情况如何。

三国时,《太史公书》通称《史记》,贯穿古今的《史记》声望与日俱增,各家各派注释和评价《史记》的书也源源不断出现。其中最有影响的是俗称"三家注"的《史记集解》（南朝宋裴松之之子裴骃）、《史记索隐》（唐司马贞）、《史记正义》（唐张守节）。

《史记索隐》作者司马贞，字子正，唐河内（今沁阳）人，世号"小司马"。开元中官至朝散大夫、宏文馆学士，主管编纂、撰述和起草诏令等。司马贞因《史记》旧注音义年远散失，乃采摭南朝宋徐广《史记音义》、南朝宋裴骃《史记集解》、南朝齐邹诞生《史记集注》、唐刘伯庄《史记音义》和《史记地名》等诸家的注文，参阅韦昭、贾逵、杜预、谯周等人的论著、观点，撰成对后世很有影响的史学名著《史记索隐》三十卷。该书音义并重，注文翔实，对疏误缺略补正颇多，具有极高的史学研究价值。后世史学家誉称该书"价值在裴、张两家之上"。

研究《史记》的书，是阅读《史记》，也是解读《史记》，其注疏等解决的正是字、词、句问题，也讨论篇的情况。

16

《尔雅》，研究词，以先秦典籍（包括经书）为收词对象。《尔雅》是上古汉语词典，是我国现存最早按意义编排的辞书，是我国训诂学的始祖。

《说文解字》，研究字（字也是词）。系统分析字形、考究字源，探求文字本义。作者对9335个汉字进行分类，首创部首编排法。首次阐发"六书"。文是独体字，要说；字是合体字，需解。故名"说文解字"。

《四书章句集注》，研究《大学》《论语》《孟子》《中庸》的字、词、句、篇，还根据理学要求引申发挥。

《古文观止》，"评注详而不繁，其审音辨字，无不精切而确当"，解决注音、释词、句子作用、典故出处、篇章技巧等问题。

《三国志演义》有"双峰对峙"之法，《红楼梦》有"草蛇灰线"之法，属篇章技巧。

传统的训诂、笺注、疏证、评点，皆着眼于字、词、句、篇。

教学随笔:让语文成为语文

17

《文心雕龙·章句》(作者 刘勰)

夫设情有宅,置言有位;宅情曰章,位言曰句。故章者,明也;句者,局也。局言者,联字以分疆;明情者,总义以包体:区畛相异,而衢路交通矣。夫人之立言,因字而生句,积句而为章,积章而成篇。篇之彪炳,章无疵也;章之明靡,句无玷也;句之清英,字不妄也:振本而末从,知一而万毕矣。夫裁文匠笔,篇有小大;离章合句,调有缓急;随变适会,莫见定准。句司数字,待相接以为用;章总一义,须意穷而成体。其控引情理,送迎际会,譬舞容回环,而有缀兆之位;歌声靡曼,而有抗坠之节也。寻诗人拟喻,虽断章取义,然章句在篇,如茧之抽绪,原始要终,体必鳞次。启行之辞,逆萌中篇之意,绝笔之言,追媵前句之旨。故能外文绮交,内义脉注,跗萼相衔,首尾一体。若辞失其朋,则羁旅而无友;事乖其次,则飘寓而不安。是以搜句忌于颠倒,裁章贵于顺序,斯固情趣之指归,文笔之同致也。

安排情理要有一定的地方,放置言辞须有一定的位置;安排情理于一定的地方叫作章,放置言辞于一定的位置叫作句。所以章,就是明白;句,就是界限。将言辞区分界限,就是把字联起来分成不同的句子;把情理说明白,就是总括各句意思形成一个整体:章和句的范围虽不同,但相互关联却像四通八达的道路。人们的写作,通过文字构成句子,积累句子组成章节,集合章节便成了整篇。全篇的光彩鲜明,是由于各章没有毛病;每章的明白细密,是由于各句没有缺点;每句写得清丽,是由于文字没有讹乱:犹如摇动树根时树梢也跟着一起颤动,知道了最基本的道理,其他一切都迎刃而解了。写作有韵、无韵的文章,篇幅有大有小;分章造句,声调有缓有急;随着情形而变化以求适合,那是没有定规的。一句主管几个字,要联结起来才能有用;一章汇总一层意思,要相对完整才能构成整体。内容的伸缩安排,章句的前后衔接,好比舞姿回旋,有一定的行列步法范围;又好比歌声美妙,有或

016

高或低的节奏。探寻《诗经》作者的表达情意,虽说后人常常断章取义,但章和句在篇中,就如蚕茧的抽丝,从头到尾,体制上必定像鳞片那样依次排列。作品开头的辞句,要预先萌生当中篇幅的意思,结尾的言辞,要紧承前面的旨义。这样外在的文采才能交织相错,内在的意义才能脉络贯通,如花萼和花上下衔接,从头至尾形成一体。如果文辞失去配合,就像行旅之人没有了同伴;叙事违反了顺序,犹如飘荡寄寓而不能安定。因此用心造句切忌颠倒,安排章节贵在有序,这本来就是表达情感内容的必然要求,作品无论有韵、无韵都是这样的。

18

《文心雕龙》中有很多观点值得汲取。

《章句》篇说:"夫人之立言,因字而生句,积句而为章,积章而成篇。"意思是,人们的写作,通过文字构成句子,积累句子组成章节,集合章节便成了整篇。这里的字包括词,句子跟现在相似,诗经一段是一章,章是段落(一群句子),篇跟现在相同。

《章句》说:"篇之彪炳,章无疵也;章之明靡,句无玷也;句之清英,字不妄也:振本而末从,知一而万毕矣。"意思是说,全篇的光彩鲜明,是由于各章没有毛病;每章的明白细密,是由于各句没有缺点;每句写得清丽,是由于文字没有讹乱:犹如摇动树根时树梢也跟着一起颤动,知道了最基本的道理,其他一切都迎刃而解了。

《章句》又说:"启行之辞,逆萌中篇之意,绝笔之言,追媵前句之旨。"意思是,作品开头的辞句,要预先萌生篇中的意思,结尾的言辞,要紧承前面的旨义。

《章句》还说:"搜句忌于颠倒,裁章贵于顺序。"意思是,用心造句切忌颠倒,安排章节贵在有序。

这些话十分明白:写作是对字、句、章、篇(即字、词、句、篇)的经营。

阅读呢?同样是研究字、词、句、篇。语文学习内容就是字、词、句、篇。

19

字——字音,字形,字义。汉语与拼音文字、音节文字等不同,字是形音义的统一体。回、囘、囬异体,音义相同,秋、秌音义无异。戍、戊、戌、戎、戒音形义各别,晰、皙音同,形义不同。

苏轼要"识尽天下字,读遍人间书",识字、读书并称,以他的聪明脑袋瓜子,或许有可能做到,但事实证明还是很难,所以,只好改为"发愤识尽天下字,立志读遍人间书"。

《康熙字典》收字 47035 个。每个汉字都有形、音、义等,识别起来不易。但是,不识字就无法读文章,无法学习、欣赏作品。古代编纂《尔雅》《说文解字》等,现代则出版《辞通》《辞海》《辞源》等,它们都是识字解词的工具书。

为了适应小学生、中学生的学习,确定了常用字、次常用字。常用字是指中文中经常用到的汉字,通常有数千字。大陆、台湾、香港都有自己的常用字标准。大陆《现代汉语常用字表》收常用字 2500 个,次常用字 1000 个,合起来 3500 个,台湾《常用国字标准字体表》收 4808 字,香港《常用字字形表》收 4759 字。

《汉语拼音方案》,主要解决汉字注音问题。

古人研究汉字,提出"六书"。现代学者对"六书"看法不尽相同,但"六书"是研究字形、字义的成果,具有很高的价值。

20

词——语词,由语素构成。词有音有义。基本义,常用义,引申义,句中义,使用方法,都要关注。品味、品位不同,成果、结果、后果不同,望、见、瞧、瞥、瞅、瞎、视都有看的意思，但又有小的区别。词有词性，有相对固定的用法。成语、熟语是词，俗语、谚语多数已经是句子了。词的总汇叫词汇，也有叫语汇的。

有些字就是词，是单音词。联绵词虽是两个字，却不能分开来解释。合成词数量众多，合成方式丰富多样。

大作家都掌握大量的语词。有专门研究者统计说，莎士比亚的单词量在 15000 个以上，托尔斯泰是 10000 多个，拜伦、雪莱在 8000 个以上，弥尔顿约 8000 个。鲁迅大约使用过 8000 个单词。

《现代汉语词典》风行海内，该词典第 6 版收词 69000 余条。

要强化字词教学，要热化语言积累。

21

句——句子。普通的句子有主、谓、宾、定、状、补这些成分。文言文中有判断句、倒装句、省略句、被动句等有异于现代汉语的特殊句式。

句子表达明确的意思。句子或记事，或状物，或绘景，或抒情，或说理。要能欣赏句子。要会模仿句子。要能独立写出记事清晰、状物逼真、绘景生动、抒情真挚、说理透辟的句子。

能欣赏佳句并能长期积累佳句，能仿造妙句并能铸造新的妙句，作文还会发愁吗？

22

篇——篇章。《出师表》《陈情表》《祭十二郎文》《与妻书》是文章，《触龙说赵太后》《邹忌讽齐王纳谏》《烛之武退秦师》《谏逐客书》也是文章。屈原

《离骚》、李白《蜀道难》、苏轼《念奴娇·大江东去》,是文章,是诗、词。文章有内容,有主旨,讲究技巧。内容主旨,包含了人文性。学习篇章,要学习内容、技巧,锻炼字、词、句的功夫,培养谋篇布局的能力。

由字而词,由词而句,由句而篇,字、词、句、篇构成语文的内容。

如何释题,如何起笔,如何结穴,如何使用材料,如何加入感想,都属篇章问题。

23

没有丰富的字词,《诗经》的重章叠句就无法完成;一篇《进学解》,出现数十个成语;《诗经》以降,名句如繁星,熠熠生辉;名篇岂止《古文观止》所收篇目,《唐诗三百首》必有遗珠之憾,《近三百年名家词选》又怎能囊括近三百年所有绝妙好辞?

妙词、佳句、名篇,浩如烟海。

24

以前有"八字宪法"的说法,在字、词、句、篇之外,还有语、修、逻、文四字。

语——语法。八大方言区及其子方言区,语音千差万别,但语义、语法差别不是太大。三皇五帝,尧舜禹汤,秦汉唐宋,语音更替,但语义大多相同,即使有变化,轨迹也相对清晰,语法更是相对稳定。

修——修辞。修辞以立其诚。比喻、比拟、对偶、排比、反复、顶针等等,定音、炼字、炼句、连缀成文,都是修辞功夫。

逻——逻辑。逻辑的概念、判断、推理能保证思维的品质,句子、文章要有逻辑性,倒叙、插叙、顺叙、前后呼应等等,也是逻辑、思维问题。

文——文化,人文。屈原、司马迁、李白、杜甫、韩愈、柳宗元、欧阳修、苏轼等,都是政治上不得志之士,为什么课文多选他们的作品?《苏武传》《出师表》《过零丁洋》,忠臣们所效忠的皇帝,或昏庸或无能,如何理解这种现象?陶渊明、贾岛等的隐逸作品,寄情于田园山水,如何解读?处江湖之远,则忧其君,居庙堂之高,则忧其君,达则兼济天下,穷则独善其身,士大夫的情怀如何分析?这里就有文化问题。社会生活,社会现象,如何透视?如何入文?这里也有文化问题。要熟悉、积累文化常识,以加深对作品的理解,提升阅读能力。

当然,语、修、逻、文可以融入语句篇章中。比如,语法和修辞格可以归入句子。消极修辞可以放到篇章中研究。逻辑,就是事理道理,句子、篇章中都可包含。文,文化,字、词、句尤其篇都含有文化。语、修、逻、文融入字、词、句、篇,在具体的语言环境中研究,效果也更好。

从中学生角度说,语法、修辞、逻辑、文化比较专,也比较深,虽然中学语文不可能没有它们,但相对而言,它们是次要内容,是辅助内容。学习它们,重点应放在操作层面。

不过,语、修、逻、文的作用不可小觑。以前有一种说法,语法管"通不通"问题,修辞管"好不好"问题,逻辑管"对不对"问题,这是颇有道理的。有了语法、修辞、逻辑,文章就可能流丽顺畅、生动形象、简洁有力。而有了文化,文章就可能更加厚实、深邃。

25

"八字宪法"是否过时了呢?

新课程实施以来,出现了诸如"诗意语文""情智语文""深度语文""本真语文""本位语文""文化语文""心根语文""生命语文""言语生成""有效语文"等观念和模式,还真有点叫人眼花缭乱。

应该说,各家各派的探索都有其积极意义和作用,但是,从学生实际考量,从教学过程考查,从教学效果研究,总有不尽如人意处,总有遗憾处。我们若用一句"教学是遗憾的艺术"来了结,多多少少是叫人遗憾的。

各家各派、各种观念和模式,凡成功之处,在于理解了八字宪法,落实了字、词、句、篇;凡遗憾之处,在于没有真正理解"八字宪法",或虽理解了,但实施中出现偏差。

我们不能说"运用之妙存乎一心",如果那样玄,那就不是"宪法"了。

经验表明:语文教学,只要玄了,只要不可言传,只要神乎其技,就一定不靠谱。如若故弄玄虚,那就更叫人恐惧了。

要拨开迷雾,要脚踏实地,不要急功近利,不要花里胡哨。返璞归真,返本归元,才是正确之途。

八字宪法仍然有其积极意义。

26

相同的是,"字词句篇"与"诗意语文""情智语文""深度语文"等一样,本来就没有踏实实行过,往往有干扰,干扰有种种。

不同的是,"诗意语文""情智语文""深度语文"等与教师个人关系密切,个性色彩过浓,因而难以推广实施,而"字词句篇"却能够普遍实施,切实落实,能够见效。

其实,就像儒释道法一样,某家总是突出一点,排斥其他,而事实是,儒释道法相同之处及相通之处还是很多的。

27

语文的外延等于生活的外延?

美国教育家科勒涅斯说,"语文的外延等于生活的外延",如果从语文资源和语言使用两方面说,这句话是对的。生活中有语文,比如社会文本、电影电视,但是语文资源不等于语文学习内容,更不等于语文学习。生活中要使用语文,而且使用语文也可以促进语文的学习,但使用语文毕竟不是学习语文。

所谓大语文,把语文的边界搞模糊了。

如果要让教师丰富起来,"大"起来,"杂"起来,"博"起来,是正确的,但是,对学生不能这样要求,学生不能什么都学,什么都学也就什么都学不好。

处处留心皆学问,这里的学问不一定是语文,即如"子入太庙每事问",所问并非语文。

28

要强调,不要把语文搞复杂。语文没有繁、难、偏问题,旧倒是有,但旧不一定是坏东西。

数学是三角、几何、代数等,英语是词、句、篇再加异域文化,语文也要简单,语文就是语言,就是字、词、句、篇。当然,语文不能学习数学,仿三角、几何、代数,按字、词、句、篇编教材,字、词、句可以分开学,可以分阶段学,但要想更有效,还需融入篇中来学习。这点与外语有相似之处。

29

语文不是篮子,不要捡到篮里都是菜,不要什么菜都往篮子里扔。

比如,三观问题,政治科应该解决也能够解决。

比如,陈涉起义的意义以及"让步说"的正误,历史科可以论证。

比如,科学方法、科学精神,理科各学科中俯拾皆是。

比如,苏武牧羊,可以归为爱国之举,语文可以提出,略作讲解,渗透一下。

比如,如何看待荆轲刺秦王这件事?恐怖手段?牺牲精神?大局观念?感恩思想?英雄主义?实在是莫衷一是啊!让历史去评说吧。政治如果把它作为材料,也可以使用。语文在这个问题上却不可多涉及。

语文不能回到语文学科没有独立的1904年以前,更不能回到1956年和"文革"中。

30

2200多年前,荀子提出了文道问题。

古代有经(道)无文,或多经(道)少文。

作家的作品是文道统一的。他们遣词造句,布局谋篇,安排调动的是文字,使用的是技巧,又何尝不是为表现道而经营呢?

即使不同国度的作家,使用不同的文字,也可以表现同样的思想。泰戈尔、冰心都可以表现爱的主题。文道在作家个人方面,是水乳交融、绝难分开的。

所以,在作家那里,文以载道,道在文中,文道统一。

编者的工作,也是文道统一的。他选文,配置单元,都有文道标准。编者要对作家文本、社会文本进行加工,还会加注释写提示,进行导读。这保证了文道统一。

教师既是读者又是作者,先读后解。不少教师是编者的执行人,也有教师能有自己的见解。搞研究,搞教学,都不是做"新嫁娘",无需问"画眉深浅入时无"。

一千个读者就有一千个哈姆莱特,但不管怎样,还是哈姆莱特,而不是麦克白、李尔王。一个文本的意蕴,虽然可以"作者未必然,读者何必不然",但是文本本身的内容是客观存在的,是一切的基础。

学习文章的学生,对文中的道不一定完全接受,对文的妙处不能一下子理解。在文道两个方面都有隔阂,这里,很难说文道统一,很难做到文道统一。

鲁迅、周作人、林语堂、郁达夫,学习的是一样的文,而他们的文风区别很大,文中的道更是大相径庭。他们虽是同一时代、同一国度的人,文同却道异。原因不在文,而在作者所持之"道"不同。

各个时代的人都接受主流教育,李贽、蒲松龄、曹雪芹却都是他们那个时代的道的叛逆者。

曾有人说我们教育培养的人如一个模子所出。怎么可能呢?同一节语文课,学生所悟不同;同一个老师执教,学生所得不同——想从一个模子出来都不行。

韩非、李斯,师事荀子;孙膑、庞涓,师事鬼谷子;鲁迅、钱玄同、刘半农、黄侃、马幼渔、吴检斋,师事章太炎。老师相同,道却不同。

人之道成,本有多种因素。

语文教学中,道,教化,作用有多大?今天如何传道?都需要思考。

31

皮之不存,毛将焉附,皮是文,毛是道。

桂馥兰芳,气清香远,花是文,香是道。

眉清目秀,气质优雅,眉目是文,气质是道。

犁铧扳手,枪炮是文,耕田、制作修理器械、打击敌人是道。

桃李不言,下自成蹊,桃李是文,桃李的根干枝叶是文,下自成蹊是因为有道,道即花、果和葱茏摇曳的绿意诗情。

32

现在考察常见语文工具书。

有各种"字典""词典""成语词典""名句用法辞典""散文鉴赏辞典"乃至"诗经鉴赏辞典""唐宋词鉴赏辞典"等等,这些词典(辞典)是学语文不可少的,它们分别解决什么问题?

它们分别解决字、词、句、篇问题,而这正好对应了语文字、词、句、篇的实际状况。"名句用法"等可称"句典","散文鉴赏辞典"等可称"篇典"。

33

现在考察人们如何评价学生的语文学习。

说学生没有学好语文,老百姓会怎么说呢?会说字像鳖爬的,错别字多;会说乱用词,句子不通,词汇贫乏,语言问题大;会说看不懂文章,写不出文章,或写不出好文章,写出来的文章中心不明、立意不高等。

而夸一个学生语文成绩好,会怎么说呢?会说字大方美观,语词丰富,语言生动形象,结构精致,主旨健康,积极向上,文章给人美感,启人心智;会说字正腔圆,抑扬顿挫,轻重缓急合理合情,朗读有艺术性。

归纳起来,无不是字、词、句、篇问题。

34

明确了语文的内容,明确了语文的内涵,就可以这样说:语文即语言,语文学科是传授字、词、句、篇知识和培养字、词、句、篇能力的中小学教学科目。

35

　　语文是庄子,是孟子,是荀子,正确吗?语文与庄、孟、荀只有小部分重合。

　　语文是汉赋,是唐诗,是宋词,是元曲?语文与赋、诗、词、曲只有小部分重合。

　　语文是演讲,语文是朗诵?应该改过来:演讲是语文,朗诵是语文。

　　科勒涅斯"语文的外延等于生活的外延"这句话曾经长期印在一本杂志的封面上,它反映了对语文学习内容的模糊认识。

36

　　生命的第一声啼哭,不会具有革命性,也不是语文。

　　咿呀学语,学的不是语文。

　　幼儿园的言语教学近乎语文教学。

　　早慧如方仲永是不学就无师自通,江郎才尽是才思枯竭,都与语文教学无太大关系。

　　国人见面说的"你吃过了吗",鲁迅先生的"今天天气哈哈哈",都不是语文,只是寒暄、套语。

37

　　中小学生的课外阅读是课堂的衍生和延伸,是应用和迁移;是学习语文的好路径、好方法;是学好语文不可或缺的重要一环。语文是适合自学的学科。

　　语文成绩好的学生,都有课外阅读的习惯,都读了大量的书。

　　要学好语文,必须把课内、课外紧密结合起来。

38

　　培养作家、诗人和语言专家(学者),是大学和大学后教育的任务,语文承担不了,也无需承担。

39

　　语文即字、词、句、篇,即字、词、句、篇知识和字、词、句、篇能力。明乎此,也就解决了"学什么""教什么"的问题。字、词、句、篇是学的内容,自然也是教的内容。

语文怎么学

知之者不如好之者,好之者不如乐之者。　　　——《论语》

旧书不厌百回读,熟读深思子自知。　　　　　——苏轼

看,读,记,背,品词、铸词,析句、造句,赏篇、谋篇,体悟,抽象,归纳,积累——语文就这么学,语文只能这么学。

一　镜　鉴

40

　　1963年语文教学《大纲》强调读、写能力的培养，1978年《大纲》提出对学生"进行严格的读写训练"，1987年《大纲》将读写扩展为听、说、读、写。从此，谈语文必谈听、说、读、写。

　　听、说、读、写，对学外语而言是十分恰切的。外语要能听懂，要训练听力；要敢于说，不能是"哑巴外语"，要培养口语能力。外语作为工具，中国人学习时，听、说很重要。而读，有利于听，也有利于说；写，单词的字母不能少也不能多，语法要符合规范。所以读、写也不可忽视。学外语必须听、说、读、写并重。

　　对国人学母语而言，听、说实在是次要的，不读书的人（哑巴除外）也能解决听、说问题，语文课堂应该重视的是读和写，而读是关键，是核心。

　　阅读岂止是半壁江山？它是语文教学的主体部分。

41

　　反对死记硬背，不死记硬背则减轻了学生负担，减轻负担又搞好了学习,如此,学生喜欢,家长喜欢,舆论喜欢,真是皆大欢喜;然而,不记不背行吗?理科的公式、外语的单词语法,不记不背能行?语文的字、词乃至句、篇,不记不背能行?

"减轻负担",迎合、讨好倒是其次的事,严重的是无法落实,空头支票,沙上建塔,坏了习惯,乱了理念,害人匪浅。

鉴古知今。我们看看前人如何学习语文,如何学习字、词、句、篇。我们从前人的经验中提炼方法,汲取营养,提高我们的学习效果。

42

《论语·宪问》

为命:裨谌草创之,世叔讨论之,行人子羽修饰之,东里子产润色之。

这是政令成文(作文)的全过程,包括审题、构思、起草、研讨、修改、润色。

43

《史记·孔子世家》(作者 司马迁)

孔子晚而喜《易》,序《彖》《系》《象》《说卦》《文言》。读《易》,韦编三绝。曰:"假我数年,若是,我于《易》则彬彬矣。"

孔子勤读《易》,致使编缀的牛皮条多次断开。(韦编三绝:韦,熟牛皮,古代用竹片写书,再用牛皮条编缀成册;三,多次;绝,断。)他还说:"如果多给我几年工夫,那么,我对于《易》的知识会更加丰富的。"

《论语·述而》也有记载:"子曰:'加我数年,五十以学《易》,可以无大过矣。'"如果五十岁就开始学习《易》,那么就可以不犯大错误了。

传统说法,孔子晚年喜欢读《易》,并且撰写了《彖》上下、《象》上下、《系辞》上下、《文言》、《序卦》、《说卦》、《杂卦》等,合称"十翼",又称《易大传》。

孔子倡导多种教学方法:启发诱导,因材施教,以身作则,循循善诱,举一反三,学而时习之,学而不厌,诲人不倦等等,是教育学的宝贵遗产。

顺便指出,孔子及其子弟传授的是诗书教化,语文成分不多。

44

《韩诗外传》卷九(作者　韩婴)

孟子少时,诵,其母方织。孟子辍然中止,乃复进,其母知其喧也,呼而问之:"何为中止?"对曰:"有所失复得。"其母引刀裂其织,以此诫之。自是之后,孟子不复喧矣。

孟子年少时候,有一次,他在吟诵诗文,他的母亲在一旁纺织。孟子(受其影响)突然停了下来。过了一会儿,又开始吟诵。他的母亲知道他忘记了,叫住了他,就问:"为什么中间停顿了?"孟子回答说:"忘记了,一会儿又记起来了。"孟子的母亲就拿起刀子割断她的织物,说:"这个织物割断了,能够再接上去吗?"从此之后,孟子读书就专心了。

(诵:《说文》释为"讽",即朗读、背诵。方:正在。辍(chuò)然:突然终止的样子。辍,停止,废止,如辍学、辍笔。引:拿来。裂:割断。喧(xuān):遗忘。)

45

《太史公自序》(作者　司马迁)

迁生龙门,耕牧河山之阳,年十岁,则诵古文。

(诵:"讽",即朗读、背诵。)

《唐才子传》(作者 辛文房)

卢仝,家甚贫,惟图书堆积。终日苦哦。

(哦:《说文》释为吟,即吟咏、念诵。)

韩愈,字退之,南阳人。早孤依嫂,读书日记数千言,通百家。

(记:《说文》释为疏,即记载记录,此记诵。)

李群玉,字文山。清才旷逸,不乐仕进,专以吟咏自适。

(吟:《说文》释为呻,即吟诵、咏叹。咏:《说文》释为歌,即歌唱,曼声长吟。)

46

《晋书》(作者 房玄龄、褚遂良、许敬宗等)

(谢)安少有盛名,时多爱慕。乡人有罢中宿县者,还诣安。安问其归资,答曰:"有蒲葵扇五万。"安乃取其中者捉之,京师士庶竞市,价增数倍。安本能为洛下书生咏,有鼻疾,故其音浊,名流爱其咏而弗能及,或手掩鼻以敩之。及至新城,筑埭于城北,后人追思之,名为召伯埭。

《世说新语·轻诋》(作者 刘义庆)

人问顾长康:"何以不作洛生咏?"答曰:"何至作老婢声!"(南朝梁·刘孝标注:"洛下书生咏,音重浊,故云老婢声。")

吟残拥鼻、掩鼻咏、拥鼻、拥鼻吟、拥鼻哦诗、拥鼻洛阳生、洛生咏、洛下书生咏、洛下咏、洛生吟、谢安吟、谢安洛生咏等皆出自本故事。

47

《进学解》（作者　韩愈）

先生口不绝吟于六艺之文，手不停披于百家之编。纪事者必提其要，纂言者必钩其玄。贪多务得，细大不捐。焚膏油以继晷，恒兀兀以穷年。先生之业，可谓勤矣。觝排异端，攘斥佛老。补苴罅漏，张皇幽眇。寻坠绪之茫茫，独旁搜而远绍。障百川而东之，回狂澜于既倒。先生之于儒，可谓有劳矣。沉浸醲郁，含英咀华，作为文章，其书满家。上规姚姒，浑浑无涯；周诰、殷《盘》，佶屈聱牙；《春秋》谨严，《左氏》浮夸；《易》奇而法，《诗》正而葩；下逮《庄》《骚》，太史所录；子云、相如，同工异曲。先生之于文，可谓闳其中而肆其外矣。

先生嘴里不断地诵读六经的文章，两手不停地翻阅着诸子百家的书籍。对史书类典籍必定总结掌握其纲要，对论说类典籍必定探寻其深奥隐微之意。广泛学习，务求有所收获，不论是无关紧要的，还是意义重大的都不舍弃；夜以继日地学习，常常终年劳累。先生的学习可以说勤奋了。抵制、批驳异端邪说，排斥佛教与道家的学说。弥补儒学的缺漏，阐发精深微妙的义理。探寻那些久已失传的古代儒家学说，独自广泛地钻研和继承它们。对异端学说就像防堵纵横奔流的各条川河，引导它们东注大海；挽救儒家学说就像挽回已经倒下的宏大波澜。先生您对于儒家，可以说是有功劳了。心神沉浸在古代典籍的书香里，仔细地品尝、咀嚼其中精华，写起文章来，书卷堆满了家屋。向上效法虞、夏时代的典章，深远博大得无边无际；周代的诰书和殷代的《盘庚》，多么艰涩拗口难读；《春秋》的语言精练准确，《左传》的文辞铺张夸饰；《易经》变化奇妙而有法则，《诗经》思想端正而辞采华美；往下一直到《庄子》《离骚》《史记》；扬雄、司马相如的创作，同样巧妙但曲调各异。先生的文章可以说是内容宏大而外表气势奔放、波澜壮阔。

韩愈文章谈到学习内容、学习方法和学习效果等，内容极为丰富。诸如

"口不绝吟,手不停披""提其要,钩其玄""补苴罅漏,张皇幽眇""寻坠绪""旁搜远绍""沉浸醲郁,含英咀华"等方法,至今犹有操作意义。

《进学解》创造了很多成语:口不绝吟,手不停披,提要钩玄,力挽狂澜,含英咀华,佶屈聱牙,异曲同工,头童齿豁,各得其宜,俱收并蓄,较短量长,投闲置散,动辄得咎,贪多务得,细大不捐,业精于勤,行成于思,兀兀穷年,焚膏继晷等。

48

清代理学家李光地曾摘录韩愈《进学解》作为读书诀训诫子弟,强调"此文公自言读书事也,其要诀却在纪事、纂言两句"。他解释说:"凡书目过口过,终不如手过。盖手动则心必随之,虽览诵二十遍,不如钞撮一次之功多也,况必提其要,则阅事不容不详;必钩其玄,则思理不容不精。若此中更能考究同异,剖断是非,而自纪所疑,附以辨论,则浚知愈深,着心愈牢矣。近代前辈当为诸生时,皆有《经书讲旨》及《纲鉴性理》等钞略,尚是古人遗意。盖自为温习之功,非欲垂世也。"

(钞撮:摘抄。钩其玄:阐明微言大义。纪所疑:记下疑点。辨论:辨析论述。浚知:透彻领悟。着心:记在心里。)

李光地认为抄记是积累的一种有效方法。

49

《欧阳公事迹》(作者 佚名)

欧阳公四岁而孤,家贫无资。太夫人以荻画地,教以书字。多诵古人篇章。及其稍长,而家无书读,就闾里士人家借而读之,或因而抄录。以至昼夜忘寝食,惟读书是务。自幼所作诗赋文字,下笔已如成人。

欧阳修先生四岁时父亲就去世了,家境贫寒,没有钱供他读书。太夫人用芦苇秆在沙地上写画,教他写字。还教他诵读许多古人的篇章。到他年龄大些了,家里没有书可读,便就近到读书人家去借书来读,有时进行抄写。就这样夜以继日、废寝忘食,只是致力读书。从小写的诗、赋文章,下笔就有成人的水平那样高了。

50

《耆旧续闻》(作者 陈鹄)

异日,公往见,遂为知己。自此,时获登门。偶一日谒至,典谒已通名,而东坡移时不出。欲留,则伺候颇倦;欲去,则业已通名。如是者久之,东坡始出,愧谢久候之意。且云:"适了些日课,失去探知。"坐定,他语毕,公请曰:"适来先生所谓日课者何?"对云:"钞《汉书》。"公曰:"以先生天才,开卷一览可终身不忘,何用手钞邪?"东坡曰:"不然。某读《汉书》到此凡三经手钞矣。初则一段事钞三字为题;次则两字;今则一字。"公离席,复请曰:"不知先生所钞之书肯幸教否?"东坡乃令老兵就书几上取一册至。公视之,皆不解其义。东坡云:"足下试举题一字。"公如其言,东坡应声辄诵数百言,无一字差缺。凡数挑,皆然。公降叹良久,曰:"先生真谪仙才也!"他日,以语其子新仲曰:"东坡尚如此,中人之性岂可不勤读书邪?"新仲尝以是诲其子辂。

相传苏洵曾抄写《战国策》等。

51

《读书分年日程》(作者 程端礼)

"每句先逐字训之,然后通解一句之意,又通结一章之意,相接续作去,明理演文,一举两得。"

52

《送东阳马生序》(作者 宋濂)

余幼时即嗜学。家贫,无从致书以观,每假借于藏书之家,手自笔录,计日以还。天大寒,砚冰坚,手指不可屈伸,弗之怠。录毕,走送之,不敢稍逾约。以是人多以书假余,余因得遍观群书。既加冠,益慕圣贤之道。又患无硕师名人与游,尝趋百里外,从乡之先达执经叩问。先达德隆望尊,门人弟子填其室,未尝稍降辞色。余立侍左右,援疑质理,俯身倾耳以请;或遇其叱咄,色愈恭,礼愈至,不敢出一言以复;俟其欣悦,则又请焉。故余虽愚,卒获有所闻。

今诸生学于太学,县官日有廪稍之供,父母岁有裘葛之遗,无冻馁之患矣;坐大厦之下而诵《诗》《书》,无奔走之劳矣;有司业、博士为之师,未有问而不告,求而不得者也;凡所宜有之书皆集于此,不必若余之手录,假诸人而后见也。其业有不精,德有不成者,非天质之卑,则心不若余之专耳,岂他人之过哉?

东阳马生君则,在太学已二年,流辈甚称其贤。余朝京师,生以乡人子谒余。撰长书以为贽,辞甚畅达。与之论辩,言和而色夷。自谓少时用心于学甚劳。是可谓善学者也。其将归见其亲也,余故道为学之难以告之。谓余勉乡人以学者,余之志也;诋我夸际遇之盛而骄乡人者,岂知余者哉?

文章主要讲刻苦精神;文中的"手自笔录"、"援疑质理"、"诵诗书"、"未有问而不告,求而不得者也"(问求)、"论辩"等,都是很好的学习语文的方法。

53

《明史·张溥列传》(作者　张廷玉等)

溥幼嗜学。所读书必手抄,抄已朗诵一过,即焚之,又抄,如是者六七始已。右手握管处,指掌成茧。冬日手皲,日沃汤数次。后名读书之斋曰"七录"。溥诗文敏捷,四方征索者不起草,对客挥毫,顷刻立就,以故名高一时。

张溥小的时候就很好学,所读的书必然要用手抄下来,抄完了,朗诵一遍,就焚烧掉,然后又抄,像这样六七次才停止。右手拿笔的地方,手指和手掌都磨出了老茧。冬天手的皮肤都冻皲裂了,每天把手放在热水里浸好几次。后来把他读书的房间称为"七录"。张溥写诗作文思路敏捷,各方人士向他索取诗文,他不起草,当着客人面写作,一会儿就完成了。所以他在当时名声很响。

关于抄写,古人多有论述,如"看一遍不如读一遍,读一遍不如抄一遍",今人也有"好记性不如烂笔头"的说法。和看、读相比,抄是最辛苦的,也是最有效的。由文中张溥抄书抄得"指掌成茧""手皲沃汤"的细节可以看出:张溥的成功是用艰苦的劳动换来的!

54

《牡丹亭·闺塾》(作者　汤显祖)

"吟余改抹前春句,饭后寻思午晌茶。蚁上案头沿砚水,蜂穿窗眼咂瓶花。"我陈最良杜衙设帐,杜小姐家传《毛诗》。极承老夫人管待。今日早膳已过,我且把毛注潜玩一遍。〔念介〕"关关雎鸠,在河之洲。窈窕淑女,君子好逑。"好者好也,逑者求也。〔看介〕这早晚了,还不见女学生进馆。却也娇养的凶。待我敲三声云板。〔敲云板介〕春香,请小姐解书。

【绕池游】〔旦引贴捧书上〕素妆才罢,缓步书堂下。对净几明窗潇洒。〔贴〕《昔氏贤文》,把人禁杀,恁时节则好教鹦哥唤茶。〔见介〕〔旦〕先生万福。〔贴〕先生少怪。〔末〕凡为女子,鸡初鸣,咸盥、漱、栉、笄,问安于父母。日出之后,各供其事。如今女学生以读书为事,须要早起。〔旦〕以后不敢了。〔贴〕知道了。今夜不睡,三更时分,请先生上书。〔末〕昨日上的《毛诗》,可温习?〔旦〕温习了。则待讲解。〔末〕你念来。〔旦念书介〕"关关雎鸠,在河之洲。窈窕淑女,君子好逑。"〔末〕听讲。"关关雎鸠",雎鸠是个鸟,关关鸟声也。〔贴〕怎样声儿?〔末作鸠声〕〔贴学鸠声诨介〕〔末〕此鸟性喜幽静,在河之洲。〔贴〕是了。不是昨日是前日,不是今年是去年,俺衙内关着个斑鸠儿,被小姐放去,一去去在何知州家。〔末〕胡说,这是兴。〔贴〕兴个甚的那?〔末〕兴者起也。起那下头窈窕淑女,是幽闲女子,有那等君子好好的来求他。〔贴〕为甚好好的求他?〔末〕多嘴哩。〔旦〕师父,依注解书,学生自会。但把《诗经》大意,敷演一番。

【掉角儿】〔末〕论《六经》,《诗经》最葩,闺门内许多风雅:有指证,姜嫄产哇;不嫉妒,后妃贤达。更有那咏鸡鸣,伤燕羽,泣江皋,思汉广,洗净铅华。有风有化,宜室宜家。〔旦〕这经文偌多?〔末〕《诗》三百,一言以蔽之,没多些,只"无邪"两字,付与儿家。书讲了。春香取文房四宝来模字。〔贴下取上〕纸、墨、笔、砚在此。〔末〕这什么墨?〔旦〕丫头错拿了,这是螺子黛,画眉的。〔末〕这什么笔?〔旦作笑介〕这便是画眉细笔。〔末〕俺从不曾见。拿去,拿去!这是什么纸?〔旦〕薛涛笺。〔末〕拿去,拿去。只拿那蔡伦造的来。这是什么砚?是一个是两个?〔旦〕鸳鸯砚。〔末〕许多眼?〔旦〕泪眼。〔末〕哭什么子?一发换了来。〔贴背介〕好个标老儿!待换去。〔下换上〕这可好?〔末看介〕著。〔旦〕学生自会临书。春香还劳把笔。〔末〕看你临。〔旦写字介〕〔末看惊介〕我从不曾见这样好字。

这是古代的"课堂实录":检查温习,学生诵读,老师解读(依注解书),又敷演《诗经》大意,概说《诗经》,学生模字(临书),老师指点。

55

《声律启蒙·一东》(作者 车万育)

云对雨,雪对风,晚照对晴空。来鸿对去燕,宿鸟对鸣虫。三尺剑,六钧弓,岭北对江东。人间清暑殿,天上广寒宫。两岸晓烟杨柳绿,一园春雨杏花红。两鬓风霜,途次早行之客;一蓑烟雨,溪边晚钓之翁。

沿对革,异对同,白叟对黄童。江风对海雾,牧子对渔翁。颜巷陋,阮途穷,冀北对辽东。池中濯足水,门外打头风。梁帝讲经同泰寺,汉皇置酒未央宫。尘虑萦心,懒抚七弦绿绮;霜华满鬓,羞看百炼青铜。

贫对富,塞对通,野叟对溪童。鬓皤对眉绿,齿皓对唇红。天浩浩,日融融,佩剑对弯弓。半溪流水绿,千树落花红。野渡燕穿杨柳雨,芳池鱼戏芰荷风。女子眉纤,额下现一弯新月;男儿气壮,胸中吐万丈长虹。

《声律启蒙》是训练儿童应对、掌握声韵格律的启蒙读物。按韵分编,一东后是二冬、三江、四支、五微直到十五删等,包罗天文、地理、花木、鸟兽、人物、器物等的虚实应对。从三字对直到十一字对,声韵协调,朗朗上口。读者可以从中得到语音、语词、语法的训练。

56

《与刘叔雅论国文试题书》(作者　陈寅恪)

做对联能"分别虚实字及其应用","分别平仄声","测验读书之多少及语藏之贫富","测练思想条理"。

57

《五猖会》(作者　鲁迅)

因为东关离城远,大清早大家就起来。昨夜预定好的三道明瓦窗的大船,已经泊在河埠头,船椅、饭菜、茶炊、点心盒子,都在陆续搬下去了。我笑着跳着,催他们要搬得快。忽然,工人的脸色很谨肃了,我知道有些蹊跷,四面一看,父亲就站在我背后。

"去拿你的书来。"他慢慢地说。

这所谓"书",是指我开蒙时候所读的《鉴略》。因为我再没有第二本了。我们那里上学的岁数是多拣单数的,所以这使我记住我其时是七岁。

我忐忑着,拿了书来了。他使我同坐在堂中央的桌子前,教我一句一句地读下去。我担着心,一句一句地读下去。

两句一行,大约读了二三十行罢,他说:

"给我读熟。背不出,就不准去看会。"

他说完,便站起来,走进房里去了。

我似乎从头上浇了一盆冷水。但是,有什么法子呢?自然是读着,读着,强记着,——而且要背出来。

粤自盘古,生于太荒,

首出御世,肇开混茫。

就是这样的书,我现在只记得前四句,别的都忘却了;那时所强记的二三十行,自然也一齐忘却在里面了。记得那时听人说,读《鉴略》比读《千字文》《百家姓》有用得多,因为可以知道从古到今的大概。知道从古到今的大概,那当然是很好的,然而我一字也不懂。"粤自盘古"就是"粤自盘古",读下去,记住它,"粤自盘古"呵!"生于太荒"呵!……

应用的物件已经搬完,家中由忙乱转成静肃了。朝阳照着西墙,天气很清朗。母亲、工人、长妈妈即阿长,都无法营救,只默默地静候着我读熟,而且背出来。在百静中,我似乎头里要伸出许多铁钳,将什么"生于太荒"之流夹住;也听到自己急急诵读的声音发着抖,仿佛深秋的蟋蟀,在夜中鸣叫似的。

他们都等候着;太阳也升得更高了。

我忽然似乎已经很有把握,便即站了起来,拿书走进父亲的书房,一气背将下去,梦似的就背完了。

"不错。去罢。"父亲点着头,说。

周氏兄弟应该都是在这样的家教下成长的。

58

《从百草园到三味书屋》(作者 鲁迅)

出门向东,不上半里,走过一道石桥,便是我先生的家了。从一扇黑油的竹门进去,第三间是书房。中间挂着一块匾道:三味书屋;匾下面是一幅画,画着一只很肥大的梅花鹿伏在古树下。没有孔子牌位,我们便对着那匾和鹿行礼。第一次算是拜孔子,第二次算是拜先生。

第二次行礼时,先生便和蔼地在一旁答礼。他是一个高而瘦的老人,须发都花白了,还戴着大眼镜。我对他很恭敬,因为我早听到,他是本城中极方正,质朴,博学的人。

不知从哪里听来的,东方朔也很渊博,他认识一种虫,名曰"怪哉",冤气所化,用酒一浇,就消释了。我很想详细地知道这故事,但阿长是不知道的,因为她毕竟不渊博。现在得到机会了,可以问先生。

"先生,'怪哉'这虫,是怎么一回事?……"我上了生书,将要退下来的时候,赶忙问。

"不知道!"他似乎很不高兴,脸上还有怒色了。

我才知道做学生是不应该问这些事的,只要读书,因为他是渊博的宿儒,决不至于不知道,所谓不知道者,乃是不愿意说。年纪比我大的人,往往如此,我遇见过好几回了。

我就只读书,正午习字,晚上对课。先生最初这几天对我很严厉,后来却好起来了,不过给我读的书渐渐加多,对课也渐渐地加上字去,从三言到五言,终于到七言。

…………

他有一条戒尺,但是不常用,也有罚跪的规则,但也不常用,普通总不过瞪几眼,大声道:

"读书!"

于是大家放开喉咙读一阵书,真是人声鼎沸。有念"仁远乎哉我欲仁斯仁至矣"的,有念"笑人齿缺曰狗窦大开"的,有念"上九潜龙勿用"的,有念"厥土下上上错厥贡苞茅橘柚"的……先生自己也念书。后来,我们的声音便低下去,静下去了,只有他还大声朗读着:

"铁如意,指挥倜傥,一座皆惊呢～～～;金叵罗,颠倒淋漓噫,千杯未醉嚄～～～……"

我疑心这是极好的文章,因为读到这里,他总是微笑起来,而且将头仰起,摇着,向后面拗过去,拗过去。

59

了解私塾

学生入私塾不必经过入学考试,一般只需征得先生同意,并在孔老夫子的牌位或圣像前恭立,向孔老夫子和先生各磕一个头或作揖后,即取得入学的资格。私塾规模一般不大,收学生多者二十余人,少者数人。

私塾的教材,有我国古代通行的蒙养教本"三、百、千、千",即《三字经》《百家姓》《千家诗》《千字文》,以及《女儿经》《教儿经》《童蒙须知》等等,启蒙后则读"四书五经"、《古文观止》等。其教学内容以识字、习字为主,还十分重视学诗作对。

私塾在蒙养教育阶段,十分注重蒙童的教养教育,强调蒙童养成良好的道德品质和生活习惯。对蒙童着衣、叉手、作揖、行路、视听等行为礼节都有严格的具体规定。教学方法采用"注入式"。讲课时,先生正襟危坐,学生依次把书放在先生的桌上,然后侍立一旁,恭听先生圈点口哼,讲毕,命学生复述。学生可以提问。其后学生回到自己座位上去朗读。凡先生规定朗读之书,学生须背诵。

60

《传统语文教学的得失》(作者　张志公)

"传统语文教学最重要的一条经验是,教学从汉语汉文的实际出发,并且充分运用汉语汉文的特点来提高教学效率。"

61

传统的语文学习方法包括:识字,写字,读文(朗读,背诵,抄书),对句,讲文,作文;训诂,笺释,疏证;含英咀华,钩玄提要,援疑质理等等。

离开这些方法,无法学好语文。我们看到的古诗文,水平那么高,作者们全都得益于这些方法。

西汉两司马,唐宋八家,诗家李杜,词家苏辛,他们都是超一流的作家,文章自然精美绝伦;就连李斯、诸葛亮、李密、王羲之,从政为主,不是文章专家,也能字字珠玑——由此可以想见当时社会语文的普遍水准所达到的高度。

我们需要思考的是,当时的教育中,文的成分并不多,识字、写字、读、对、讲、作何以有如此效果?

传统方法的价值岂可低估!

二　字　理

62

学语文必须明字理。

认字是语文教学的重要任务之一。认字是语文学习的起点,是阅读的先导,认字量不够,就无法进行阅读。正如《镜花缘》所言,读书必先识字,识字必先知音。

汉语不是拼音文字,不是音节文字,而是表意文字。因而,不能像学习拼音文字、音节文字那样来学习汉字。

汉字是记录汉语的书写符号,是世界上最古老的文字之一。汉字形体上是由笔画构成的方块状字,所以又叫"方块字"。

汉字是形音义的统一体。

汉字的形音义中,义可以与词合并在一起学习,因为很多时候字就是词。

学习汉字,要读准字音,辨清字形,避免错读、误写。识音、辨形,是识字、认字的方法,也是识字、认字的过程和结果。

写字要重视,写字促进识字。

63

学生识字,需要教师讲授、讲解和示范。

教师应精于字理。

汉字的演变过程,由画到线条到字,教师要讲(可到高年级再讲)。

部件、偏旁、部首、间架结构,需分解分析。

古代研究造字方法的"六书"要作介绍。

要让学生理解、掌握《汉语拼音方案》中字母表、声母表、韵母表、拼写规则(包括yw的使用、省略、隔音符号、大写连写、轻声等)、声调符号和隔音符号等六方面内容。

学生要购买《新华字典》《现代汉语词典》《古汉语常用字字典》等。

教师要指导学生学会使用字典、词典的方法。

学生要学习、掌握各种检索法(按拼音、按笔顺、按笔画、按部首以及按四角号码等检索的方法)。

练习,检查,再练习,再检查,反复,间隔反复,都是识字所需要的。

比较、斟酌、琢磨、切磋;抄写、听写、默写;为汉字加拼音,根据拼音写汉字,都是有效的识字方法。

集中识字既有必要,也有可能,集中识字法优越性明显。"随课文分散识字"也是有效的识字方法。注音法、析形法、字理法等可辅助识字。

64

1957年11月国务院全体会议通过《汉语拼音方案》,1958年2月第一次全国人民代表大会第五次会议批准该方案。

1985年12月由国家语委、国家教委和广电部发布修订了的《普通话异读词审音表》。

学习汉字时,要认真学习《汉语拼音方案》和《普通话异读词审音表》等。

读形声字要慎重,不能遇字读半边。

声旁能准确表示所有同旁字的读音,声、韵、调都一致的情况极少见。

在《新华字典》中,只有十八个声旁能准确表示同旁字的声、韵、调,它们是:毕、代、段、豪、皇、具、府、阑、览、历、厉、卢、农、容、善、式、斯、唐。

如:哔、荜、筚、跸都读"毕",励、疠、砺、蛎、粝都读"厉",试、拭、栻、轼、弑都读"式",塘、搪、螗、糖都读"唐"。

多音多义字,尤其要注意。比如:

① 词性不同,读音不同。如:"干劲"的"劲",名词,读jìn,"强劲"的"劲",形容词,读jìng;"大有可为"的"为",动词,读wéi,"为什么"的"为",介词,读wèi。

② 书面用语和口语读音不同。如"咀嚼"的"嚼"字是书面语,读jué;而在"咬文嚼字"一词中是口语,读jiáo。

③ 用法不同,读音不同。如"翟",用于墨子名字,读dí;用于姓氏,读zhái。如难兄难弟(nánxiōngnándì),难,难以;难兄难弟(nànxiōngnàndì),难,患难,二者读音不同。

④ 意义不同,读音不同。如"禅",与"禅仗"组词,当佛教中的"静思"讲时,音"缠";当组成"禅让",表示"古代帝王让位给别人"的意思时,音"擅"。如"乐","音乐"的"乐",读"月";"快乐"的"乐",读"勒";"仁者乐山智者乐水"的"乐",读"要"。

⑤ 古音与今音不同,意义也不同,读音不同。如:汤汤(读"商")流水,水流浅浅(读"兼"),东渐(读"兼")于海。

65

积累：常用多音字

张志公先生说："贫乏，是语文能力的致命伤。"(《传统语文教学的得失》)

如何医贫乏？靠积累。首先是积累字词知识，第一件事则是积累字音知识。

常见多音字整理如下：

A

阿 { ā 阿姨 / ē 阿附

挨 { āi 挨近 / ái 挨打

拗 { ǎo 拗断 / ào 拗口 / niù 执拗

B

把 { bǎ 把握 / bà 刀把

薄 { báo （口语单用）纸薄 / bó （书面组词）单薄 / bò 薄荷

暴 { bào 暴露 / pù 一暴十寒

奔 { bēn 奔跑 / bèn 投奔

辟 { bì 复辟 / pì 开辟

扁 { biǎn 扁担 / piān 扁舟

便 { biàn 便利 / pián 便宜

骠 { biāo 黄骠马 / piào 骠勇（勇猛）

屏 { bǐng 屏气 / píng 屏风

剥 { bō （书面组词）剥削（xuē) / bāo （口语单用）剥皮

泊 { bó 淡泊 / pō 湖泊

簸 { bǒ 颠簸 / bò 簸箕

卜 { bo 萝卜 / bǔ 占卜

C

藏 { cáng 矿藏 / zàng 宝藏 }

差 { chā （书面组词）差错 / chà （口语单用）差点儿 / cī 参差 / chāi 差遣 }

禅 { chán 禅师 / shàn 封禅 }

颤 { chàn 颤动 / zhàn 颤栗 }

称 { chèn 称心 / chēng 称道 }

澄 { chéng （书面）澄清 / dèng （口语）澄清(使液体变清) }

臭 { chòu 遗臭万年 / xiù 铜臭 }

处 { chǔ 处罚 / chù 处所 }

畜 { chù 畜牲 / xù 畜养 }

创 { chuāng 创伤 / chuàng 创作 }

绰 { chuò 绰绰有余 / chāo 绰起 }

伺 { cì 伺候 / sì 伺机 }

攒 { cuán 攒射 / zǎn 积攒 }

D

答 { dā 答理 / dá 答复 }

单 { dān 孤单 / chán 单于 / shàn 单姓 }

当 { dāng 当天 / dàng 当天(同一天) }

得 { dé 得意 / de 好得很 / děi 得喝水了 }

的 { de 好的 / dí 的确 / dì 目的 }

提 { dī 提防 / tí 提取 }

掇 { duō 采掇 / duo 撺掇 }

度 { duó 忖度 / dù 程度 }

囤 { dùn 粮囤 / tún 囤积 }

F

缝 { féng 缝合 / fèng 缝隙 }

G

杆 { gān 栏杆 / gǎn 烟杆 }

给 { gěi （口语单用）给……
      jǐ （书面组词）补给

更 { gēng 更换
      gèng 更加

供 { gōng 供给
      gòng 口供

谷 { gǔ 谷雨
      yù 吐谷浑(族名)

冠 { guān 弹冠相庆
      guàn 沐猴而冠

桧 { guì 桧(树名)
      huì 桧(人名)

H

哈 { hā 哈腰
      hǎ 哈达
      hà 哈什玛

虾 { há 虾蟆
      xiā 对虾

汗 { hán 可汗
      hàn 汗颜

吭 { háng 引吭高歌
      kēng 吭声

巷 { hàng 巷道
      xiàng 街巷

号 { háo 号叫
      hào 号召

喝 { hē 喝水
      hè 喝彩

和 { hé 和睦
      hè 和诗
      hú 麻将牌用语(赢)
      huó 和泥
      huò 和药
      huo 掺和

貉 { hé （书面）一丘之貉
      háo （口语）貉子

横 { héng 纵横
      hèng 蛮横

虹 { hóng （书面组词）彩虹
      jiàng （口语单用）虹

划 { huá 划船
      huà 计划

晃 { huǎng 晃眼
      huàng 晃动

混 { hún 混话
      hùn 混沌

哄 { hōng 哄动
      hǒng 哄骗
      hòng 起哄

豁 { huō 豁口
      huò 豁亮

J

奇 { jī 奇偶
      qí 奇异

系 { jì 系紧缰绳
      xì 系好马匹

教 { jiāo 教给
      jiào 教导

嚼 { jiáo （口语）嚼舌
       jué （书面）咀嚼

角 { jiǎo 角落
     jué 角色

脚 { jiǎo 脚本
     jué 脚儿(角儿,脚色)

校 { jiào 校勘
     xiào 学校

解 { jiě 解除
     jiè 解元
     xiè 浑身解数

藉 { jiè 慰藉
     jí 狼藉

劲 { jìn 干劲
     jìng 劲草

矩 { jǔ 矩形
     ju 规矩

龟 { jūn 龟裂
     guī 乌龟
     qiū 龟兹

K

卡 { kǎ 卡片
     qiǎ 关卡

看 { kān 看守
     kàn 看待

壳 { ké （口语）脑壳
     qiào （书面语）地壳

可 { kě 可以
     kè 可汗

空 { kōng 空洞
     kòng 空闲

L

烙 { lào 烙印
     luò 炮(páo)烙

勒 { lè （书面组词）勒令
     lēi （口语单用）勒紧点儿

擂 { léi 擂鼓
     lèi 擂台

累 { léi 累赘
     lěi 牵累
     lèi 劳累

俩 { liǎ （口语,不带量词）俩人
     liǎng 伎俩

量 { liáng 丈量
     liàng 量入为出
     liang 掂量

潦 { liáo 潦倒
     lǎo （书面）积潦(积水)

笼 { lóng 牢笼
     lǒng 笼络

偻 { lóu 佝偻
     lǚ 伛偻

露 { lù （书面）露骨
     lòu （口语）露马脚

捋 { lǚ 捋胡子
     luō 捋袖子

绿 { lǜ （口语）绿地
     lù （书面）绿林

落 { luò （书面组词）着落 / lào （常用口语）落枕 / là 丢三落四(遗落义) }

拧 { níng 拧手巾 / nǐng 拧螺丝 / nìng 脾气拧 }

M

埋 { mái 埋伏 / mán 埋怨 }

脉 { mài 脉络 / mò 脉脉 }

蔓 { màn （书面）蔓延 / wàn （口语）瓜蔓 }

氓 { máng 流氓 / méng 古指百姓 }

蒙 { mēng 蒙骗 / méng 蒙昧 / měng 蒙古 }

眯 { mī 眯眼(合眼) / mí 眯眼 }

靡 { mí 奢靡 / mǐ 披靡 }

秘 { mì 秘诀 / bì 秘鲁 / bèi 秘姓 }

模 { mó 模型 / mú 模样 }

缪 { móu 绸缪 / miù 纰缪 / miào 缪姓 }

N

难 { nán 困难 / nàn 责难 }

弄 { nòng 玩弄 / lòng 弄堂 }

娜 { nuó 袅娜 / nà （用于人名）安娜 }

P

迫 { pǎi 迫击炮 / pò 逼迫 }

胖 { pán 心广体胖 / pàng 肥胖 }

喷 { pēn 喷射 / pèn 喷香 }

撇 { piē 撇开 / piě 撇嘴 }

仆 { pū 前仆后继 / pú 仆从 }

曝 { pù 一曝十寒 / bào 曝光 }

Q

蹊 { qī 蹊跷 / xī 蹊径 }

稽 { qǐ 稽首 / jī 滑稽 }

欠 { qiàn 欠缺 / qian 呵欠 }

强 { qiáng 强取 / qiǎng 强词夺理 / jiàng 倔强 }

悄 { qiāo 悄悄话 / qiǎo 悄然

切 { qiē 切磋 / qiè 切实

亲 { qīn 亲密 / qìng 亲家

曲 { qū 弯曲 / qǔ 曲牌

R

任 { rén 任姓 / rèn 任务

S

散 { sǎn 零散(不集中、分散) / sàn 散布

丧 { sāng 丧乱 / sàng 丧失 / sang 哭丧着脸

色 { sè （书面）色彩 / shǎi （口语）掉色

塞 { sè （书面）阻塞 / sāi （口语）活塞 / sài 塞翁失马

煞 { shā 煞尾 / shà 恶煞

折 { shé 折本 / zhē 折腾 / zhé 折冲樽俎

舍 { shě 舍弃 / shè 退避三舍

什 { shén 什么 / shí 什物

识 { shí 识字 / zhì 博闻强识

似 { shì 似的 / sì 相似

说 { shuì 游说 / shuō 说辞

数 { shuò 数见不鲜 / shǔ 数落 / shù 数目

遂 { suí 半身不遂 / suì 不遂

T

沓 { tà 复沓 / ta 疲沓

调 { tiáo 调配(调和配合) / diào 调配(调动分配)

帖 { tiē 妥帖 / tiě 帖子 / tiè 字帖

W

瓦 { wǎ 瓦蓝 / wà 瓦刀

委 { wēi 委蛇(yí) / wěi 委曲

圩 { wéi 圩子 / xū 圩场

尾 { wěi 尾巴 / yǐ 马尾

尉 { wèi 尉官 / yù 尉迟(姓)

X

吓 { xià 吓唬 / hè 恐吓

鲜 { xiān 鲜明 / xiǎn 鲜为人知

纤 { xiān 纤细 / qiàn 纤夫

相 { xiāng 相对 / xiàng 相片

行 { xíng 举行 / háng 行市 / hàng 树行子 / héng 道行

省 { xǐng 省亲 / shěng 省略

宿 { xiǔ 半宿 / xiù 二十八宿 / sù 宿舍

削 { xuē （书面）瘦削 / xiāo （口语）切削

血 { xuè （书面组词）心血 / xiě （口语常用）鸡血

Y

哑 { yā 哑哑学语 / yǎ 哑然

殷 { yān 殷红 / yīn 殷实 / yǐn 殷殷(形容雷声)

咽 { yān 咽喉 / yàn 狼吞虎咽 / yè 呜咽

叶 { yè 叶落归根 / xié 叶韵

艾 { yì 自怨自艾 / ài 方兴未艾

应 { yīng 应届 / yìng 应付

佣 { yōng 雇佣 / yòng 佣金

吁 { yū 象声词 / yù 呼吁 / xū 长吁短叹

与 { yǔ 给与 / yù 参与

熨 { yù 熨帖 / yùn 熨烫

晕 { yūn 头晕 / yùn 晕车

Z

载 { zǎi 千载难逢 / zài 载歌载舞

择 { zé 抉择 / zhái 择菜

扎 { zhā 扎根 / zhá 挣扎 / zā 一扎啤酒

着 { zhāo 高着(招) / zháo 着迷 / zhuó 着重 }

属 { zhǔ 属文 / shǔ 亲属 }

著 { zhù 著名 / zhe 同"着"(助词) / zhuó 穿著 }

转 { zhuǎn 转折 / zhuàn 转动 }

作 { zuō 铜器作 / zuò 习作 }

66

积累：容易读错音的字词

《镜花缘》说，读书莫难于识字，识字莫难于辨音。诚哉斯言。要辨字形，知字义，避免误读。

常见易读错音的字词整理如下(括号中是正确读音)。

A

白雪皑皑(ái)

狭隘(ài)

谙(ān)习

黯(àn)然

盎(àng)然

凹(āo)陷

B

稗(bài)草

冰雹(báo)

迸(bèng)发

秘(bì)鲁

奴婢(bì)

裨(bì)益

刚愎(bì)

荫庇(bì)

针砭(biān)

蹩(bié)脚

濒(bīn)临

摈(bìn)弃

屏(bǐng)气

衣钵(bō)

巨擘(bò)

哺(bǔ)育

C

粗糙(cāo)

刹(chà)那

侪(chái)辈

谄(chǎn)媚

为虎作伥(chāng)

赔偿(cháng)

惝(chǎng)恍(huǎng)

干坼(chè)

风驰电掣(chè)

嗔(chēn)怪

瞋(chēn)目

瞠(chēng)目

驰骋(chěng)

鞭笞(chī)

奢侈(chǐ)

褫(chǐ)夺

整饬(chì)

不啻(chì)

炽(chì)热

憧(chōng)憬

忧心忡(chōng)忡

瞅(chǒu)见

抽搐(chù)

废黜(chù)

相形见绌(chù)

伺(cì)候

流水淙(cóng)淙

攒(cuán)射

惆(chóu)怅

踌(chóu)躇(chú)

喘(chuǎn)气

悲怆(chuàng)

椎(chuí)心痛恨

辍(chuò)学

啜(chuò)泣

阔绰(chuò)

簇(cù)拥

一蹴(cù)而就

崔(cuī)嵬(wéi)

忖(cǔn)度

E

婀(ē)娜(nuó)

讹(é)诈

遏(è)制

F

藩(fān)篱

脂肪(fáng)

斐(fěi)然

惊魂甫(fǔ)定

缚(fù)住

讣(fù)告

G

言简意赅(gāi)

力能扛(gāng)鼎

瓜葛(gé)

百舸(gě)争流

横亘(gèn)

股肱(gōng)

觥(gōng)筹

佝(gōu)偻

污垢(gòu)

诟(gòu)骂

勾(gòu)当

余勇可贾(gǔ)

盥(guàn)洗

粗犷(guǎng)

皈(guī)依

日晷(guǐ)

刽(guì)子手

聒(guō)噪

H

哈(hǎ)达

骸(hái)骨

精悍(hàn)

引吭(háng)高歌

沆(hàng)瀣(xiè)一气

隔阂(hé)

干涸(hé)

一丘之貉(hé)

沟壑(hè)

褐(hè)色

内讧(hòng)

囫(hú)囵(lún)

怙(hù)恶不悛(quān)

踝(huái)骨

徘徊(huái)

豢(huàn)养

浣(huàn)衣

病入膏肓(huāng)

不容置喙(huì)

晦(huì)气

诲(huì)人不倦

混(hùn)淆

豁(huō)出去

J

畸(jī)形

稽(jī)查

羁(jī)绊

通缉(jī)

赍(jī)赏

汲(jí)取

棘(jí)手

狼藉(jí)

亟(jí)待

嫉(jí)妒

脊(jǐ)梁

掎(jǐ)角

汗流浃(jiā)背

歼(jiān)灭

缄(jiān)默

笺(jiān)注

草菅(jiān)人命

僭(jiàn)越

矫(jiǎo)正

侥(jiǎo)幸

发酵(jiào)

地窖(jiào)

嗟(jiē)叹
攻讦(jié)
桀(jié)骜(ào)
慰藉(jiè)
饥馑(jǐn)
噤(jìn)若寒蝉
菁(jīng)华
以儆(jǐng)效尤
痉(jìng)挛
迥(jiǒng)然
炯(jiǒng)炯
窘(jiǒng)迫
针灸(jiǔ)
内疚(jiù)
马厩(jiù)
狙(jū)击
笑容可掬(jū)
咀(jǔ)嚼(jué)
沮(jǔ)丧
循规蹈矩(jǔ)
隽(juàn)永
攫(jué)取
倔(jué)强(jiàng)
龟(jūn)裂
隽(jùn)秀

K

揩(kāi)拭
楷(kǎi)模
慷慨(kǎi)
同仇敌忾(kài)

勘(kān)察
鸟瞰(kàn)
亢(kàng)奋
犒(kào)劳
可(kè)汗(hán)
恪(kè)守
脍(kuài)炙人口
岿(kuī)然
窥(kuī)探
傀(kuǐ)儡(lěi)
喟(kuì)叹
溃(kuì)烂
功亏一篑(kuì)
轮廓(kuò)

L

青睐(lài)
赏赉(lài)
衣衫褴(lán)褛(lǚ)
书声琅(láng)琅
烙(lào)印
勒(lè)索
勒(lēi)紧
羸(léi)弱
花蕾(lěi)
擂(lèi)台
管窥蠡(lí)测
迤逦(lǐ)
莅(lì)临
收敛(liǎn)
踉(liàng)跄(qiàng)

趔(liè)趄(qiè)

遴(lín)选

凛(lǐn)冽(liè)

租赁(lìn)

身陷囹(líng)圄(yǔ)

弄(lòng)堂

镂(lòu)空

贿赂(lù)

掠(lüè)夺

M

阴霾(mái)

埋(mán)怨

联袂(mèi)

愤懑(mèn)

披靡(mǐ)

消弭(mǐ)

静谧(mì)

分娩(miǎn)

腼(miǎn)腆(tiǎn)

藐(miǎo)视

泯(mǐn)灭

酩(mǐng)酊(dǐng)大醉

谬(miù)论

按摩(mó)

蓦(mò)然

秣(mò)马厉兵

唾沫(mò)

N

按捺(nà)

羞赧(nǎn)

发难(nàn)

阻挠(náo)

泥淖(nào)

木讷(nè)

气馁(něi)

娇嫩(nèn)

拘泥(nì)

亲昵(nì)

拈(niān)轻怕重

酝酿(niàng)

袅(niǎo)娜(nuó)

嗫(niè)嚅(rú)

宁(nìng)可

忸(niǔ)怩

虐(nüè)待

O

讴(ōu)歌

呕(ǒu)心沥血

P

奇葩(pā)

迫(pǎi)击炮

蹒(pán)跚

河畔(pàn)

滂(pāng)沱(tuó)

炮(páo)制

庖(páo)代

抨(pēng)击

澎(péng)湃(pài)

纰(pī)漏
砒(pī)霜
毗(pí)邻
匹(pǐ)夫
否(pǐ)极泰来
偏僻(pì)
媲(pì)美
扁(piān)舟
翩(piān)跹(xiān)
蹁(pián)跹
骈(pián)文
缥(piāo)缈(miǎo)
饿殍(piǎo)
剽(piāo)悍
聘(pìn)请
娉(pīng)婷(tíng)
暴虎冯(píng)河
鄱(pó)阳
糟粕(pò)
解剖(pōu)
仆(pú)从
一暴(pù)十寒

Q

亲戚(qi)
菜畦(qí)
颀(qí)长
绮(qǐ)丽
稽(qǐ)首
付讫(qì)
迄(qì)今

洽(qià)谈
罪愆(qiān)
悭(qiān)吝
潜(qián)质
掮(qián)客
镶嵌(qiàn)
纤(qiàn)绳
戕(qiāng)害
襁(qiáng)褓
翘(qiáo)首
憔(qiáo)悴(cuì)
讥诮(qiào)
胆怯(qiè)
惬(qiè)意
挈(qiè)妇将雏
引擎(qíng)
黥(qíng)刑
肯綮(qǐng)
亲(qìng)家
茕(qióng)茕子立
苍穹(qióng)
遒(qiú)劲
祛(qū)除
龋(qǔ)齿
面面相觑(qù)
怙恶不悛(quān)
蜷(quán)伏
胜券(quàn)在握
商榷(què)

R

冉(rǎn)冉升起

围绕(rào)

光阴荏(rěn)苒(rǎn)

熟稔(rěn)

冗(rǒng)余

蠕(rú)动

偌(ruò)大

S

霎(shà)时

搭讪(shàn)

赊(shē)欠

统摄(shè)

威慑(shè)

拾(shè)级而上

妊娠(shēn)

莘(shēn)莘学子

哂(shěn)笑

海市蜃(shèn)楼

有恃(shì)无恐

舐(shì)犊情深

吞噬(shì)

中枢(shū)

漱(shù)口

别墅(shù)

洗涮(shuàn)

游说(shuì)

众口铄(shuò)金

吮(shǔn)吸

谥(shì)号

箪食(sì)壶浆

渊薮(sǒu)

怂(sǒng)恿

竦(sǒng)然

推本溯(sù)源

塑(sù)造

半身不遂(suí)

作祟(suì)

婆娑(suō)

收缩(suō)

T

鞭挞(tà)

拖沓(tà)

剔(tī)除

孝悌(tì)

倜(tì)傥(tǎng)

恬(tián)静

暴殄(tiǎn)天物

轻佻(tiāo)

调(tiáo)皮

字帖(tiè)

恸(tòng)哭

荼(tú)毒生灵

水流湍(tuān)急

颓(tuí)废

蜕(tuì)化

臀(tún)部

唾(tuò)手可得

W

女娲(wā)

蜿(wān)蜒

虚与委(wēi)蛇(yí)

山岭逶(wēi)迤

伪(wěi)造

猥(wěi)亵(xiè)

紊(wěn)乱

倭(wō)寇

斡(wò)旋

龌(wò)龊(chuò)

荒芜(wú)

欺侮(wǔ)

X

蜥(xī)蜴(yì)

清晰(xī)

独辟蹊(xī)径

膝(xī)盖

檄(xí)文

畏葸(xǐ)不前

狡黠(xiá)

瑕(xiá)瑜

骁(xiāo)勇

混淆(xiáo)

军饷(xiǎng)

相(xiàng)机行事

楔(xiē)子

偕(xié)同

挟(xié)持

携(xié)手

琐屑(xiè)

机械(xiè)

屡见不鲜(xiān)

纤(xiān)维

癫痫(xián)

垂涎(xián)

长吁(xū)短叹

栩(xǔ)栩如生

自诩(xǔ)

畜(xù)牧

体恤(xù)

煦(xù)暖

酗(xù)酒

渲(xuàn)染

噱(xué)头

戏谑(xuè)

功勋(xūn)

驯(xùn)服

徇(xùn)私

殉(xùn)职

Y

睚(yá)眦必报

倾轧(yà)

揠(yà)苗助长

湮(yān)没

筵(yán)席

偃(yǎn)旗息鼓

梦魇(yǎn)

赝(yàn)品

佳肴(yáo)

杳(yǎo)无音信

钥(yào)匙

因噎(yē)废食

揶(yé)揄(yú)

摇曳(yè)

笑靥(yè)

迤(yǐ)逦(lǐ)

旖(yǐ)旎(nǐ)

造诣(yì)

翌(yì)日

肄(yì)业

对弈(yì)

熠(yì)熠

轶(yì)事

氤(yīn)氲(yūn)

广阔无垠(yín)

附庸(yōng)

良莠(yǒu)不齐

囿(yòu)于成见

丰腴(yú)

瘐(yǔ)毙

伛(yǔ)偻(lǚ)

鬼蜮(yù)

断壁残垣(yuán)

锁钥(yuè)

晕(yùn)车

酝(yùn)酿(niàng)

Z

宝藏(zàng)

穿凿(záo)

谮(zèn)言

憎(zēng)恨

锃(zèng)亮

绽(zhàn)开

沼(zhǎo)气

惊蛰(zhé)

南辕北辙(zhé)

箴(zhēn)言

装帧(zhēn)

缜(zhěn)密

饮鸩(zhèn)止渴

拯(zhěng)救

诤(zhèng)友

鳞次栉(zhì)比

卷帙(zhì)浩繁

对峙(zhì)

桎(zhì)梏(gù)

胡诌(zhōu)

机杼(zhù)

伫(zhù)立

累赘(zhuì)

连缀(zhuì)

谆(zhūn)谆告诫

远见卓(zhuó)识

拙(zhuō)劣

真知灼(zhuó)见

擢(zhuó)发难数

濯(zhuó)濯童山

渣滓(zǐ)

浸渍(zì)

戎马倥偬(zǒng)

作(zuō)坊(fang)

惭怍(zuò)

《镜花缘》第十七回（作者　李汝珍）

多九公道："……才女方说学士大夫论及反切尚且瞪目无语，何况我们不过略知皮毛，岂敢乱谈，贻笑大方？"紫衣女子听了，望着红衣女子轻轻笑道："若以本题而论，岂非'吴郡大老倚间满盈'么？"红衣女子点头笑了一笑。唐敖听了，甚觉不解。

鲁迅先生以"博物多识"赞《镜花缘》，十分恰切。多九公等到了黑齿国，因卖弄学问，为紫衣女子问得瞪目结舌。紫衣女子"请教""反切"时，老头儿只能支支吾吾。紫衣女子便用"反切"法，说是"问(吴郡切)道(大老切)于(倚间切)盲(满盈切)"，巧妙地骂了一通。

"反切"为我国传统的注音方法。用两个字来注另一个字的音。取前字的声母和后字的韵母、声调，拼合起来就是被注字的音(有些反切音现在读来不准，是古音演变等原因所致)。例如："塑，桑故切"，取"s"和"ù"，"sù"就是"塑"的读音；"东，德红切"，取"d"和"ōng"，"dōng"就是"东"的读音。

"反切"之前有"直音"法、"读若"法。"直音"是用一个比较容易认识的字来注跟它同音的字，例如"蛊，音古""冶，音也"。"读若"又写作"读如"，例如"瑄，读若宣""璁，读如葱"。与"直音""读若"比，"反切"是一大进步，已具有"拼音"的性质了。《说文解字》即用反切法注音。

汉字形体经过六千多年的变化，其演变过程是：甲骨文—金文—小篆—

隶书—楷书—草书—行书。

以上的"甲、金、篆、隶、楷、草、行"七种字体称为"汉字七体"。汉字演变过程中的"隶变""楷化"具有重要意义。

七体的痕迹在今日的字体中或隐或现。

69

"仓颉造字"的传说在战国时期已经广泛流传。仓颉，相传是黄帝史官。

《淮南子·本经》中记载："昔者仓颉作书,而天雨粟,鬼夜哭。"

《说文解字·序》中说："仓颉之初作书,盖依类象形,故谓之文;其后形声相益,即谓之字。"

唐代张彦远的《历代名画记·叙画之源流》中解释说："造化不能藏其秘,故天雨粟;灵怪不能遁其形,故鬼夜哭。是时也,书画同体而未分,象制肇创而犹略。无以传其意故有书,无以见其形故有画,天地圣人之意也。"

70

了解"六书"

"六书"是我国古代分析汉字而归纳出来的六种条例——象形、指事、会意、形声、转注和假借。一般认为前四种是造字法，后两种是用字法。

象形法

象形法是模拟实物的形状或特征而造字。象形字为单体字。

常见的象形字:

天地类:日、月、火、京、井、气、丘、山、申、水、田、土、夕、小、行、永、雨、云、舟;

人体类:臣、大、耳、夫、口、毛、面、目、女、欠、人、舌、身、尸、首、手、天、心、文、牙、页、爪、子、自;

动物类:贝、虫、飞、龟、虎、角、鹿、龙、马、鸟、牛、犬、肉、鼠、兔、象、燕、羊、鱼、羽;

植物类:瓜、禾、韭、来、米、木、齐、桑、竹;

器物类:匕、册、车、刀、丁、鼎、豆、儿、戈、弓、壶、户、几、斤、巾、力、矛、门、朋、片、其、曲、矢、瓦、网、衣、酉、玉、舟;

其他:卜、示。

71

指事法

指事法是用象征性符号来表示意义的造字方法。指事字分为两类:一类是纯符号性的,另一类是在独体象形字的基础上添加指事符号的。

指事字也是独体字。如果勉强加以分析,其中至少有一部分不能独立成字,而是纯粹的符号。

常见的指事字:

纯粹符号类:上、下、兮、乎、一、二、三、四、五、六、七、八、九、十、廿、卅;

象形字加符号类:本、末、刃、寸、亡、元、丹、曰、引、尺、升、甘、朱、亦、血、中。

72

会意法

会意法是把几个有关的字或物形符号合起来,表示一个新的意义的造字方法。

会意字是合体字,多由象形字或指事字组合成。会意字的基本特点是:用象形的方法达到表意的目的。它不是纯粹的象形文字,而是由象形文字变成表意文字了。

常见的会意字:

武、信、安、拜、败、班、半、宝、保、报、暴、北、比、闭、别、冰、兵、秉、并、驳、步、采、仓、尘、臣、承、赤、初、蠢、穿、吹、从、歹、旦、盗、典、奠、队、夺、伐、吠、分、焚、粪、奋、缶、伏、父、负、公、宫、共、谷、骨、鼓、果、冠、贯、光、寒、好、黑、轰、化、灰、卉、昏、及、即、集、棘、祭、继、既、间、兼、尖、监、见、降、解、戒、尽、晶、具、军、君、卡、看、库、困、合、牢、乐、磊、泪、里、利、料、临、林、弄、罗、麻、买、卖、美、苗、名、明、命、牧、男、年、皮、贫、启、弃、牵、前、顷、囚、取、泉、仁、戎、丧、森、删、扇、社、涉、沈、生、石、实、守、受、戍、束、双、死、夙、素、孙、讨、甜、彤、突、为、尾、畏、位、屋、兀、析、息、系、先、闲、县、相、香、谢、兴、兄、休、须、炎、杳、要、益、邑、饮、印、友、右、幼、驭、御、晕、孕、灾、葬、枣、则、仄、斩、占、章、丈、折、争、支、直、执、陟、炙、至、众、逐、祝、宗、走、足、坐。

73

形声法

形声也叫"谐声"。形声法是形符和声符并用的造字方法。形声字占全部汉字的 90% 以上。

形旁与声旁的结构方式：

左形右声：材、铜、秧、缄；

右形左声：鸽、期、欣、戳；

上形下声：管、骂、晨、琶；

下形上声：毙、膏、裘、思；

外形内声：囤、阁、阊、衷；

内形外声：问、闻、闷、辫；

形占一角：载、腾、疆、颖；

声占一角：旗、葩、病、座。

其中闻、问的门是声符，阁、阊的门是形符。

74

常见的形声字：

按、岸、拔、爸、柏、笨、布、泊、财、彩、常、晨、翅、村、贷、笃、纺、岗、更、裹、河、湖、辉、货、肌、急、贱、江、街、灸、控、矿、拉、犁、梨、理、雳、烈、赁、聆、柳、垄、骂、盲、眠、摸、寞、沐、幕、炮、盆、欺、娶、厦、赏、殊、松、态、桃、提、庭、铜、推、翁、瑕、祥、肖、星、姻、杨、氧、竽、芸、哉、赠、闸、种、资。

75

汉字结构主要指笔画、偏旁的组合方式。主要有：

上下结构:昌、思、恋;

左右结构:相、冰、像;

上中下结构:草、慧、衷;

左中右结构:树、辩、漱;

半包围结构:凶、这、匪;

全包围结构:国、因、圌;

单一结构:月、大、石;

品字形结构:晶、森、淼。

潇是左右结构,不是草字头,是三点水旁;默是左右结构,左黑右犬,不是上下结构,不是四点底;磅、礴都是左右结构,礴右边的薄是上下结构,草字头;落是上下结构;奇是上下结构,"可"托底;夺是上下结构,"大"笼罩"寸"。

76

讲解字要科学、准确。

没有根据的臆说、戏说不能采用,虽然臆说、戏说可能有一时的效果。

说"美"是"大王八",说"妾"是"立女",字法上是没有根据的。

相传王安石《字说》称,"坡者土之皮",受到苏东坡好一番嘲笑。

有人说"矮"与"射"二字弄混了,身材不高应是"射",发出箭矢应是"矮"。其实,矮字中委是声符,矢是形符,矢的长度较短,矮的意思是短人。射字为左身右矢,意思是发出箭矢。还有人说"出""重"二字也弄混了。出,象形字,像草木生长,伸出枝条。(也有人说,像人走出坎陷。)重,不是千里,壬为形符,东为声符,厚的意思,分量大。

77

拆字、拆词与解词

千里草,何青青。十日卜,不得生。(《后汉书·五行志》引东汉末年童谣,亦可见《三国演义》第九回)

凡鸟偏从末世来,都知爱慕此生才。一从二令三人木,哭向金陵事更哀。(《红楼梦》第五回)

张俊民道:"胡子老官,这事在你作法便了。做成了,少不得'言身寸'。"王胡子道:"我那个要你谢……"(《儒林外史》第三十二回)

"拆字"是把字的偏旁拆开使用,民谣、谜语、旧体诗词中常见,读者必须把分解的字重新组合,才能明白其旨意。

"千里草",是"董"字,"十日卜",是"卓"字,童谣谓"董卓不得生"。"凡鸟"即"凤"(鳳)字,"二令"即"冷"字,"人木"即"休"字,诗说王熙凤将受"冷漠",最终被"休弃"。像"立女"为"妾","不见"为"觅"也属拆字。

"拆字"在修辞上不是一无是处,而旧文人又惯用,甚至今日仍有称"兵"为"丘八"者,所以了解"拆字",能帮助我们更深入地阅读理解作品,体会其委婉、含蓄和幽默的情味。

拆词,是把词拆开使用,比如堂而皇之、颠而倒之、幽他一默、髦得合时、侥一时之幸、聊以自欺而且欺人。拆词也是常用的修辞方式,能产生较好的效果。

但拆字、拆词不是解词,不同于一般的词语解释。

78

注意偏旁的意思

"衤"与"礻"不同。与服饰有关的字用"衤"旁,如袄、袖、裤、袜、被、褥、初、裕等。袋、裳、裁保持"衣"。"礻"原作"示","神"的意思,与鬼神祭祀和精神活动有关的字用"礻"旁,如神、祥、福、祖、禄、祈祷等。祭、禁、祟保持"示"。

"宀"与"穴"不同。室、宫、宿、寝都从"宀",与房屋有关。窜、窃、窍、窨都与洞穴有关。

"朿",木芒,刺、棘、枣等字都是朿。"束",以绳拴木,速、剌、涑等字都是束。

"忝"字下面是变形的心,不是小;"王"是玉的变形;"亻"是人的变形;"刂"是刀的变形;"忄"是心的变形;"氵"是水的变形;"灬"是火的变形;阝是阜(土山)的变形。

"页"是首(表人头)的变形,"顾""颈""项""颜""顶""须""烦"等字与"人头"有关。手的变形有"扌""寸""又""廾""爪""彐""爫""ナ""夂""殳"等。提、捉、射、取、友、祭、弄、舁、举、爬、帚、秉、印、采、奚、有、右、改、敛、寇、敲、役、毅等字都与手和手部动作有关。摹、摩,保持"手",看上面是"斜手"。

"舀"上为手。"舁"下为手,当"举"讲,不是"鼻"的下部。"祭"上以"又(手)"取"月(肉)",表示恭敬,不是"登"的上部(张开的两只脚)。"秉"以"彐(手)"撮禾,所以有"秉烛夜读"之用;"兼"乃以"彐(手)"撮双禾,所以解为同时取得、同时、再加上、还有等。

79

形近部首、形近字举例

多一点或少一点,有撇或无撇,横长或横短,细微差别就是知识,能够区分细微之处就是能力。

常见形近部首:

十、忄;丷、八、人、入;卩、阝;夂、辶;弋、戈;尢、尤、龙;日、曰;旡、无、犬、大;夂、文、欠;支、攴;爪、瓜;衤、礻;臣、巨;艮、良;束、朿;叚、段;隹、佳。

常见形近字:

哀、衰;谙、暗、喑;拔、拨;茶、荼;敞、敝;驰、弛;第、笫;栋、拣;豪、毫;怀、抔;幻、幼;建、逮;即、既;籍、藉;己、已、巳;祭、癸;僭、谮;孑、孓;进、迸;灸、炙;卷、券;冷、泠;洌、冽;仑、仓;盲、肓;茸、葺;侍、待;漱、嗽;天、夭;挺、诞;未、末;戊、戌、戍、戎、戒;鸳、鸯;晰、皙;陷、滔;庠、痒;喧、暄;赝、膺;杳、查;圯、圮;赢、赢、赢;粤、奥;折、拆、析;纂、篡。

80

学会分辨字形,如:

"分""兮"从"八",不从"人"。

"倪""霓"从"臼","貌"从"白"。

"粤""聘"同"号",下面一笔不出头。

"鼻""痹"从"畀",下面竖撇和竖都不出头。

"恭""慕""添""捺"不同"漆",下面是"心"字的变形。

"吉""志""壹""壶""声""鼓""壳",上面从"士"不从"土"。

"记""忌""配""妃""起"字,都从"己"字,不封口。

"异""导""熙""巷""祀"字,都从"巳"字,要封口。

"危""厄""卷""碗""犯"字,都有一笔横折钩。

"柿""闹"字都从"市",最后一竖不出头。

"沛""芾"字都从"市",最后一笔竖出头。

"蔡""察"两字都有"祭","澄""葵"都是癶字头。

"贸""茆""留""柳"都从"卯","仰""抑""迎""昂"都从"卬"。

"商""橘"口上是"八"字,"摘""嫡""镝""滴"口上是"十"字。

81

注意一笔致误,如:

有点:氐、戈、龙、忍、蚤、盏、执;

无点:步、琴、染、尧、曳;

一撇:卑、兔、兔、象、着;

一竖:敝、卸、市;

无撇:贰、腻、忒、畏、武、尤、鸢;

出头:害、黄、黾、契、唐、申、由;

不出头:鼻、号、己、券;

有一横:德、壑、隆、蒙、睿、威、酋。

82

小学、初中、高中都有识字任务。

小学识字任务较大,自应重视;但初中直迄高中,仍然是有识字任务的,不能忽视。遗憾的是,现在的初中、高中语文课堂,识字教学的事难以见到了。

高中课堂、初中课堂,形音义往往一带而过,这是错误理念指导下的错误做法。

字之所以然,学生揣摩不出来,也无需他们花费时间去揣摩。学生在这里的任务,是分辨,是记忆,要记牢,不排除死记硬背。记之外是练习,要反复练习。

字音、字形,还要在词、句、篇中持续学习,要与词、句、篇结合起来学习。

三　词　性

83

义务教育《语文课程标准(实验稿)》:"使学生具有适应实际需要的识字写字能力、阅读能力、写作能力、口语交际能力。"了不得,丢了"词"。应该有解词用词能力。须知,词是不可忽视的,夸大点说,词是语文的基础。

词的积累需要学生通过努力来完成。积累大量语词,是学生的任务。

掌握丰富语词,恰当使用之,是较高语文水平的显著标志。

很多语文错误,比如病句,追根溯源,在于对词义理解不正确,或理解有偏差。

顾德希老师要求学生"增强对词句的敏感",不积累丰富语词,是无法敏感的。搭配,褒贬,谦敬,轻重等,是积累丰富词语后才能比较、联系,才能明白迥异或微殊的。

积累词要讲究方法。学习字词,不能靠启发,依赖于记诵。

84

卡片举例

来自报章的语词

虚灵性　　腐儒气
双眉紧锁　两眼闪光　耳鬓厮磨　棱眉瞪眼　虎气雄风　口衔天宪
身团体胖　硕学之士　辩才无碍　涉笔成趣　宿恙旧疴　举鞭自警
垂眉自审　假癫真痴　悲天悯人　心向神往　高古朴茂　闲云野鹤
老僧入定　知音赏音　问安道早　奖勉有嘉　愿充津梁
牙齿零落,溃不成军　先天不足,后天失调

吊胃口　　附骥尾　　留悬念
陆海潘江　韩海苏潮　郊寒岛瘦　元轻白俗　锦语妙文　词达义显
文采沛然
动之以情　晓之以理　导之以法　惧之以害　诱之以利　慑之以威
昂昂讲稿　烈烈雄文　孜孜矻矻　细针密缕　断简残编　杂博精彩
纸黄墨淡　浅吟低唱
谨守遵行　年腊岁边　读书养气　深入无间　风吹雨淋　密谈细语
疑似之间
钱过北斗,米烂成仓

轻雨　　　丛翠　　　耸翠　　　挹爽
鸟语虫鸣　蝉儿鼓噪　莺歌蛙鼓　松涛鸟语　疏柳寒鸦　众鸟齐喧
草绿花香　悄然放蕊　舒头探脑　柳浪莲房　远山新月　空潭泻春
秋月临江　古镜照神
绿苔黄沙　风透纱窗　月浸凉台　秋风黑脸　朔风野大　烟尘匝地
烛火摇红　因风作态　烟笼雾锁　轻漪微澜　波涌浪翻　腾波驾浪

春光乍泻　春风拂煦　春雨润物　明月如水　景显情隐
私心窃冀　志意不伸　志得意美　怨红愁绿
安然长往,邃归道山　勿远弗届,淡泊自甘

世事浩茫　天公地道　流风余韵　空花泡影　苦海慈航　轻诺寡信
执言获咎　依人门户
不为福先,不为祸始

来自书本的语词

锦衣纨绔　饫甘餍肥　蓬庵茅椽　绳床瓦灶　晨风夕月　阶柳庭花
昌明隆盛　诗礼簪缨　消愁破闷　喷饭供酒　观花种竹　酌酒吟诗
山崩地陷　粉妆玉琢　烟消火灭　款酌慢饮　飞觥献斝　飞彩凝辉
接二连三,牵五挂四　跌足长叹　薄田破屋　急忿怨痛　贫病交攻
担风袖月　风日晴和　村野风光　山环水漩　峥嵘轩峻　葱蔚洇润
烧丹炼汞　瑞兽珍禽　怡情悦性　藤萝掩映　编新述旧,刻古雕今
翠竹遮映　喷火蒸霞　纸窗木榻　种竹引泉　穿花度柳　抚石依泉
萝薜倒垂　落花浮荡　攀藤抚树　堆石为垣　编花为门　搜神夺巧

这些词语,简洁凝练,有语文味道,有较强的表现力,分类摘录,积累下来,再随时翻看,使其化为己有,将颇多裨益。

85

单纯词的构成方式

由单音节语素构成。如山、水、红、绿、跑、走。

由双音节语素构成。如逻辑、吩咐、仓促、崎岖。

由多音节语素构成。如凡士林、阿司匹林、奥林匹克。（单个音节不表示意义,两个或几个音节合起来才能表示一个词的意义。）

86

合成词的构词方式

并列(联合)式:由两个意义相同、相近或相对相反的语素组成一个词。如反正、开关、人民、朋友、睡觉、戏剧、忘记。

偏正(修饰)式:组合成词的两个语素中,后一个语素是主体,前一个语素起修饰后一个语素的作用。如春天、黑板、皮鞋、死党、妄图、微笑。

支配(动宾)式,组合成词的两个语素中,前一个表示某种动作、行为,后一个表示动作、行为支配的对象。如带头、动员、签名、司机、站岗。

陈述(主谓)式,组合成词的两个语素中,前一个是陈述的对象,后一个是陈述的内容。如胆怯、地震、年轻、心痛、眼红。

补充(动补、形补)式,组合成词的两个语素中,前一个表示某种动作、行为,后一个补充说明动作、行为的结果。如打倒、揭露、提高、说明、缩小。

附加(加缀)式,组合成词的两个语素中,一个表示实在意义,另一个不表示实在意义,只作辅助成分,附加在表示实在意义的语素前头或后头。如阿姨、第一、老鼠、法子、教员、石头。

名量式,由一个表示实体事物的语素和一个表示物量的语素组成,这种词一般都是表示某一类事物的。如报刊、布匹、花朵、人口、鸭群、纸张。

重叠式,由一个单音节语素重叠起来构成的词。如星星、宝宝、滔滔、汤汤。

87

单义词:只表示一个意义的词,常见事物的名称、专有名词、科学术语等就是单义词。如钢笔、杜甫、原子。

多义词:具有多种相关意义的词。

本义,该词最初的意义。基本义,该词最常用的意义。(也有把本义、基本义合称基本义的。)《现代汉语词典》里词的第一个义项是本义或基本义。

引申义,由本义发展出来的词义。

比喻义,由本义通过打比方产生的词义。

同义词,意义相同或意义相近的词。

反义词,意义相反或相对的词。

同素词,语素相同而语素顺序相反的词。

同音词,读音相同意义不同的词。

例如:

  荣:草木茂盛(本义);
    兴盛、光荣(引申义)。
  信:诚实(本义、基本义);
    确实、信用、相信、凭据、信使、书信(引申义)。
  兵:兵器(本义);
    士兵(基本义);
    军队(引申义)。
  涕:眼泪(本义);
    鼻涕(引申义,转义)。

例如:

  批评不应该乱扣帽子。(帽子,比喻义,罪名或坏名义。)
  他是做地下工作的。(地下,比喻义,秘密的意思。)

例如：

　　他把玻璃打碎了。(打,本义,用手或器具撞击物体。)

　　打酒。(打,引申义,买。)

　　打家具。(打,引申义,制造。)

　　打毛衣。(打,引申义,编织。)

　　打报告。(打,引申义,书写。)

　　这官司得看怎么打。(打,引申义,进行诉讼。)

对一词多义,在使用工具书时,要联系上下文择义解词。

88

词义的古今发展变化

现代汉语和古代汉语有着继承和发展的关系,有些词义一直沿用下来,古今词义相同;但也有很多词义已发生了变化,概括起来,大致有如下几种情况：

① 词义的扩大。如：

"狗",原指"犬之小者",现泛指狗；

"好",原指女子貌美,后指一切美好的事物、善良的品质；

"江、河"本来分别指长江和黄河,现在泛指一切较大的江水和河流；

"中国",原义指中原地区,现在指全中国。

② 词义的缩小。如：

"臭",古代泛指气味,现在只指难闻的气味；

"瓦",原指瓦器,现专指屋上的瓦；

"丈人",本来指一般年长的男人,后来只指妻子的父亲；

"子",最初是孩子的总称,不分男孩、女孩,现只指"儿子"。

③ 词义的转移。如：

"兵",古指兵器,现指士兵；

"管",古指钥匙,现为掌管；

"权",古指"秤锤",后指人对事物有指挥和支配的力量,有"权力""权利"义；

"偷",原指马虎、刻薄,现指偷窃;

"牺牲",古指祭祀用的牛、羊、猪等,现在指为了正义的事业献出自己的生命。

④ 词义感情色彩的变化。如:

"卑鄙",原指地位低下、见识浅薄,现指品质恶劣;

"爪牙",原指勇士、武将,现指帮凶、"狗腿子"一类的坏人。

⑤ 名称的变化。如:

"目"改称"眼睛";

"日"改称"太阳"。

⑥ 单音词变为复音词。如:

"前",现在说"前面";

"敌",现在说"敌人"。

89

常见古文偏义复词

先帝创业未半而中道崩殂。(《出师表》)"崩"古代指皇帝死亡,"殂"指死亡,偏义在"崩","殂"是衬字。

沛公则置车骑,脱身独骑。(《鸿门宴》)偏义在"骑","车"是衬字。

备他盗之出入与非常也。(《鸿门宴》)"出"是衬字。

有孙母未去,出入无完裙。(《石壕吏》)"入"无义,在"出"字后作为陪衬语素。

此诚危急存亡之秋也。(《出师表》)"存"是衬字。

夫以孔墨之辩,不能自免于谗谀,而二国以危。(《汉书·邹阳传》)孔子因谗被逐,墨翟因谗被囚,故"谗谀"偏指"谗"。

无一时一刻不适耳目之观。(李渔《芙蕖》)偏义在"目","耳"是衬字。

我有亲父母,逼迫兼弟兄。(《孔雀东南飞》)偏义在"母""兄"。

便可白公姥,及时相遣归。(《孔雀东南飞》)偏义在"姥","公"是衬字。

以先国家之急而后私仇也。(《廉颇蔺相如列传》)古代诸侯称国,大夫称家。亦泛指整个国家。偏义在"国","家"是衬字。

沐猴而冠带,智小而谋强。(曹操《薤露行》)"沐猴而冠带"化用《史记·项羽本纪》中"沐猴而冠"一语,"冠带"之"带"仅是为了凑足音节,无义。

且缓急,人之所时有也。(《史记·游侠列传》)"缓"指"缓和","急"指"急迫",偏重"急"。

世之有饥穰,天之行也。(贾谊《论积贮疏》)偏义在"饥","穰"是衬字。"饥",灾年,"穰",丰年。

秦之号令赏罚,地形利害,天下莫若也。(《韩非子》)"利害"偏用"利"义,"害"无义。

爪牙不足以供耆欲,趋走不足以避利害。(《汉书·刑法志》)"利害"偏用"害"义,"利"无义。

女子先有誓,老姥岂敢言。(《孔雀东南飞》)偏义在"女","子"是衬字。

去来江口守空船。(《琵琶行(并序)》)偏义在"去","来"是衬字。

则山下皆石穴罅,不知其浅深。(苏轼《石钟山记》)偏义在"深","浅"是衬字。

曾不吝情去留。(《五柳先生传》)"去"和"留"意思相反,取"留"的意思。

今恩足以及禽兽,而功不至于百姓者,独何与。(《齐桓晋文之事》)孟子是针对齐宣王以羊易牛衅钟之事发问的,"禽兽"偏指"兽","禽"无义。

所向无空阔,真堪托死生。(杜甫《房兵曹胡马》)"死生"只偏向"生"义,"死"无义,是陪衬语素。

呜呼!死生,昼夜事也。(文天祥《指南录·后序》)"死生"偏在"死"义,"生"无义。

孰与君少长。(《鸿门宴》)偏义在"长","少"是衬字。

奉使往来,无留北者。(文天祥《指南录·后序》)偏义在"往","来"是衬字。指宋朝的使者北往。

即具以北虚实告东西二阃。(文天祥《指南录·后序》)偏义在"实"。

寻常巷陌,人道寄奴曾住。(辛弃疾《永遇乐·京口北固亭怀古》)偏义在"巷","陌"是衬字。

举翅万余里,行止自成行。(曹操《却东西门行》)"行止",飞行和栖息。大雁在飞行时列成队形,休息时聚在一起,偏义在"行"。

陟罚臧否，不宜异同。(诸葛亮《出师表》)偏义在"异"，"同"是衬字。

缘溪行，忘路之远近。(陶渊明《桃花源记》)偏义在"远"，"近"是衬字。

今有一人，入人园圃，窃其桃李。(《墨子·非攻》)"园"与"圃"在古代有区别，种树曰"园"，种菜曰"圃"。在此仅指种树的地方，偏义在"园"，"圃"是衬字。

昼夜勤作息，伶俜萦苦辛。(《孔雀东南飞》)"作息"偏指"作"，"息"无义，起陪衬作用。

今以钟磬置水中，虽大风浪不能鸣也。(苏轼《石钟山记》)偏义在"钟"，"磬"是衬字。

90

懂得词类

词是有一定意义的最小的造句单位。

语言学家根据词汇意义和语法功能等将词进行分类，这就是词类。现代汉语的词分为实词和虚词两大类。

实词六类：名词、动词、形容词、数词、量词和代词。

虚词六类：副词、介词、连词、助词、叹词和拟声词。

要能够辨别词类。辨别词类的目的，在于掌握组词成句的基本规律，发现句子中常见的用词错误，提高遣词造句的能力。

91

学会从词汇意义辨别词类

名词：表示人或事物的名称。如山、水、前、拂晓、边疆。

动词:表示动作、行为、心理活动或存在变化。如走、有、爱、是。

形容词:表示人或事物性质、状态等。如高、红、冷、快、勇敢。

数词:表示数目和次序。如一、万、初一、第一。

量词:表示人、事物、动作、行为的单位。如斤、个、次、回。

代词:表示代替或指示意义。如你、我、他、这、那。

副词:表示动作、行为、性质、状态的程度等。如极、很、略、更、全、都、曾、却。

介词:用在名词、代词或短语前面,同这些词语组合成介宾短语,表示时间、处所、方式、条件、对象等。介词曾经称作"助动词"。如从、把、被、按、比。

连词:连接词、短语或句子的词。如和、跟、以及、而且。

助词:附着在实词、短语或句子上面,表示结构关系、时态变化或各种语气。如的、得、地、着、了、过、呢、吗、似的。

叹词:表示感叹或呼唤、应答。如哼、哦、嗯、哎呀。

拟声词:模拟人或事物的声音。如叮当、扑通、咩咩、哞哞、轰隆隆、窸窸窣窣。

92

学会从词形特点辨别词类

尽管汉语与其他语言相比,词形变化较少,但有些词类也有比较明显的词形标志和变化特点。

名词

加前缀:老、阿、小。如老师、阿姨、小虎。

加后缀:子、头、儿、性、员、手、者、家。如锥子、石头、盖儿、党性、水手、作者、画家。

少数单音节名词可重叠。如家家、户户、事事。

动词

动词有特定的后缀语素"化",如绿化、美化、净化。

大多数动词能带"着""了""过"这些表示动作时态的助词,如读着、读了、读过。

有些动词能重叠,重叠后带有"一下"的意思,或表示时间短暂的意思。单音节的重叠为AA式,如看看、想想、做做;双音节的重叠形式为ABAB,如研究研究、学习学习。

形容词

一般形容词有特定的重叠方式,重叠后表示强调。其重叠方式有三种:

单音节形容词,"AA的",如高高的。

双音节形容词,"AABB",如清清楚楚、明明白白。

有些双音节形容词,"A里AB",如糊里糊涂、慌里慌张、俗里俗气。

量词

单音节量词,"AA"式,重叠后表示"每一"的意思,如个个、句句、朵朵。

量词和数词结合后重叠,"ABAB"式,如一队一队、一行一行;"ABB",如一队队、一行行。

学会从语境辨别词类

"字不离词,词不离句,句不离篇。"也就是说,字、词、句的理解都离不开一定的语言环境,在特定的语言环境中有特定的含义、特殊的用法。如:

①"我对于我国献身科学的青年们的希望是什么呢?"(巴甫洛夫《给青年们的一封信》)

②"(我)希望你们热情地工作、热情地探讨。"(巴甫洛夫《给青年们的

一封信》)

句①中的"希望"在句中作主语,是名词。句②中的"希望"前省略了主语"我",即作者,"希望"作谓语,是动词。

③"理事长李四光作了《中国地质工作者在科学战线上做了一些什么》的报告。"

④"他用了最后的计策,向监狱医务主任报告说,'我自从入狱以来什么都没有吃过。'"

句③中的"报告"作宾语,为名词。句④中的"报告"作谓语,为动词。

汉语里有些词经常具有两类或两类以上不同类的语法特点,而在意义上又有一定的联系,这种现象叫作词的兼类。

语境辨别,就是指在不同句子中考查某一词的用法和意义。

94

熟悉量词

一出戏,一朵花,一方古砚,一份爱,一峰骆驼,一服药,一钩月亮,一挂飞瀑,一泓清水,一架飞机,一口井,一绺头发,一缕春愁,一门炮,一抹斜阳,一匹马,一阕词,一首诗,一艘船,一台拖拉机,一头牛,一团乌云,一尾鱼,一眼泉,一叶扁舟,一羽信鸽,一支针,一尊石像……

95

了解同素词

意思相同者:察觉、觉察,代替、替代,地道、道地,河山、山河,缓和、和缓、寂静、静寂、讲演、演讲、累积、积累、离别、别离、寻找、找寻、痛苦、苦痛、劝解、解劝、齐整、整齐、粮食、食粮、灵魂、魂灵、罗绮、绮罗、如何、何如、图画、画图、喜欢、欢喜、羽毛、毛羽、相互、互相……

意思微殊者：产生、生产、畅通、通畅、到达、达到、斗争、争斗、考查、查考、要紧、紧要、展开、开展……

意思不同者：担负、负担、定规、规定、发挥、挥发、故事、事故、会议、议会、计算、算计、加强、强加、决议、议决、灵机、机灵、明文、文明、现实、实现……

词素相同而词素顺序相反的词，谓同素词。前两类同素词的存在，在语法修辞、思想感情的表达方面，有一定的积极意义，而"意思不同者"，使用中稍不留心，便会产生纰缪，不可掉以轻心。

成语中也有颠倒字序后意思完全相同的，如：不自量力、自不量力、决一雌雄、一决雌雄、每况愈下、每下愈况、天翻地覆、翻天覆地、心甘情愿、甘心情愿。

96

能区分同音词

包含、包涵；爆发、暴发；报复、抱负；必须、必需；变换、变幻；标志、标致；出世、出仕；处事、处世；篡改、窜改；度过、渡过；发奋、发愤；反映、反应；分辨、分辩；抚养、扶养；沟通、勾通；功夫、工夫；国事、国是；及时、即时；既往、继往；检查、检察；交待、交代；界限、界线；流传、留传；蔓延、漫延、曼延；启示、启事；权利、权力；拳术、权术；琵琶、枇杷；品味、品位；启示、启事；融化、溶化、熔化；熟悉、熟习；委屈、委曲；污蔑、诬蔑；行迹、形迹；修养、休养；需要、须要；以致、以至；义气、意气；盈利、赢利、营利；原型、原形；震荡、振荡；做客、作客。

97

重视辨析同义词

等义同义词：长江、扬子江；汞、水银；课堂、课室；礼拜天、星期日；窃、偷；去世、见阎王；时髦、摩登；维他命、维生素；衣服、衣裳；玉米、棒子。

近义同义词：精确、精湛、精辟、精微、精粹；领会、领略；曲解、误解；收集、搜集；熄灭、毁灭、幻灭、陨灭；消失、消灭、消亡；消释、冰释。

第一，可从词的涵义方面辨析：

(1) 意义上的重点不同，如才能、才华；发现、发明；浮浅、浅薄。

(2) 词义范围不同，如边界、边疆；场所、场合；广阔、宽阔、辽阔。

(3) 词义轻重不同，如吩咐、嘱咐；损坏、破坏；希望、渴望；污蔑、诬陷。

(4) 个体和总体不同，如信、信件；书、书籍；车、车辆；树、树木。

(5) 词义的褒贬不同，如称赞、吹捧；鼓舞、鼓动、煽动；逝世、死亡；团结、结合、勾结；顽强、顽固。

第二，可从风格色彩方面辨析：

(1) 口头语和书面语的不同，如按照、依照；抽空、拨冗；惊讶、诧异；苦处、苦楚；聊天、谈话；剃头、理发；小气、吝啬；怎么、如何。

(2) 普通词与带特殊色彩的词不同，如客人、贵宾；小孩、儿童；华丽、富丽、壮丽。

第三，可从用法上辨析：

(1) 搭配关系不同，如"充分"常与信心、准备、证明、发展等词搭配，"充裕"常与时间、物资等词搭配，"充足"常与人力、物力、经费、光线等词搭配；"举行"常与会议、仪式、典礼等搭配，"举办"常与讲座、报告会、训练班搭配。

(2) 造句功能不同，如聪明、智慧；道歉、抱歉；障碍、妨碍。

98

看

"看"这个普通动作,可以用无数个同义词来表达——

一般的看:看、瞧、瞅、视、过目;

已经看到:见、看见、看到、见到、睹;

向远处看:望、眺、眺望、瞭望、瞩、展望、期望、骋目、极目;

向上面看:瞻仰、仰视、仰望、瞻望;

向下看:鸟瞰、俯视、俯瞰、瞰;

向周围看:顾、张、张望、环视、扫视、环顾、顾盼、回顾;

偷偷地看:窥、睇、觇、觑、窥视、窥探、窥测、侦察;

集中视力看:盯、瞄、注视、监视、凝视、逼视、瞩目;

气愤地看:瞪、瞠、瞋、怒视;

斜向一边看:睨、斜视、侧目、睥睨、眄视;

略略一看:瞟、瞥、望、浏览、泛览;

仔细地看:察、观察、察看、相、审察、打量、端详;

下级看上级:觐、省、拜见、晋见;

上级看下级:鉴、视察、检阅、接见、召见;

看文字材料:阅、阅览、阅读;

亲眼所见:目击;

广泛地看:博览;

还有表示看的成语:东张西望、左顾右盼、瞻前顾后、高瞻远瞩、察言观色、瞠目结舌、面面相觑,等等。

"看"的同义词当然还有,我们汉语语汇之丰富,于此可略窥一斑。平素读书,要注意同义词之间词义的细微差别,注意其不同用法,以丰富词汇、提高阅读和表达能力。

其实,同义词最多的一个词当算"死",把口语、书面语尤其是古汉语中表示"死"意思的词搜集起来,将超过二百种。有人统计过,英语中表示"死"意思的词,也有一百零二种之多。

99

成语的结构形式是固定的。成语的意义是特定的。成语具有简洁、有力、形象的修辞作用。如何学习成语?

1. 弄清关键字的意义

如不刊之论,刊,刀刮,引申为刊正、修改的意思,不刊之论是指至理名言,无可删改。刊后来有了雕刻的意思,多指书版雕刻,才引申出刊载的意思。他如汗流浃背,浃,沾湿;滥竽充数,滥,多余;破釜沉舟,釜是锅;为虎作伥,伥是伥鬼。

2. 了解成语的来源

汉语成语的来源主要有以下几个方面:

(1) 历史故事,如退避三舍,出于《左传》;如火如荼,源自《国语》;图穷匕见,来自《战国策》;破釜沉舟,源自《史记·项羽本纪》。这是"事典"。

(2) 经典作品,如学而不厌诲人不倦,既来之则安之,源自《论语》;有条不紊,出自《尚书》;一日三秋,源于《诗经》;出类拔萃,出于《孟子》。这是"语典"。

(3) 古代寓言,如东施效颦、目无全牛,来源于《庄子》;滥竽充数,出于《韩非子》;杞人忧天,来自于《列子》;掩耳盗铃,来自于《吕览》。

(4) 神话传说,如精卫填海,夸父追日。

(5) 外来文化,如功德无量,火中取栗。

(6) 民间,如水涨船高,水到渠成,看风使舵。

3. 注意成语用法的变化

(1) 感情色彩变化。如不求甚解,原指读书只需领会主要精神,不必过于在字句上花费功夫。现指学习态度不认真,不求深入理解。贬义词。他如明哲保身、一团和气、不可一世均由褒义转化为贬义。

（2）原义转化成新义。如肝脑涂地，本来形容乱战中惨死。现在形容竭尽忠诚，任何牺牲都在所不惜。

（3）适用范围发生变化。如短小精悍，原指人的身躯短小却强悍。现称简短有力的文章或发言为短小精悍。

（4）读音与今不同，避免读错音。如自怨自艾中的"艾"，应读 yì。又如虚与委蛇中的"委蛇"，应读 wēiyí。

（5）不能随意换成语中的字。如变本加厉的"厉"不能写成"利"；滥竽充数的"滥"不可写作"烂"；"礼尚往来"的"尚"不是"上"；名副其实的"副"不是"符"等。

100

注意谚语等与成语的区别

谚语、成语等都是相沿袭用的"现成话"，但它们之间有许多不同。

从结构上看，谚语是句子，结构上不是很固定。如"三个臭皮匠顶个诸葛亮"，可以说成"凑个诸葛亮"，还可说成"合成个诸葛亮"。而成语大都是四字短语(四字格)，结构固定，不可随意更换或插入字。

从来源上看，谚语来自群众口语，成语来自古代神话、历史故事、寓言故事、大家文章等书面语言。

从特点上看，谚语通俗易懂，成语文雅深刻。

熟语、格言、歇后语等与成语有交叉关系。如满招损、谦受益，千里之行、始于足下，是熟语、格言，也是成语。如水中捞月，也可以变成歇后语，"水中捞月——一场空"。如谚语"少所见，多所怪，见橐驼言马肿背"，后来就简化为少见多怪。

101

汉语成语四字占绝大多数,三个字到十余字的也有。如:

莫须有、下马威、闭门羹;

一问三不知、隔行如隔山、二桃杀三士、山锐则不高;

强不知以为知、敢怒而不敢言、丁是丁卯是卯、五十步笑百步、疾雷不及掩耳、流言止于智者;

初生牛犊不怕虎、只重衣衫不重人、山雨欲来风满楼、不敢越雷池一步、三过其门而不入、一朝天子一朝臣、冒天下之大不韪、是可忍孰不可忍;

一人得道鸡犬升天、一言既出驷马难追、一着不慎满盘皆输、蓬生麻中不扶自直、不入虎穴焉得虎子、金无足赤人无完人、窃钩者诛窃国者侯、桃李不言下自成蹊;

工欲善其事必先利其器、卧榻之侧岂容他人鼾睡;

只许州官放火不许百姓点灯、即以其人之道还治其人之身。

102

理解常见成语(出于名家名作)

《诗经》:

辗转反侧　殷鉴不远　一日三秋　未雨绸缪　切磋琢磨　明哲保身
风雨飘摇　耳提面命　筑室道谋　他山之石,可以攻玉

《论语》:

既来之,则安之　四体不勤,五谷不分　分崩离析　祸起萧墙

温故知新　不耻下问　择善而从　循循善诱　见贤思齐　不亦乐乎
三思而行　三人行,必有我师　学而不厌,诲人不倦
已所不欲,勿施于人　人而无信,不知其可　言必信,行必果

《左传》：
鞭长莫及　城下之盟　唇亡齿寒　风马牛不相及　厉兵秣马
余勇可贾　灭此朝食　莫予毒也　皮之不存,毛将焉附
庆父不死,鲁难未已　甚嚣尘上　食言而肥　数典忘祖　退避三舍
尾大不掉　一鼓作气,再衰三竭　兄弟阋于墙,外御其侮

《孟子》：
舍生取义　熊掌与鱼　与民同乐　得道多助,失道寡助
生于忧患,死于安乐　天时不如地利,地利不如人和
五十步笑百步　缘木求鱼　揠苗助长　明察秋毫　出尔反尔

《列子》：
杞人忧天　余音绕梁不绝　愚公移山

《庄子》：
白驹过隙　呆若木鸡　得鱼忘筌,得意忘言　东施效颦　邯郸学步
每况愈下　鹏程万里　神工鬼斧　吐故纳新　望洋兴叹　贻笑大方
亦步亦趋　越俎代庖　目无全牛　游刃有余　切中肯綮　踌躇满志
新发于硎

《荀子》：
青出于蓝而胜于蓝　锲而不舍,金石可镂　驽马十驾,功在不舍
兵不血刃　持之有故

《韩非子》：
守株待兔　自相矛盾　滥竽充数　郑人买履　买椟还珠　老马识途
吹毛求疵

《吕氏春秋》：
掩耳盗铃　因噎废食　刻舟求剑　引婴投江

《战国策》：
画蛇添足　鹬蚌相争,渔人得利　狐假虎威　狡兔三窟　亡羊补牢

图穷匕首见　令人发指　门庭若市　南辕北辙

贾谊：

席卷天下　囊括四海　伏尸百万　流血漂橹　背本趋末　残贼公行
兵旱相乘　各食其力　民且狼顾

《淮南子》：

塞翁失马,安知非福　削足适履

《史记》：

完璧归赵　价值连城　布衣之交　刎颈之交　负荆请罪　怒发冲冠
两虎相争　劳苦功高　秋毫无犯　竖子不足与谋　鸿门宴
项庄舞剑,意在沛公　人为刀俎,我为鱼肉　脱颖而出　因人成事
三寸之舌　碌碌无为　一言九鼎　博闻强识　指鹿为马　围魏救赵
兔死狐悲

《汉书》：

厝火积薪　管窥蠡测　夜郎自大　投鼠忌器　弹冠相庆　犬牙交错
运筹帷幄

曹操：

老骥伏枥,志在千里　烈士暮年,壮心不已

曹植：

萁豆相煎

诸葛亮：

三顾茅庐　初出茅庐　妄自菲薄　作奸犯科　不知所云

《三国志》：

如鱼得水　识时务者为俊杰　司马昭之心,路人皆知　小巫见大巫

陶渊明：

怡然自得　落英缤纷　豁然开朗　世外桃源　无人问津　桃源乐土

《后汉书》：

不入虎穴,焉得虎子　车水马龙　得陇望蜀　梁上君子　饮鸩止渴

《世说新语》：
望梅止渴　新亭对泣　口若悬河　一往深情　别无长物　标新立异
覆巢无完卵　管中窥豹,可见一斑　刻画无盐,唐突西子

《木兰诗》：
扑朔迷离

柳宗元：
鸡犬不宁　黔驴技穷　庞然大物

苏洵：
盖失强援,不能独完　抱薪救火　如弃草芥

《资治通鉴》：
一蹶不振　强弩之末　英雄无用武之地　助画方略

103

分辨易混成语

A

安分守己——循规蹈矩
安之若素——随遇而安

B

斑驳陆离——光怪陆离
饱经沧桑——饱经风霜
本末倒置——舍本逐末
鞭长莫及——望尘莫及
病入膏肓——不可救药

博闻强识——见多识广
不胫而走——不翼而飞
不刊之论——不易之论
不胜其烦——不厌其烦
不以为然——不以为意

C

长年累月——旷日持久
长篇大论——连篇累牍
参差不齐——良莠不齐
初露头角——崭露头角

D

得寸进尺——得陇望蜀
独占鳌头——独树一帜
——标新立异

E

阿谀逢迎——趋炎附势
耳熟能详——耳闻目睹
——耳濡目染

F

防患未然——未雨绸缪
匪夷所思——不可思议
——不堪设想
风言风语——流言蜚语

G

各有千秋——半斤八两
孤注一掷——破釜沉舟
固步自封——故步自封
——抱残守缺

H

厚颜无耻——恬不知耻
挥金如土——一掷千金

J

卷土重来——重整旗鼓

L

另眼相看——刮目相看

——侧目而视

N

难兄难弟（nánxiōngnándì）——
难兄难弟（nànxiōngnàndì）
念念有词——振振有词
——侃侃而谈——娓娓道来

M

每况愈下——每下愈况
——江河日下

Q

巧夺天工——鬼斧神工

R

如虎添翼——为虎添翼

S

熟视无睹——视而不见
耸人听闻——骇人听闻

W

无所不至——无微不至
无懈可击——无隙可乘

X

瑕不掩瑜——瑕瑜互见
销声匿迹——偃旗息鼓
休戚相关——息息相关
栩栩如生——惟妙惟肖

Y

洋洋洒洒——洋洋大观
一挥而就——一气呵成

Z

朝思暮想——梦寐以求

置若罔闻——置之度外
纵横捭阖——纵横开阖
众说纷纭——莫衷一是

104

解释成语,忌望文生义;使用成语,忌似是而非。学习成语,既要整体把握,又要记住关键字词。下面集中容易误解的成语,加以解释。

安土重迁:形容留恋故土,不肯轻易迁移。重,不轻率。

半斤八两:比喻彼此一样,不相上下。多含贬义。

暴殄天物:原指残害、灭绝各种自然之物,后泛指任意糟蹋东西。暴,糟蹋。殄,灭绝。

不经之谈:指荒诞的、没有根据的话。经,正常。如:这和尚疯疯癫癫地说了些不经之谈,也没人理他。

不以为然:不认为是对的。表示不同意或否定。

不赞一词:原指文章写得很好,别人不能再添一句话,现也指一言不发。

不知所云:不知道说的是什么,指思路紊乱或语言空洞。

不足为训:不能当作典范或法则。训,准则,不是教训。

惨淡经营:原指作画之前,先用浅淡颜色勾勒轮廓,苦心构思,精心布局。后来形容苦费心思地筹划并从事某种事业或工作。

侧目而视:意为不敢从正面看,斜着眼睛看,形容畏惧而又愤恨。

差强人意:指大体上还能使人满意。差,稍微。

重整旗鼓:指失败之后,重新集合力量再干。褒义词。

楚楚动人:形容女人打扮得漂亮,姿态娇柔,能打动人。不能用来形容文章。

处心积虑:指千方百计地盘算。一般为贬义。

蠢蠢欲动:指敌人准备进行攻击或坏人策划破坏活动。贬义词。

大方之家:原指懂得大道理的人。后亦泛指见识广博或学有专长的人。大方:大道理。

党同伐异:跟自己意见相同的就袒护,跟自己意见不同的就加以攻击。原指学术上派别之间的斗争,后用来指一切学术上、政治上或社会上的集团之间的斗争。党,偏袒。

东山再起:原指东晋谢安退职后在东山做隐士,后来又出任要职。后用以比喻失势之后重新恢复地位。

翻云覆雨:比喻反复无常或玩弄手段。贬义词。

分庭抗礼:比喻平起平坐,互相对立。抗,对等。

风姿绰约:形容女子姿态优美。

改头换面:比喻只改形式,不变内容。贬义词。

感同身受:原指感激的心情如同亲身受到对方的恩惠一样(多用来代替别人表示感谢),现多指虽未亲身经历,但感受就同亲身经历一样。

汗牛充栋:用牛运书,牛累得要出汗;在屋子放书,要堆满整个屋子。形容书籍极多。

毫发不爽:形容一点也不差。爽:差错,失误。

河东狮吼:比喻悍妇发怒。苏东坡写诗取笑陈慥:龙丘居士亦可怜,谈空说有夜不眠。忽闻河东狮子吼,拄杖落手心茫然。

涣然冰释:比喻相互间的怀疑、误会等完全消除。不是冰块解冻。

火中取栗:比喻冒危险给别人出力,自己却上了大当,一无所得。出自《拉·封丹寓言》。

计日程功:可以数着日子计算进度。形容在较短期间就可以成功。程,衡量,估量。

噤若寒蝉:形容不敢作声。噤,闭口不作声。

久假不归:长期借去,不归还。假,借用。

举案齐眉:形容夫妻互敬互爱。

侃侃而谈:形容说话理直气壮,从容不迫。褒义词。

劳燕分飞:比喻人别离(多用于夫妻)。劳,伯劳,一种鸟。

良莠不齐:指好人坏人都有。

马革裹尸:用马皮把尸体包裹起来,指军人战死于战场。不是"死得很惨"的意思。

美轮美奂:形容新屋高大美观,也形容装饰、布置等美好漂亮。

明日黄花:原意是说重阳节过后,菊花即将枯萎,便再没有什么好玩赏的了。后多比喻过时的事物或消息。

莫衷一是:不能得出一致的结论。

木人石心:比喻人不受诱惑,意志坚定。如:可是甘米莉似乎在一刹那间将自己的心打造成铁一般,木人石心,不为所动,仍然是那副闭目的模样。

目无全牛:形容技艺已达到极纯熟的地步。

抛砖引玉:比喻用粗浅的、不成熟的意见引出别人高明的、成熟的意见。谦辞。

蓬荜生辉:表示由于别人到自己家里来或张挂别人给自己题赠的字画等而使自己非常光荣。谦辞。

七月流火:指天气逐渐凉爽起来。《诗经·豳风·七月》称:"七月流火,九月授衣。"这里的七月是指农历的七月,"流"指向下运行,"火"是星宿名,即二十八星宿中的心宿,又称"大火星",每年农历五月间的黄昏时刻,出现于中天,位置最高,六月以后便渐渐偏西向下沉落,所以叫"流火",这时酷热开始减退,天气渐渐地凉起来。

趋之若鹜:像鸭子一样,成群地跑过去,多比喻很多人争着去追逐(不好的事物)。多含贬义。

如坐春风:比喻同品德高尚且有学识的人相处并受到熏陶,也比喻受到良师的教育。

三人成虎:原指有三个人谎报市上有虎,听者就信以为真了。后比喻谣言或讹传一再反复,就有使人信以为真的可能。

始作俑者:比喻恶劣风气的创始者。贬义词。

首当其冲:比喻最先受到攻击或遭遇灾难。

守株待兔:比喻不主动地努力,而心存万一的侥幸心理,希望得到意外的收获。贬义词。

弹冠相庆:指一人当了官或升了官,他的同伙也互相庆贺将有官可做。

贬义词。

万人空巷：家家户户的人都从巷里出来了，多用来形容欢迎、庆祝等盛况。并不是指街上空无一人。

望其项背：能够望见别人的颈项和脊背，表示赶得上或比得上（多用于否定式）。

危言危行：讲正直的话，做正直的事。危不是危险，而是正直。

文不加点：形容写文章很快，不用涂改就写成。点，涂上一点，表示删去。不是不加标点。

无所不为：没有什么不干的，指什么坏事都干。贬义词。

无所不至：指没有达不到的地方，也指凡能做的都做到了（用于坏事）。

洗心革面：比喻彻底悔改。只能用于人，不能用于物。

下里巴人：指战国时代楚国民间流行的一种歌曲，后来泛指通俗的普及的文学艺术，常跟"阳春白雪"对举。

信笔涂鸦：没有多加考虑，随意写或画。

倚马可待：原意是站在即将出发的战马前起草文件，很快就可以完稿。形容文思敏捷，写文章快。

掌上明珠：比喻父母极宠爱的女儿。不能用于儿子，更不能用于物品。

朝思暮想：形容时刻想念。往往用于思念，而不是一般意义上的"想"。

指手画脚：形容说话时兼用手势示意。也形容轻率地指点、批评。

炙手可热：比喻气焰很盛，权势很大。贬义词。

捉襟见肘：形容衣服破烂，也比喻困难重重，应付不过来。与衣服不合身无关。

105

《尔雅》释词方法对我们有很多启发。

一、同义词(同义字)集中解释

用通语释一组词(古语、方言、俗语),即合释(合训)。

《尔雅·释诂》

如、适、之、嫁、徂、逝,往也。

今译:如(从随)、适(往)、之(到……去)、嫁(女子出嫁)、徂(往)、逝等词,都有往、到……去的意思。

谑、浪、笑、敖,戏谑也。

今译:谑(开玩笑)、浪(放荡)、笑(讥笑)、敖(调戏)等词,都有戏谑的意思。

胜、肩、戡、刘、杀,克也。

今译:胜(制服)、肩(克服)、戡(平定)、刘(征服)、杀(致死)等词,都有制胜的意思。

刘、狄、斩、刺,杀也。

今译:刘(杀戮)、狄(杀伤动物)、斩(砍杀)、刺(刺杀)等词,都有杀的意思。

谐、辑、协,和也。关关、噰噰,音声和也。魁、燮,和也。

今译:谐(和谐)、辑(和睦)、协(协和)等词,都有和谐的意思。关关、噰噰二词,都有声音和谐的意思。魁(和谐)、燮(协调),都有调和的意思。

《尔雅·释言》

贸、贾,市也。

今译:贸(交易)、贾(做买卖)二词,都有进行买卖的意思。

征、迈,行也。

今译:征(远行)、迈(远行)二词,都有远行的意思。

靡、罔,无也

今译:靡(没有)、罔(没有)二词,都有没有、无的意思。

爽、差也。爽,忒也

今译:爽一词,有差错的意思。爽一词,又有变更的意思。

《尔雅·释训》

明明、斤斤,察也。

今译:明明、斤斤,详察的样子。
穆穆、肃肃,敬也。
今译:穆穆、肃肃,肃敬的样子。
肃肃、翼翼,恭也。
今译:肃肃、翼翼,恭敬谨慎的样子。
启发:解释词语,应使用规范语言,注意通俗易懂。类聚有利于识记,平时可以使用。像如、适、之、徂、往是教材常用字,就可以归类。

二、用比较法释义

《释训》:善父母为孝,善兄弟为友。
《释训》:惴惴、憢憢,惧也。番番、矫矫,勇也。
《释天》:谷不熟为饥,蔬不熟为馑,果不熟为荒。
《释乐》:大波为澜,小波为沦。
《释天》:载,岁也。夏曰岁,商曰祀,周曰年,唐虞曰载。
启发:比较联系的方法具有普遍的适用性。

三、注意一词多义

《释言》:济,度也。济,成也。济,益也。
《释诂》:休,美也。休,息也。
《释言》:休,戾也。休,庆也。
《释木》:休,无实李。
启发:在一定的语言环境中解词。注意上下文,词不离句。

四、不作解释

《尔雅》普通词 2000 余条,但是,一、二、三、四、五等,人、手、足、口、耳、目等,黄、白、黑、饮、食等,不收、不作解释,因为这些词妇孺皆知。
启发:学生了解的、掌握的,不再解释。

106

对于生疏词语,要准确理解它当然靠查检工具书,但一些实用的解词方法可以帮助我们理解词语。

《把几种实用的解词方法教给学生》(作者 刘飞、吴华宝)

拟写此文主要出于三点考虑:

第一,无论哪种语言,它的语词总是最基本的单位,学习中对词义的把握显得非常重要,学习汉语文也不例外,那么,让学生学会一些实用的解词方法,对学生学习语言是有直接帮助的。

第二,有这样一句流行的话,叫作"授之以鱼,不如授之以渔"。其实,这句话有它的片面性,因为,没有大量的各种类型的"鱼"的积累,授"渔"几乎是不可能的。但是,这句话对中学生尤其是高中生来说,无疑是正确的,因为中学生已经拥有了大量的感性积累。因而,对中学生传授实用的解词方法具有可能性和可行性。

第三,现代教育理念反对死记硬背,重视语感,要求揣摩语言,品味语言,从整体上把握知识;语言实践中,不可能也没有必要使每一个语词都按字典辞书去作解释。所以,看上去带点"模糊"特性的"实用解词方法"有利于学生按新的理念学习语言。

一、拆字法(语素解释法)

有些合成词的词义就是构成这个词的几个语素意义的综合,先搞清每个语素的意义,然后组合起来就有了整个词的含义。这是先分析再综合的方法。

例如:"文静"可释为"文雅而安静","驯良"可释为"和顺善良","平展"可释为"平坦而宽阔","豪爽"可释为"豪放直爽","窥测"可释为"窥探推测","十恶不赦"中"十恶"指"不道、不孝、不睦、不义"等十种罪恶,词义为"犯了十种罪的一种就不可避免地要严惩"。

再如:"初犯""重犯""惯犯",都指犯罪,区分了"初"(第一次)、"重"(再次)、"惯"(习以为常)词义就十分清楚。"使命""奉命""复命""抗命""待命"等词语中的"命"都是"命令"的意思,区分了"使""奉""复""抗""待",每个词的词义就明白了。

二、举例法

有些词如果脱离语言环境孤立地去解释,往往使人难以透彻了解,这就必须恰当地引用例句,把词放到具体的语言环境中去解释。

看下面的例子。

过目:看一遍。例:名单已经排好,请过目一下。

过心:① 多心。例:我实话实说,你别过心。② 知心。例:咱俩是过心的朋友,有什么话不能说?

象征:① 用具体的事物表现某种特殊意义。例:火炬象征光明。② 用来象征某种特别意义的具体事物。例:火炬是光明的象征。

与:等待。例:岁不我与。

与:① 介词,跟。例:与虎谋皮。② 连词,和。例:工业与农业。

其他如"疯狂""拂晓""流露""很""因为""与其"等众多常用语词,只有通过实例才能清楚地得到解释。

三、转注法

转注法是利用同义词、反义词直接解释词义的方法。

(1) 利用同义词来解词,是运用已经懂得的、常用的词解释生僻词、古语词、方言词、外来词等。

例如:豚犬(生僻词)——猪狗。辞别(古语词)——告别。恁(方言词)——那么,那样;那,这么,这样。盘尼西林(外来词)——青霉素。

(2) 用反义词来解词,要注意用来解释的词语必须为人们所熟知,并与被解释的词语具有反义关系。用反义词解释词语的形式是:否定词+反义词。

例如,"忸怩"的反义词是"大方","忸怩"就可以解释为"不+大方",即"不大方";"崎岖"解释为"不平坦";"孬"解释为"不好"。其他如低(不高)、丑(不美)、伪(不真)、恶(不善)、劣(不优)、坏(不好)等等,也都可以用"否定词+反义词"的形式加以解释。

四、构词方式分析法

(1) 同义合成词(同义复词)。

"追逐"就是"追"。"数量"就是"数"。他如"崇高""改变""孤独""解放""生产""声音""停止""土地""选择""学习"等词的语素义都相同,都可互释,知道一个语素义就懂得整个词义。

(2) 偏义合成词(偏义复词)。

"国家"只是"国"。"质量"只是"质"。"窗户"只是"窗"。"忘记"是"忘"。"人物"是"人"。以上词语中,"家""量""户""记""物"等意义已经弱化乃至消失,偏义在前一个语素。"好歹"这个词比较特殊,在"不知好歹"中偏义在"好",在"万一有个好歹"中偏义在"歹"。

(3) 偏正结构的合成词。

"塞北"是"塞之北","长城以北"。"隐患"是"隐之患","隐藏的祸患"。"前途"是"前之途","前面的路途"。"前景"是"前之景","将要出现的景象"。

(4) 词根附加词缀。

"阿哥""老虎"分别是"哥""虎"。"糊里糊涂""古里古怪""土里土气"就是"糊涂""古怪""土气",只是加缀后词义程度重一些。

五、对应法

有很大一部分成语,尤其是"并列"结构的成语,语素之间有一种对应关系,或相同或相对或相反,这种对应关系可以帮助解释成语。

比如,"文过饰非",文、饰义同,过、非义同;"日削月割",削、割义同;"天造地设",天、地相对,造、设义同;"不急不徐",急、徐相反。落实了相同、相对或相反的语素义后,解释整个成语就非常便捷了。

安家落户、字斟句酌、国泰民安、老奸巨猾、老谋深算、失魂落魄、引经据典、心旷神怡、分崩离析、凶神恶煞、丰功伟绩、才疏学浅、移风易俗、潜移默化和尔虞我诈、东张西望、志大才疏、抑强扶弱等许许多多成语中,语素之间都存在一种"对应"关系,利用"对应"关系解释成语大有可为。

六、比较法

意思相近的词容易混淆,解释时可以用同义词进行比较,以求明确运用范围、感情色彩和使用对象等方面的异同,这样可以避免阅读理解和写作使用中出错。

"优良""优秀""优异"都有"好"的意思,但它们有区别,意思分别为"很好""非常好""特别好"。"成果""结果""后果"三个词之间是感情色彩不同。"黑沉沉""黑洞洞""黑糊糊""黑蒙蒙""黑骏骏""黑黝黝"等都形容光线昏暗,但程度不完全相同,使用对象也有区别。

鲁迅先生在《人生识字胡涂始》中说过:"我实在连自己也不知道'崚嶒'和'巉岩'究竟是什么样子……向来就并没有弄明白,一经切实的考查,就糟了。此外如'幽婉''玲珑''蹒跚''嗫嚅'之类,还多得很。"鲁迅先生举例中的几个词,在他的作品中都使用过,先生的话告诉我们一个道理,准确无误地把握词义是有必要的(它也是"实用解词"的前提),但是,对有些词则没有必要去死记其意思。我们介绍实用解词方法,也就是为广大中学生提供一把钥匙,提供一种思路,倘若在某一点上有助于中学生朋友学习语言,那是我们的最大安慰。

在句中品味语词

品味语词就是研究语词,句中品词,是在上下文中研究语词,以知其妙处,以学会使用。

《荷塘月色》(作者　朱自清)

月光如流水一般,静静地泻在这一片叶子和花上。薄薄的青雾浮起在荷塘里。叶子和花仿佛在牛乳中洗过一样;又像笼着轻纱的梦。

"泻"字极佳,它与"流水"的比喻十分协调,表现力很强。"泻"字,"一泻千里",仿佛那片清澈的月光一瞬间已然展现在读者眼前,生动、传神。若用"流"与"淌"则意味不足。"浮起",不是升腾,不是飘移,是聚而不散。不是轻雾,是"青雾",因有月色下的荷叶掩映,成了青色。轻纱、梦,素净,雅洁,朦胧,一种美妙的意境出来了。

108

《威尼斯》(作者　朱自清)

它也有三层:下两层是尖拱门,一眼看去,无数的柱子。最下层的拱门简单疏阔,是载重的样子;上一层便繁密得多,为装饰之用;最上层却更简单,一根柱子没有,除了疏疏落落的窗和门之外,都是整块的墙面。

这几句记述威尼斯公爷府的外观。疏阔、繁密、简单三个词是一种印象,也是一种对比,突出公爷府设计富有变化、美观、实用的特点,寓观点于记叙。

109

《猫》(作者　郑振铎)

我心里十分难过,真的,我的良心受伤了,我没有判断明白,便妄下断语,冤枉了一只不能说话辩诉的动物。

妄,荒谬。荒谬在何处？凭臆断而冤枉了猫。从整个故事来看,这几句话是全文的中心句,而"妄"字是中心句的关键词。

110

《雨中登泰山》(作者 李健吾)

从火车上遥望泰山,几十年来,有好几次了,每次想起"孔子登东山而小鲁,登泰山而小天下"那句话来,就觉得过而不登,像是欠下悠久的文化传统一笔债似的。杜甫的愿望,"会当凌绝顶,一览众山小",我也一样有,惜乎来去匆匆,每次都当面错过了。

欠、债、惜乎,真切而形象地表达了作者一直未能登泰山的深切遗憾心情,也表达了作者对崇高精神境界的向往。今天是为了却心愿而来,不亦乐乎？何其快哉！

111

《辞"大义"》(作者 鲁迅)

我自从去年得罪了正人君子们的"孤桐先生",弄得六面碰壁,只好逃出北京,默默无语,一年有零。

不说四面碰壁、四处碰壁,而说六面碰壁,可见正人君子们的恶毒卑鄙,可见环境的无比黑暗。

112

《阿Q正传》(作者　鲁迅)

"哈哈哈!"阿Q十分得意的笑。"哈哈哈!"酒店里的人也九分得意的笑。

十分、九分都有"很"的意思,但程度稍有不同,联系和对比,表明酒店里的人与阿Q同而稍异。阿Q的笑是一种悲哀。于此可见作者对阿Q的态度:哀其不幸,怒其不争。

113

《社戏》(作者　鲁迅)

月色便朦胧在这水气里。淡黑的起伏的连山,仿佛是踊跃的铁的兽脊似的,都远远的向船尾跑去了,但我却还以为船慢。

朦胧,形容词作动词用,使人感到生动活泼,意境清新,与孩子们划船去看社戏的心情很吻合。踊跃,静物动化,连山在起伏,栩栩如生。铁色即前句的淡黑,夜间山峦的颜色。兽脊,指起伏的连山。跑,船上人的主观感觉,动态。这些把"我"渴望尽快赶到赵庄的急迫心情真切生动地表现出来了。

114

《雪》（作者　鲁迅）

　　暖国的雨，向来没有变过冰冷的坚硬的灿烂的雪花。博识的人们觉得他单调，他自己也以为不幸否耶？江南的雪，可是滋润美艳之至了；那是还在隐约着的青春的消息，是极壮健的处子的皮肤。雪野中有血红的宝珠山茶，白中隐青的单瓣梅花，深黄的磬口的蜡梅花；雪下面还有冷绿的杂草。胡蝶确乎没有；蜜蜂是否来采山茶花和梅花的蜜，我可记不真切了。但我的眼前仿佛看见冬花开在雪野中，有许多蜜蜂们忙碌地飞着，也听得他们嗡嗡地闹着。

　　抓住景物特点写"雪野"中的花草："宝珠山茶"是"血红的"；"单瓣梅花"是"白中隐青的"；"蜡梅花"是"深黄的磬口的"；"杂草"是"冷绿的"。"血红""冷绿""白中隐青"这些形容词，都是用得恰到好处的。作者从颜色上、形态特点上（如"磬口"）描绘，给读者以鲜明的印象。

115

《为了忘却的记念》（作者　鲁迅）

　　当时上海的报章都不敢载这件事，或者也许是不愿，或不屑载这件事，只在《文艺新闻》上有一点隐约其辞的文章。

　　不敢，指那些有一定进步倾向的报刊，慑于反动派的镇压淫威，担心自己遭到迫害，想载而"不敢"载；不愿，指那些自诩中立、自命清高的报刊，害怕招惹是非，明哲保身而"不愿"载；不屑，指那些右派报刊，认为作家的流血牺牲不值得一提,因而"不屑"载。

不敢,不愿,不屑,这三个词语用得极有分寸,极其准确。

我知道这失明的母亲的眷眷的心,柔石的拳拳的心。

眷眷,是依恋不舍的意思。拳拳,是诚恳、深切的意思,即"惓惓"。二词都形容诚挚、关切的感情。但同中有异,从母亲方面来说,爱子心切,依依不舍,因此用"眷眷"来形容;从儿子方面来说,关心亲长,情思恳挚,因此用"拳拳"来表达。

印书的合同,是明明白白的,但我不愿意到那些不明不白的地方去辩解。

明明白白与不明不白的意思相反,形成对比,强调和突出后者,用以揭露反动统治的黑暗,也体现了鲁迅的愤怒感情。

《后西游记》中地府有对联:是是非非地,明明白白天。孙小圣将其改为:是是非非地究竟谁是谁非,明明白白天到底不明不白,也是极好的对比。

只有其中的一本《蕗谷虹儿画选》是为了扫荡上海滩上的"艺术家"即戳穿叶灵凤这纸老虎而印的。……可是在中国,那时是确无写处的,禁锢得比罐头还严密。

用"扫荡",生动地反映了当时上海滩"艺术家"们的艺术歪风之盛,又具体地显示革命文艺对这股艺术歪风的巨大冲击力量;用"禁锢",形象地揭露了反动派剥夺了人民的一切言论和活动自由的黑暗现实,突出地表达了鲁迅的强烈愤恨和愤怒谴责之情。

谈了一些天,我对于她终于很隔膜,我疑心她有点罗曼谛克,急于事功;我又疑心柔石的近来要做大部的小说,是发源于她的主张的。但我又疑心我自己,也许是柔石的先前的斩钉截铁的回答,正中了我那其实是偷懒的主张的伤疤,所以不自觉地迁怒到她身上去了。——我其实也并不比我所怕见的神经过敏而自尊的文学青年高明。

这段话是写作家冯铿的。连用三个疑心,有意造成重复。前两个"疑心"只是一种推测,目的在于弱化印象的真实性,不一定罗曼谛克,也不一定发源于她,后一个"疑心"否定前两个"疑心",把印象不佳归因于自己的"迁怒"。三个疑心连用,收到了名抑实扬的艺术效果。

116

学习词,做两件事:积累词,使用词。

从词的构成看,词可以分为单纯词和合成词;从词义看,词可以分为单义词和多义词;从词性看,词可以分为实词、虚词两大类十二种;由词的构成、词义、词性等又产生了同素词、同音词、反义词、多音词、多义词等。这些是词的常识。

成语等是特殊的词,要特殊对待。成语等内涵丰富,能增加说话、作文的文采。

在词本身,要体会琢磨;在词与词之间,要联系比较。

解词有方法可依,实用的解词方法要掌握。而词不离句,在上下文中解词是最重要的。

教师要帮助、指导、引领学生积累语词,让他们了解一个词的基本义、常用义,特别要能理解词的文中义,能在语言环境中感悟、品味其妙处。

词语的学习,靠教师分析讲解。教师讲透了,讲出味道了,对比联系了,学生就比较容易记了。长期训练,循序渐进,学生就能掌握品词的方法、用词的技巧。

课堂释词不一定像辞书那般精确。比如,我释涛,大浪,名词;释滔,浪大,形容词,虽不算精确,但遇到波涛滚滚、滔天巨浪时就很容易区别了。我曾这样解说,龙是蛇的神化,凤凰是孔雀的神化,鹏是大雁的神化,学生是愿意接受的。

学生除了要常检索字典、词典外,还要重视课文注释,养成看注释的习惯。

汉语常用成语一万条左右,学生要备一本《汉语成语词典》。

学生可以学习做读书笔记,做词语卡片。

字词积累是为阅读、写作做准备,是阅读、写作的必备前提。另一方面,阅读、写作也会对字词积累起促进作用。

四 句 式

117

句子分类

按用途和语气分:疑问句,陈述句,祈使句,感叹句。
按结构分:单句,复句;整句,散句;长句,短句。
按逻辑分:肯定句,否定句。
按修辞分:排比,对偶,设问,反问。

单句

一般单句:主谓句,非主谓句(独词句)。
特殊单句:把字句,被动句,倒装句,兼语句,连动句等等。

复句

一般复句:并列复句,顺承复句,递进复句,选择复句,假设复句,条件复句,因果复句,转折复句,目的复句等。

多重复句:二重复句,三重复句,四重复句等。

句子还可以按内容来划分,分为:
记叙句,描写句,抒情句,议论句,说明句。
或分为:
写人句(要求准确);

叙事句(要求清晰);

绘景句(要求形象);

状物句(要求逼真):

抒情句(要求贴切);

明理句(要求深刻)。

118

名句卡片举例

写人句

入芝兰之室,久而不闻其香;入鲍鱼之肆,久而不闻其臭。

与天地共长久,与宇宙共呼吸。

与江海不废,与日月永昭。

日月经天,江河行地。

作家最优良的品质是真挚和诚恳。

叙事句

化丑陋为妩媚。

花枝春满,天心月圆。

惊天地,泣鬼神,感人心。

一千个观众就有一千个哈姆莱特。

望,扁鹊知桓侯疾之浅深;闻,华佗闻呻吟之声而取蛇毒;问,扁鹊知虢太子不死;切,喻嘉言力排众议,断徐国珍为假热真寒者。

伏羲氏发明捕鱼狩猎,神农氏发明种植五谷,有巢氏发明建造庐舍,燧人氏发明钻木取火,他们的发明创造都隐含在名号里。葛天氏部落首领利用葛这种植物纤维造福部落之民,发明乐舞、织布、穿衣。

屈原的忠贞耿介,陶潜的冲虚高远,李白的徜徉自恣,杜甫的每饭不忘君,都表现在他们的作品里。

绘景状物句

悲哉秋之为气也。

一叶落知天下秋。

江南三月,莺飞草长。

落霞与孤鹜齐飞,秋水共长天一色。

新绿能醉人,尤以江南风景为然。

处处逸致可掬。

春卉宜人解语,刺槐洁白芳香,菊丛悠然自得,雪花飞琼溅玉。

木棉参天擎日,飞火凤舞丹龙。

一去二三里,烟村四五家。亭台六七座,八九十枝花。

抒情句

李煜:剪不断,理还乱,是离愁。

鲁迅:横眉冷对千夫指,俯首甘为孺子牛;寄意寒星荃不察,我以我血荐轩辕;心事浩茫连广宇,于无声处听惊雷;无情未必真豪杰,怜子如何不丈夫。

北岛:卑鄙是卑鄙者的通行证,高尚是高尚者的墓志铭。

海子:面朝大海,春暖花开。

舒婷:与其在悬崖上展览千年,不如在爱人的肩上痛哭一晚。

顾城:黑夜给了我黑色的眼睛,我却用它来寻找光明!

明理句

一尺之棰,日取其半,万世不竭。

一将功成万骨枯。

智欲圆而行欲方。

入于泽而问牧童,入于水而问渔师。

天下大势,分久必合,合久必分。

人无癖不可与交,以其无深情也;人无疵不可与交,以其无真气也。

熟读唐诗三百首,不会吟诗也会吟。

书读百遍,其义自见。

只有经历地狱般的磨炼,才能炼出创造天堂的力量。

中国思想类型长于直觉而短于分析,长于体验而短于辩证。

许敬宗:春雨如膏,农夫喜其润泽,行人恶其泥泞;秋月如镜,佳人喜其玩赏,盗贼恶其光辉。

张载:为天地立心,为生民立命,为往圣继绝学,为万世开太平。

朱熹:自古有基方筑室,未闻无址忽成岑。

莎士比亚:生存还是死亡,这是一个问题。

拿破仑:新闻记者的一支笔抵得过十万毛瑟枪。

泰戈尔:错误经不起失败,但是真理却不怕失败;使生如夏花之绚烂,死如秋叶之静美;我们把世界看错了,反说世界欺骗我们。

鲁迅:事实胜于雄辩;拼命的劝孝,也足见事实上孝子的缺少;其实地上本没有路,走的人多了,也便成了路;有缺点的战士终竟是战士,完美的苍蝇也终竟不过是苍蝇。

119

句子成分

构成句子的词或词组间有一定的语法关系,根据不同的语法作用将词或词组分为主语、谓语、宾语、定语、状语、补语等成分。

主语、谓语、宾语是句子的主要成分;定语、状语、补语是句子的修饰成分。它们在句中的基本位置如下:

(定语)主语‖〔状语〕谓语〈补语〉(定语)宾语

120

句子的主要成分:主语、谓语、宾语。

主语

谓语的陈述对象,指明说的是"什么人"或"什么事",一般用名词、代词、数量词、"的"字结构做主语,也可用联合词组、动宾词组、主谓词组、偏正词组以及动词、形容词做主语。

例如:

翻译是一种艰苦的劳动。

辱骂和恐吓绝不是战斗。

谓语

对主语加以陈述,说明主语怎样或者是什么的句子成分。充当谓语的一般是动词、形容词以及由它们组成的联合短语;或表示判断的动词"是"和它后边的名词、代词等组成的动宾短语;另外主谓短语、数量词,说明日期、天气的名词也可做谓语。

例如:

明天星期日。

什么书他都看。

他十二岁。

鲁迅是中国一代文学的奠基人。

宾语

在动词后面,表示动作、行为所涉及的人或事物,回答"谁"或"什么"一类的问题。充当宾语的一般有:名词、名词性词组。总体说,能做主语的词、短语一般都能做宾语。

例如:

门口围着一群看热闹的。

歌声把王老师带入深沉的回忆。

121

句子的修饰成分:定语、状语、补语。

定语

名词前面的连带成分,用来修饰、限制名词,表示人或事物的性状、数量、所属等。充当定语的是:除副词外,实词和短语一般都可以充当定语,大多数是形容词、数量词(物量)、名词、代词。

例如:

雪野中有(血红)的宝珠山茶。

那(颤抖)的手慢慢抬起来。

(中国)的历史有自己的特点。

状语

动词或形容词前面的连带成分,用来修饰、限制动词或形容词,表示动作的状态、方式、时间、处所或程度。充当状语的是:副词、形容词;表时间、处所的名词;助动词;介词结构。

例如:

他〔拼命〕地追逐着。

他〔踌躇〕着没有说话。

补语

动词或形容词后面的连带成分,一般用来补充说明动作、行为的情况、结果、程度、趋向、时间、处所、数量、性状等。充当补语的是:动词、形容词、数量词、介词结构和由动词或形容词组成的短语。

例如:

红太阳照〈遍〉全球。

他坐在〈桌子旁边〉。

122

复句关联词小辑

表示并列关系

单用:也　又　还　同时　同样　而　而是

合用:既……也(又)……　也……也……　又……又……　有时……有时……　一方面……(另、又)一方面……　一边……一边……　一会儿……一会儿……　不是……而是……

表示顺承(承接)关系

单用:就　便　才　于是　然后　后来　接着　跟着

合用:首先(起先)……然后(后来)……

表示选择关系

单用:还是　或者

合用:或者(或)……或者(或)……　也许……也许……　是还是……　不是……就是……　要么……要么……　与其……不如(毋宁)……　宁可……也不……

表示递进关系

单用:而且　并且　何况　况且　从而　甚至　更　还　尤其是

合用:不但(不仅、不只、不光)……而且(还、也、又、反而)……　尚且何况(更不用说、还)……　别说(慢说、不要说)……连(就是)……

表示转折关系

单用:但　但是　可　可是　却　然而　反倒　只是　不过

合用:虽然(尽管)……但是(可是、却、而)……

表示条件关系

只要……就(都、便、总)…… 只有(唯有、除非)……才(否则)……
无论(不论、不管、任、任凭)……都(总、总是、也、还) 要……必须……

表示假设关系

单用:就 便 那 那么 也 还
合用:如果(假如、假使、倘若、若、要是、要)……就(那么、那、便)……
即使(就是、就算、纵然、哪怕)……也(还)…… 再……也……

表示因果关系

单用:由于 所以 因此 因而 以致 既然 就 可见
合用:因为(由于)……所以(就、因而、以致)…… 既然……那么(何必、就、又、便) 之所以……是因为……

表示目的关系

以 以便 用以 借以 好让 好 为了 为的是 以免 免得 省得 以防 以利于

123

学习修改病句的方法

修改病句的原则:不改变句子的原意。
修改病句的程序:审症,施治。
修改病句的方法:增、删、换、调。

一、语序不当

病句:这篇好文章对他是很感兴趣的。
改句:他对这篇好文章是很感兴趣的。

病句:全校学生认真讨论和学习了《中学生日常行为规范》的内容。
改句:全校学生认真学习和讨论了《中学生日常行为规范》的内容。

病句:1976年发生的唐山大地震,对我们这些海外学子当时震动很大。
改句:1976年发生的唐山大地震,当时对我们这些海外学子震动很大。

病句:我不但信任他,而且以前反对他的人,现在也信任他了。
改句:不但我信任他,而且以前反对他的人,现在也信任他了。

二、搭配不当

1. 主谓搭配不当

病句:他那崇高的革命品质,经常浮现在我的脑海中。
改句:他那崇高的革命形象,经常浮现在我的脑海中。

病句:墨似的乌云和倾盆大雨,顿时从半空中倾泻下来。
改句:墨似的乌云布满天空,倾盆大雨顿时从半空中倾泻下来。

2. 动宾搭配不当

病句:同学们以敬佩的目光注视着和倾听着老师的报告。
改句:同学们以敬佩的目光注视着老师,倾听着他的报告。

病句:我们必须扩大和加快我国教育事业的发展。
改句:我们必须扩大我国教育规模,加快我国教育事业的发展。

3. 主语和宾语搭配不当

病句:他的家乡是安徽省合肥市人。
改句:他是安徽省合肥市人。
改句:他的家乡是安徽省合肥市。

病句:世界是一个永远不停地运动、变化和发展的过程。
改句:世界是永远不停地运动、变化和发展的。

4. 修饰语与中心语搭配不当

病句:中学时代打下的坚实的基础知识,为他进一步自学创造了条件。
改句:中学时代打下的坚实的基础,为他进一步自学创造了条件。

病句:我们的老师有渊博的知识和经验。

改句:我们的老师有丰富的知识和经验。

改句:我们的老师有渊博的知识和丰富的经验。

三、成分残缺

1. 缺少主语

病句:通过李老师的一番教育,使我明白了许多道理。

改句:李老师的一番教育,使我明白了许多道理。

改句:通过李老师的一番教育,我明白了许多道理。

病句:我和他认识的过程中,无论在学习、工作、生活各方面,都给我留下了深刻的印象。

改句:我和他认识的过程中,无论在学习、工作、生活各方面,他都给我留下了深刻的印象。

2. 缺少谓语

病句:改革开放以来,我国各行各业的形势,广大人民群众的生活水平迅速提高。

改句:改革开放以来,我国各行各业的形势大好,广大人民群众的生活水平迅速提高。

病句:我决心具有优良品德和高尚情操的新人。

改句:我决心做具有优良品德和高尚情操的新人。

3. 缺少宾语

病句:县政府严肃处理水泥厂擅自提价。

改句:县政府严肃处理水泥厂擅自提价事件。

病句:这时舞台上传来"台湾同胞,我的骨肉兄弟……"。

改句:这时舞台上传来"台湾同胞,我的骨肉兄弟……"的歌声。

4. 缺少定语、状语

病句:要想取得优异的成绩,必须付出劳动。

改句:要想取得优异的成绩,必须付出艰苦的劳动。

病句:他们把学生集中到农场,实行同吃、同住、同劳动。

改句:他们把学生集中到农场,与农场工人实行同吃、同住、同劳动。

四、成分赘余

病句:我们应该努力学习,否则不这样,就辜负了祖国人民的期望。
改句:我们应该努力学习,否则,就辜负了祖国人民的期望。
改句:我们应该努力学习,不这样,就辜负了祖国人民的期望。

病句:同学们为了取得好成绩,他们天不亮就起床学习。
改句:同学们为了取得好成绩,天不亮就起床学习。
改句:为了取得好成绩,同学们天不亮就起床学习。

病句:菜场向居民供应青菜、包菜、山芋、苹果等蔬菜。
改句:菜场向居民供应青菜、包菜、山芋、苹果等。

五、结构混乱

病句:他把别人的作业本被撕破了。
改句:他把别人的作业本撕破了。
改句:别人的作业本被他撕破了。

病句:上海文艺出版社出版的《生存》,作者是一位蛰居海外20多年的加拿大籍华裔作家之手。
改句:上海文艺出版社出版的《生存》,作者是一位蛰居海外20多年的加拿大籍华裔。
改句:上海文艺出版社出版的《生存》,出自一位蛰居海外20多年的加拿大籍华裔作家之手。

病句:考试能否取得好成绩,取决于平时的努力学习。
改句:考试能否取得好成绩,取决于平时是否努力学习。
改句:考试取得好成绩,取决于平时的努力学习。

六、表意不明(歧义)

病句:买房子,送家具。

改句:买房子,运送家具。

改句:买房子,赠送家具。

病句:我们把几个学校的学生干部召集起来。

改句:我们把学校的几个学生干部召集起来。

病句:在高中生活中,我的进步很大,因为老师们对自己都是严格要求的。

改句:在高中生活中,我的进步很大,因为老师们对我都是严格要求的。

病句:当他把书借给小李时,他对他笑了笑。

改句:当他把书借给小李时,他对小李笑了笑。

改句:当他把书借给小李时,小李对他笑了笑。

七、不合逻辑

病句:他干得非常卖力,流下了斗大的汗珠。

改句:他干得非常卖力,流下了豆大的汗珠。

病句:他是多少个罹难者中幸免的一个。

改句:多少人罹难,他是幸免的一个。

124

欣赏名言警句

对名言警句,要默诵准确,书写正确;要能够理解、吸收、消化并能用之于作文、说话等。

常见的名言警句:

知人者智,自知者明。(《老子》)

大直若屈,大巧若拙,大辩若讷。(《老子》)

千里之行,始于足下。(《老子》)

合抱之木,生于毫末;九层之台,起于累土;千里之行,始于足下。(《老子》)

言之者无罪,闻之者足以戒。(《诗经·大序》)

投我以木瓜,报之以琼琚。(《诗经》)

昔我往矣,杨柳依依;今我来思,雨雪霏霏。(《诗经》)

满招损,谦受益。(《尚书》)

为山九仞,功亏一篑。(《尚书》)

穷则变,变则通,通则久。(《易经》)

爱而知其恶,憎而知其善。(《礼记》)

玉不琢,不成器;人不学,不知道。(《礼记》)

凡事豫则立,不豫则废。(《礼记》)

十目所视,十手所指,其严乎。(《礼记》)

水至清则无鱼,人至察则无徒。(《大戴礼记》)

言必信,行必果。(《论语》)

君子成人之美,不成人之恶。(《论语》)

不患人之不己知,患不知人也。(《论语》)

不患人之不己知,患其不能也。(《论语》)

君子喻于义,小人喻于利。(《论语》)

仁以为己任,不亦重乎!死而后已,不亦远乎!(《论语》)

知者不惑,仁者不忧,勇者不惧。(《论语》)

敏而好学,不耻下问。(《论语》)

往者不可谏,来者犹可追。(《论语》)

温故而知新,可以为师矣。(《论语》)

学而不厌,诲人不倦。(《论语》)

三军可夺帅也,匹夫不可夺志也。(《论语》)

三人行,必有我师焉。择其善者而从之,其不善者而改之。(《论语》)

三十而立,四十而不惑。(《论语》)

十室之邑,必有忠信。(《论语》)

学而不思则罔,思而不学则殆。(《论语》)

知之者不如好之者,好之者不如乐之者。(《论语》)

人无远虑,必有近忧。(《论语》)
工欲善其事,必先利其器。(《论语》)
君子欲讷于言而敏于行。(《论语》)
君子求诸己,小人求诸人。(《论语》)
己所不欲,勿施于人。(《论语》)
众心成城,众口铄金。(《国语》)
从善如登,从恶如崩。(《国语》)
见兔而顾犬,未为晚也;亡羊而补牢,未为迟也。(《战国策》)
外举不弃仇,内举不失亲。(《左传》)
居安思危,思则有备,有备无患。(《左传》)
言之无文,行而不远。(《左传》)
皮之不存,毛将焉附?(《左传》)
末大必折,尾大不掉。(《左传》)
人谁无过,过而能改,善莫大焉。(《左传》)
一日暴之,十日寒之,未有能生者也。(《孟子》)
自暴者,不可与有言也;自弃者,不可与有为也。(《孟子》)
得道者多助,失道者寡助。(《孟子》)
民为贵,社稷次之,君为轻。(《孟子》)
天时不如地利,地利不如人和。(《孟子》)
富贵不能淫,贫贱不能移,威武不能屈。此之谓大丈夫。(《孟子》)
老吾老,以及人之老;幼吾幼,以及人之幼。(《孟子》)
穷则独善其身,达则兼善天下。(《孟子》)
天将降大任于斯人也,必先苦其心志,劳其筋骨,饿其体肤,空乏其身,行拂乱其所为。(《孟子》)
不以规矩,不能成方圆。(《孟子》)
得天下英才而教育之。(《孟子》)
君子之交淡若水,小人之交甘若醴。(《庄子》)
吾生也有涯,而知也无涯。(《庄子》)
一尺之棰,日取其半,万世不竭。(《庄子》)
骐骥一跃,不能十步;驽马十驾,功在不舍。(《荀子》)
无冥冥之志者,无昭昭之明;无惛惛之志者,无赫赫之功。(《荀子》)

积土成山,风雨兴焉;积水成渊,蛟龙生焉。(《荀子》)

不登高山,不知天之高也;不临深溪,不知地之厚也。(《荀子》)

天行有常,不为尧存,不为桀亡。(《荀子》)

玉在山而草木润。(《荀子》)

青,取之于蓝,而青于蓝。(《荀子》)

蓬生麻中,不扶而直。(《荀子》)

目不能两视而明,耳不能两听而聪。(《荀子》)

察己则可以知人,察今则可以知古。(《吕氏春秋》)

入于泽而问牧童,入于水而问渔师。(《吕氏春秋》)

亦余心之所善兮,虽九死其犹未悔。(屈原)

路曼曼其修远兮,吾将上下而求索。(屈原)

吾不能变心以从俗兮,固将愁苦而终穷。(屈原)

鸟飞反故乡兮,狐死必首丘。(屈原)

新沐者必弹冠,新浴者必振衣。(屈原)

风萧萧兮易水寒,壮士一去兮不复还!(《战国策》)

前事不忘,后事之师。(《战国策》)

当时而立法,因事而制礼。(《商君书》)

一年之计,莫如树谷;十年之计,莫如树木;百年之计,莫如树人。(《管子》)

一叶落知天下秋。(《淮南子》)

大行不顾细谨,大礼不辞小让。(《史记·项羽本纪》)

运筹帷幄之中,决胜千里之外。(《史记·高祖本纪》)

飞鸟尽,良弓藏;狡兔死,走狗烹。(《史记·越王勾践世家》)

良药苦口利于病,忠言逆耳利于行。(《史记·留侯世家》)

智者千虑,必有一失;愚者千虑,必有一得。(《史记·淮阴侯列传》)

桃李不言,下自成蹊。(《史记·李将军列传》)

天下熙熙,皆为利来;天下攘攘,皆为利往。(《史记·货殖列传》)

少壮不努力,老大徒伤悲。(《长歌行》)

十步之内,必有芳草;十室之邑,必有俊士。(王符)

老骥伏枥,志在千里。烈士暮年,壮心不已。(曹操)

静以修身,俭以养德。(诸葛亮)

鞠躬尽瘁,死而后已。(诸葛亮)

勿以恶小而为之,勿以善小而不为。(《三国志·蜀书》)

奇文共欣赏,疑义相与析。(陶渊明)

盛年不重来,一日难再晨;及时当勉励,岁月不待人。(陶渊明)

羁鸟恋旧林,池鱼思故渊。(陶渊明)

采菊东篱下,悠然见南山。(陶渊明)

刑天舞干戚,猛志固常在。(陶渊明)

盲人骑瞎马,夜半临深池。(《世说新语》)

失之东隅,收之桑榆。(《后汉书》)

不入虎穴,焉得虎子?(《后汉书》)

蝉噪林愈静,鸟鸣山更幽。(王籍)

以铜为镜,可以正衣冠;以古为镜,可以知兴替;以人为镜,可以明得失。(《贞观政要》)

落霞与孤鹜齐飞,秋水共长天一色。(王勃)

海内存知己,天涯若比邻。(王勃)

老当益壮,宁知白首之心;穷且益坚,不坠青云之志。(王勃)

前不见古人,后不见来者。(陈子昂)

不知细叶谁裁出,二月春风似剪刀。(贺知章)

羌笛何须怨杨柳,春风不度玉门关。(王之涣)

欲穷千里目,更上一层楼。(王之涣)

春眠不觉晓,处处闻啼鸟。(孟浩然)

秦时明月汉时关,万里长征人未还。(王昌龄)

洛阳亲友如相问,一片冰心在玉壶。(王昌龄)

草枯鹰眼疾,雪尽马蹄轻。(王维)

大漠孤烟直,长河落日圆。(王维)

明月松间照,清泉石上流。(王维)

独在异乡为异客,每逢佳节倍思亲。(王维)

劝君更尽一杯酒,西出阳关无故人。(王维)

长风破浪会有时,直挂云帆济沧海。(李白)

清水出芙蓉,天然去雕饰。(李白)

天生我材必有用。(李白)

燕山雪花大如席。(李白)

安能摧眉折腰事权贵,使我不得开心颜。(李白)

仰天大笑出门去,我辈岂是蓬蒿人。(李白)

浮云游子意,落日故人情。(李白)

抽刀断水水更流。(李白)

今人不见古时月,今月曾经照古人。(李白)

战士军前半死生,美人帐下犹歌舞。(高适)

莫愁前路无知己,天下谁人不识君?(高适)

会当凌绝顶,一览众山小。(杜甫)

致君尧舜上,再使风俗淳。(杜甫)

射人先射马,擒贼先擒王。(杜甫)

翻手为云覆手雨。(杜甫)

朱门酒肉臭,路有冻死骨。(杜甫)

感时花溅泪,恨别鸟惊心。(杜甫)

人生七十古来稀。(杜甫)

露从今夜白,月是故乡明。(杜甫)

出师未捷身先死,长使英雄泪满襟。(杜甫)

好雨知时节,当春乃发生。(杜甫)

安得广厦千万间,大庇天下寒士俱欢颜。(杜甫)

尔曹身与名俱灭,不废江河万古流。(杜甫)

无边落木萧萧下,不尽长江滚滚来。(杜甫)

安得壮士挽天河,尽洗甲兵长不用。(杜甫)

为人性僻耽佳句,语不惊人死不休。(杜甫)

笔落惊风雨,诗成泣鬼神。(杜甫)

忽如一夜春风来,千树万树梨花开。(岑参)

功名只向马上取,真是英雄一丈夫。(岑参)

谁言寸草心,报得三春晖。(孟郊)

春风得意马蹄疾,一日看尽长安花。(孟郊)

蚍蜉撼大树,可笑不自量。(韩愈)

无贵无贱,无长无少,道之所存,师之所存也。(韩愈)

弟子不必不如师,师不必贤于弟子。(韩愈)

书山有路勤为径,学海无涯苦作舟。(韩愈)

大凡物不得其平则鸣。(韩愈)

天街小雨润如酥,草色遥看近却无。(韩愈)

业精于勤,荒于嬉;行成于思,毁于随。(韩愈)

跻攀分寸不可上,失势一落千丈强。(韩愈)

杨花榆荚无才思,惟解漫天作雪飞。(韩愈)

少年乐相知,衰暮思故友。(韩愈)

东边日出西边雨,道是无晴却有晴。(刘禹锡)

旧时王谢堂前燕,飞入寻常百姓家。(刘禹锡)

沉舟侧畔千帆过,病树前头万木春。(刘禹锡)

山不在高,有仙则名;水不在深,有龙则灵。(刘禹锡)

千淘万漉虽辛苦,吹尽狂沙始到金。(刘禹锡)

莫道桑榆晚,为霞尚满天。(刘禹锡)

野火烧不尽,春风吹又生。(白居易)

上穷碧落下黄泉,两处茫茫皆不见。(白居易)

在天愿作比翼鸟,在地愿为连理枝。(白居易)

千呼万唤始出来,犹抱琵琶半遮面。(白居易)

同是天涯沦落人,相逢何必曾相识。(白居易)

试玉要烧三日满,辨材须待七年期。(白居易)

文章合为时而著,歌诗合为事而作。(白居易)

时人莫小池中水,浅处不妨有卧龙。(窦庠)

黑云压城城欲摧,甲光向日金鳞开。(李贺)

天若有情天亦老。(李贺)

石破天惊逗秋雨。(李贺)

溪云初起日沉阁,山雨欲来风满楼。(许浑)

千里莺啼绿映红,水村山郭酒旗风。南朝四百八十寺,多少楼台烟雨中。(杜牧)

商女不知亡国恨,隔江犹唱《后庭花》。(杜牧)

胜败兵家事不期,包羞忍耻是男儿。(杜牧)

停车坐爱枫林晚,霜叶红于二月花。(杜牧)

清明时节雨纷纷,路上行人欲断魂。(杜牧)
夕阳无限好,只是近黄昏。(李商隐)
何当共剪西窗烛,却话巴山夜雨时。(李商隐)
身无彩凤双飞翼,心有灵犀一点通。(李商隐)
春蚕到死丝方尽,蜡炬成灰泪始干。(李商隐)
雏凤清于老凤声。(李商隐)
天意怜幽草,人间重晚晴。(李商隐)
一将功成万骨枯。(曹松)
读书不觉已春深,一寸光阴一寸金。(王贞白)
问君能有几多愁,恰似一江春水向东流。(李煜)

居庙堂之高,则忧其民;处江湖之远,则忧其君。(范仲淹)
不以物喜,不以己悲。(范仲淹)
先天下之忧而忧,后天下之乐而乐。(范仲淹)
近水楼台先得月,向阳花木易为春。(苏麟)
疏影横斜水清浅,暗香浮动月黄昏。(林逋)
无可奈何花落去,似曾相识燕归来。(晏殊)
绿杨烟外晓寒轻,红杏枝头春意闹。(宋祁)
忧劳可以兴国,逸豫可以亡身。(欧阳修)
醉翁之意不在酒。(欧阳修)
直须看尽洛阳花,始与春风容易别。(欧阳修)
泪眼问花花不语,乱红飞过秋千去。(欧阳修)
出淤泥而不染,濯清涟而不妖。(周敦颐)
今宵酒醒何处,杨柳岸晓风残月。(柳永)
衣带渐宽终不悔,为伊消得人憔悴。(柳永)
知无不言,言无不尽。(苏洵)
春风又绿江南岸,明月何时照我还。(王安石)
一水护田将绿绕,两山排闼送青来。(王安石)
兼听则明,偏信则暗。(《资治通鉴》)
但愿人长久,千里共婵娟。(苏轼)
古之立大事者,不惟有超世之材,亦必有坚忍不拔之志。(苏轼)

春宵一刻值千金,花有清香月有阴。(苏轼)
浮云时事改,孤月此心明。(苏轼)
末不可以强于本,指不可以大于臂。(苏轼)
一篇向人写肝肺,四海知我霜鬓须。(苏轼)
海上涛头一线来,楼前指顾雪成堆。(苏轼)
人皆养子望聪明,我被聪明误一生。(苏轼)
欲把西湖比西子,淡妆浓抹总相宜。(苏轼)
大江东去,浪淘尽,千古风流人物。(苏轼)
枝上柳绵吹又少,天涯何处无芳草。(苏轼)
宁可食无肉,不可居无竹;无肉令人瘦,无竹令人俗。(苏轼)
横看成岭侧成峰,远近高低各不同。不识庐山真面目,只缘身在此山中。(苏轼)
生当作人杰,死亦为鬼雄。(李清照)
莫道不销魂,帘卷西风,人比黄花瘦。(李清照)
三十功名尘与土,八千里路云和月。(岳飞)
接天莲叶无穷碧,映日荷花别样红。(杨万里)
小荷才露尖尖角,早有蜻蜓立上头。(杨万里)
无意苦争春,一任群芳妒。(陆游)
出师一表真名世,千载谁堪伯仲间。(陆游)
纸上得来终觉浅,绝知此事要躬行。(陆游)
壮心未与年俱老,死去犹能作鬼雄。(陆游)
僵卧孤村不自哀,尚思为国戍轮台。(陆游)
山重水复疑无路,柳暗花明又一村。(陆游)
夜阑卧听风吹雨,铁马冰河入梦来。(陆游)
王师北定中原日,家祭无忘告乃翁。(陆游)
位卑未敢忘忧国,事定犹须待阖棺。(陆游)
沾衣欲湿杏花雨,吹面不寒杨柳风。(释志南)
问渠哪得清如许,为有源头活水来。(朱熹)
二十四桥仍在,波心荡冷月无声。(姜夔)
众里寻他千百度,蓦然回首,那人却在灯火阑珊处。(辛弃疾)
君莫舞,君不见玉环飞燕皆尘土。(辛弃疾)

想当年,金戈铁马,气吞万里如虎。(辛弃疾)

青山遮不住,毕竟东流去。(辛弃疾)

千古兴亡多少事,悠悠,不尽长江滚滚流。(辛弃疾)

春色满园关不住,一枝红杏出墙来。(叶绍翁)

踏破铁鞋无觅处,得来全不费功夫。(夏元鼎)

从今别却江南路,化作啼鹃带血归。(文天祥)

山河破碎风飘絮,身世浮沉雨打萍。(文天祥)

人生自古谁无死,留取丹心照汗青。(文天祥)

臣心一片磁针石,不指南方誓不休。(文天祥)

梅须逊雪三分白,雪却输梅一段香。(卢梅坡)

晓来谁染霜林醉?总是离人泪。(《西厢记》)

枯藤老树昏鸦,小桥流水人家,古道西风瘦马,夕阳西下,断肠人在天涯。(马致远)

伤心秦汉经行处,宫阙万间都做了土。兴,百姓苦;亡,百姓苦。(张养浩)

千锤万凿出深山,烈火焚烧若等闲。粉骨碎身浑不怕,要留清白在人间。(于谦)

良辰美景奈何天,赏心乐事谁家院。(汤显祖)

世事洞明皆学问,人情练达即文章。(《红楼梦》)

子系中山狼,得志便猖狂。(《红楼梦》)

咬定青山不放松,立根原在破岩中。千磨万击还坚劲,任尔东西南北风。(郑燮)

九州生气恃风雷,万马齐喑究可哀。我劝天公重抖擞,不拘一格降人才。(龚自珍)

落红不是无情物,化作春泥更护花。(龚自珍)

我自横刀向天笑,去留肝胆两昆仑。(谭嗣同)

125

欣赏对子

新年纳余庆,嘉节号长春。
烟锁池塘柳,炮镇海城楼。
三光日月星,四诗风雅颂。
阅透人情知纸厚,踏穿世路觉山平。
荷花茎藕蓬莲苔,芙蓉芍药蕊芬芳。
氷冷酒,一点两点三点;丁香花,百头千头万头。
谦,美德也,过谦者怀诈;默,懿行也,过默者藏奸。
苟有恒,何必三更起五更眠;最无益,莫过一日曝十日寒。
南乡子前,常忆秦娥寻芳草;西江月下,最念奴娇浣溪沙。
琵琶琴瑟八大王,王王在上;魑魅魍魉四小鬼,鬼鬼犯边。
刚直不阿,留将正气冲霄汉;幽愁发愤,著成信史照尘寰。
满眼河山,大地早非汉唐有;一腔君国,草堂犹是杜陵春。
论心不论迹,论迹贫家无孝子;论迹不论心,论心自古无完人。

126

掌握辞格常识

学习修辞常识,品味修辞效果,进而懂得应用,增强语言的表现力。学习修辞,无需在概念上花很多精力。

双关与借喻

双关语字面所写的事物在句中是现实的,同时,字面意思中又含有弦外之音。借喻可以改为明喻的形式。

如:我躺着,听船底潺潺的水声,知道我在走我的路。(路,语义双关)

东边日出西边雨,道是无晴却有晴。(晴,谐音双关)

黑夜,静寂的像死一般的黑夜!但是,黎明的到来,毕竟是无法抗拒的。(黑夜、黎明,借喻)

借喻与借代

借代的本体与借体之间具有相关性,借喻的本体与喻体之间具有相似性。

如:孤帆一片日边来。(孤帆,船,借代)

鲁迅的骨头是最硬的。(骨头,精神,借代,具体代抽象)

我就知道我们之间已经隔了一层可悲的厚障壁了。(厚障壁,隔阂,借喻)

比喻与比拟

比喻是把甲事物比作乙事物,比拟是把甲事物模拟成乙事物。喻体要出现,拟体不出现。

如:恶霸夹着尾巴逃跑。(拟物)

岸花飞送客,樯燕语留人。(拟人)

对偶与对比

对比,在内容上要求相对相反,对偶则不一定;对偶,形式上要求字数相等、结构相同(或相似)等,对比则不一定。

如:蝗虫虽小,胃口却大。(对比)

朱门酒肉臭,路有冻死骨。(对比)

横眉冷对千夫指,俯首甘为孺子牛。(意义对比;形式对偶,反对;兼格)

设问与反问

反问(又叫诘问、反诘)表示的是确定的意思,用否定表示肯定,用肯定表示否定,语气强烈;设问本身不表示肯定或否定什么。设问也是篇的手法。屈原《天问》就是用设问手法构成的。

如:卖炭得钱何所营?(设问)

夜来风雨声,花落知多少?(设问)

是可忍孰不可忍?(反问)

对比与衬托

对比是把两种事物放在一起比较,使是与非、美与丑更加清晰、分明,两事物没有主客之分。衬托(又叫映衬、陪衬)也含有比较。正衬是烘托,反衬有对比,衬托的两个事物分主、客,客体用来衬托主体,使主体突出鲜明。

如:万里悲秋常作客,百年多病独登台。(正衬)

教室里那么安静!只听见钢笔在纸上沙沙地响。(反衬)

排比与层递

层递(又叫递进)是把三个或三个以上事物按层进或层减顺序排列,以使读者步步加深认识。

如:这种作风,拿了律己,则害了自己;拿了教人,则害了别人;拿了指导革命,则害了革命。(是层递,内容上由小到大排列,不能互换位次;不是排比,排比位次可换)

全国同胞们!平津危急!华北危急!中华民族危急!只有全民族实行抗战,才是我们的出路!(由小到大排列,为层递)

比喻与象征

比喻用比较熟悉或比较形象的事物说明与之相似的事物,象征用具体事物去表现人的品质或社会现象的本质特征。比喻在句中,象征一般在篇中。

高尔基《海燕》、屈原《橘颂》用的都是象征手法。

对偶与对仗

对仗要求字数相等、结构相同(不能相似)、词性相同、平则相对。对仗都是对偶,对偶可能不是对仗。对仗是古诗文的语言形式,对偶是一种修辞格。

如:风声雨声读书声,声声入耳;家事国事天下事,事事关心。(对偶)

墙上芦苇,头重脚轻根底浅;山间竹笋,嘴尖皮厚腹中空。(对仗)

两个黄鹂鸣翠柳,一行白鹭上青天。(对仗)

127

注意教材中出现的几个修辞格。

顶针(顶真、联珠)

用前句最末的词语作为后句开头的词语,或前段最末的句子作为后段开头的句子,上递下接,环环相扣。

如:一见面是寒暄,寒暄之后说我胖了,说我胖了之后即大骂其新党。

楚山秦山皆白云,白云处处长随君。长随君,君入楚山里,云亦随君渡湘水,湘水上,女罗衣,白云堪卧君早归。

宅中有园,园中有屋,屋中有院,院中有树,树上有天,天上有月,不亦快哉!

反语

说反话,用相反的话语表达本来的意思,常用于嘲弄讽刺。

如:有几个慈祥的老板到菜场去收集一些菜叶,用盐一浸,这就是她们难得的佳肴。(慈祥,是苛刻、狠心的意思)

中国军人的屠戮妇婴的伟绩,八国联军惩创学生的武功,不幸全被这几缕血痕抹杀了。(伟绩,是大罪恶的意思)

仿词(仿拟、仿化)

有时为使论辩有力或描写需要,仿照某个词的形式再造一个词,使对照强烈。

如:假如这也算一种"信",那也只能说中国人曾经有过"他信力"。

一个阔人说过读经,嗡的一阵一群狭人也说要读经。

子瞻戏贡父云:大风起兮眉飞飏,安得壮士兮守鼻梁。

呼告

说写时撇开听读者,突然对说写涉及的人或物呼名说话。

如:大堰河,今天我看到雪使我想起了你。

硕鼠,硕鼠,无食我黍!

宝玉道:"好鱼儿,快来吧!你也成全成全我呢。"

互文

互文是古代汉语特有的修辞格之一,它是在结构相同或相近的两个并列词组或语句中,相应位置上的词语互相补充、互相渗透、互相隐含的修辞方法。

本句互文。如:主人下马客在船,举酒欲饮无管弦;当横行天下,为汉家除残去秽。

对句互文。如:将军角弓不得控,都护铁衣冷难着;将军百战死,壮士十年归。

排比互文。如:东市买骏马,西市买鞍鞯,南市买辔头,北市买长鞭。

重章互文。如:坎坎伐檀兮……坎坎伐辐兮……坎坎伐轮兮……

通感(移觉、联觉)

让人们的各种感觉(视觉、听觉、嗅觉、味觉、触觉等)沟通和转移,通过修辞收到新鲜、生动的表达效果。通感是一种特殊的比喻。

如:微风过处,送来缕缕清香,仿佛远处高楼上渺茫的歌声似的。

但光与影有着和谐的旋律,如梵婀玲上奏着的名曲。

婉曲(委婉)

不直截了当地说出要表达的意思,而是用委婉、曲折的方式烘托或暗示给读者的修辞方式。

如:五步之内,相如请得以颈血溅大王矣!

今治水军八十万众,方与将军会猎于吴。(会猎,即打仗、进攻)

"祥林嫂?怎么了?""老了。"(老了,即死)

当代最伟大的思想家停止思想了。(停止思想,即去世)

移用(移就)

指两个事物彼此有一定关联,将甲的修饰语移用到乙上,以求新鲜、生动、别有风味。

如:建筑也是新式,简截不啰嗦,痛快之至。(简截不啰嗦,移用于建筑)

怒发冲冠,凭栏处潇潇雨歇。(怒,移用于头发)

我将深味这非人间的浓黑的悲凉。(浓黑,移用于心情)

移用与拟人的区别:移用,词语的移用体现在相关联事物的修饰语的变化上;而拟人,则是侧重把事物"人化"。

引用

为了增强文章的说服力,引用别人的话语或成语、谚语、格言等。

如:宫之奇谏曰:"谚所谓'辅车相依,唇亡齿寒'者,其虞虢之谓也。"

至今商女,时时犹唱,后庭遗曲。

用典(暗用、用事)

借用典故表情达意。

如:想当年,金戈铁马,气吞万里如虎。

白发空垂三千丈,一笑人间万事。

128

标点符号的作用,实际只有两点:提示停顿,表现语气。

标点符号用法简表

名称	符号	用法说明	举例
句号[①]	。	1. 用于陈述句的末尾。	北京是中华人民共和国的首都。
		2. 用于语气舒缓的祈使句末尾。	请您稍等一下。

续表

名称	符号	用法说明	举例
问号	？	1. 用于疑问句的末尾。	他叫什么名字？
		2. 用于反问句的末尾。	难道你不了解我吗？
叹号	！	1. 用于感叹句的末尾。	为祖国的繁荣昌盛而奋斗！
		2. 用于语气强烈的祈使句末尾。	停止射击！
		3. 用于语气强烈的反问句末尾。	我哪里比得上他呀！
逗号	，	1. 句子内部主语与谓语之间如需停顿，用逗号。	我们看得见的星星，绝大多数是恒星。
		2. 句子内部动词与宾语之间如需停顿，用逗号。	应该看到，科学需要一个人贡献出毕生的精力。
		3. 句子内部状语后边如需停顿，用逗号。	对于这个城市，他并不陌生。
		4. 复句内各分句之间的停顿，除了有时要用分号外，都要用逗号。	据说苏州园林有一百多处，我到过的不过十多处。
顿号	、	用于句子内部并列词语之间的停顿。	正方形是四边相等、四角均为直角的四边形。
分号②	；	1. 用于复句内部并列分句之间的停顿。	语言，人们用来抒情达意；文字，人们用来记言记事。
		2. 用于分行列举的各项之间。	中华人民共和国行政区域划分如下：（一）全国分为省、自治区、直辖市；（二）省、自治区分为自治州、县、自治县、市；（三）县、自治县分为乡、民族乡、镇。
冒号	：	1. 用于称呼语后边，表示提起下文。	同志们，朋友们：现在开会了……
		2. 用于"说、想、是、证明、宣布、指出、透露、例如、如下"等词语后边，提起下文。	他十分惊讶地说："啊，原来是你！"
		3. 用于总说性话语的后边，表示引起下文的分说。	北京紫禁城有四座城门：午门、神武门、东华门、西华门。
		4. 用于需要解释的词语后边，表示引出解释或说明。	外文图书展销会 日期：10月20日至11月10日 时间：上午8时至下午4时 地点：北京朝阳区工体东路16号
		5. 用于总括性话语的前边，以总结上文。	张华考上了北京大学；李萍进了中等技术学校；我在百货公司当售货员：我们都有光明的前途。

续表

名称	符号	用法说明	举例
引号③	" " ' '	1. 用于行文中直接引用的部分。	"满招损,谦受益"这句格言,流传到今天至少有两千年了。
		2. 用于需要着重论述的对象。	古人对于写文章有个基本要求,叫作"有物有序"。"有物"就是要有内容,"有序"就是要有条理。
		3. 用于具有特殊含义的词语。	这样的"聪明人"还是少一点好。
		4. 引号里面还要用引号时,外面一层用双引号,里面一层用单引号。	他站起来问:"老师,'有条不紊'是什么意思?"
括号④	( )	用于行文中注释的部分。注释句子中某些词语的,括注紧贴在被注释词语之后;注释整个句子的,括注放在句末标点之后。	中国猿人(全名为"中国猿人北京种",或简称"北京人")在我国的发现,是对古人类学的一个重大贡献。
破折号	——	1. 用于行文中解释说明的部分。	穿过宽敞的风门厅和衣帽厅,就到了大会堂建筑的枢纽部分——中央大厅。
		2. 用于话题突然转变。	"今天好热啊!——你什么时候去上海?"张强对刚刚进门的小王说。
		3. 用于声音延长的拟声词后面。	"呜——"火车开动了。
		4. 用于事项列举分承的各项之前。	环境物理学分为以下五个分支学科: ——环境声学; ——环境光学; ——环境热学; ——环境电磁学; ——环境空气动力学。
省略号⑤	……	1. 用于引文的省略。	她轻轻地哼起了《摇篮曲》:"月儿明,风儿静,树叶儿遮窗棂啊……"
		2. 用于列举的省略。	在广州的花市上,牡丹、吊钟、水仙、梅花、菊花、山茶、墨兰……挤在一起啦!
		3. 用于话语中间,表示说明断断续续。	"我……对不起……大家,我……没有……完成……任务。"

续表

名称	符号	用法说明	举 例
连接号⑥	—	1. 两个相关的名词构造成一个意义单位,中间用连接号。	我国秦岭—淮河以北地区属于温带季风气候区,夏季高温多雨,冬季寒冷干燥。
		2. 相关的时间、地点或数目之间用连接号,表示起止。	鲁迅(1881—1936)原名周树人,字豫才,浙江绍兴人。
		3. 相关的字母、阿拉伯数字等之间用连接号,表示产品型号。	HAW—4 和 TPC—3 海底光缆。
		4. 几个相关的项目表示递进式发展,中间用连接号。	人类的发展可以分为古猿—猿人—古人—新人这四个阶段。
间隔号	·	1. 用于外国人和某些少数民族人名内各部分的分界。	烈奥纳多·达·芬奇、爱新觉罗·努尔哈赤。
		2. 用于书名与篇名之间的分隔。	《三国志·蜀志·诸葛亮传》。
书名号	《 》〈 〉	用于书名、篇名、报纸名、刊物名等。	《红楼梦》的作者是曹雪芹。桌上放着一本《中国语文》。《〈中国工人〉发刊词》发表于 1940 年 2 月 7 日。
专名号⑦	——	用于人名、地名、朝代名等专名下面。	司马相如者,汉蜀郡成都人也,字长卿。

注:① 句号的形式为"。"。句号还有一种形式,即一个小圆点".",一般在科技文献中使用。
② 非并列关系(如转折关系、因果关系等)的多重复句,第一层的前后两部分之间,也用分号。
③ 直行文稿引号改用双引号"「」"和单引号"「」"。
④ 此外还有方括号"[ ]"、六角括号"〔 〕"和方头括号"【 】"。
⑤ 如果是整段文章或诗行的省略,可以使用十二个小圆点来表示。
⑥ 连接号还有另外三种形式,即长横"——"(占两个字的位置)、半字线"-"(占半个字的位置)和浪纹"~"(占一个字的位置)。
⑦ 专名号只用在古籍或某些文史著作里面。为了跟专名号配合,这类著作里的书名号可以用浪线"﹏﹏"。

129

标点——作用不亚于虚词

民可使由之不可使知之

民可,使由之,不可,使知之。

民可使由之,不可使知之。

七十老翁产一子人曰非是也家业尽付与女婿外人不得干预

七十老翁产一子,人曰非是也。家业尽付与女婿,外人不得干预。

七十老翁产一子,人曰非,是也。家业尽付与,女婿外人,不得干预。

人多病少财富

人多、病少、财富。

人多病,少财富。

养猪大如山老鼠头头死　酿酒缸缸好造醋坛坛酸

养猪大如山,老鼠头头死;酿酒缸缸好,造醋坛坛酸。

养猪大如山老鼠,头头死;酿酒缸缸好造醋,坛坛酸。

你赢她输

你赢,她输。

你赢她?输?

你赢?她输?

今年真好晦气全无财帛进门

今年真好晦气,全无财帛进门。

今年真好,晦气全无,财帛进门。

落雨天留客人留我不留

落雨天,留客,人留我不留。

落雨天,留客人,留我不?留。

落雨天,留客,人留我不?留。

没有鸡鸭也可以没有鱼肉也可以青菜豆腐不可少

没有鸡鸭也可以,没有鱼肉也可以,青菜豆腐不可少。

没有鸡,鸭也可以;没有鱼,肉也可以;青菜豆腐不可少。

以上对照不同标点,相信读者能够从对比中得出结论:标点——作用不亚于虚词。因标点微殊,致意思迥别,典型地说明了标点有极其重要的作用。

潘继成先生曾编《标点修辞赏析》一书,颇值一读。

130

篇中品句

《论语·先进》

子路问:"闻斯行诸?"子曰:"有父兄在,如之何其闻斯行之?"冉有问:"闻斯行诸?"子曰:"闻斯行之。"公西华曰:"由也问:'闻斯行诸?'子曰:'有父兄在。'求也问:'闻斯行诸?'子曰:'闻斯行之。'赤也惑,敢问。"子曰:"求也退,故进之;由也兼人,故退之。"

(子路:姓仲,名由,字子路,一字季路,孔子弟子,比孔子小九岁。冉求:字子有,通称冉有,孔子弟子,少孔子二十九岁。闻斯行诸:听到一件合于义理的事就当付诸实施吗?斯,此,指合于义理的事。诸,"之乎"的合音。公西华:姓公西,名赤,字子华,孔子弟子。退:畏缩不前。兼人:好勇过人。兼,倍也。)

"求也退,故进之;由也兼人,故退之。"是议论句,全篇的关键句。全篇的手法:对比。给读者的启发:因材施教。

131

《论语·侍坐》

……曰:"莫春者,春服既成,冠者五六人,童子六七人,浴乎沂,风乎舞雩,咏而归。"夫子喟然叹曰:"吾与点也!"

(曾点)说:"暮春三月,已经穿上了春天的衣服,我和五六位成年人,六七个少年,去沂河里洗洗澡,在舞雩台上吹吹风,一路唱着歌走回来。"孔子感慨地说:"我赞同曾点(的志趣)。"

孔子为什么赞赏曾点?孔子有救世之心,但始终不得志,所以曾感叹:"道不行,乘桴浮于海。"孔子还曾说过,"饭疏食饮水,曲肱而枕之,乐亦在其中矣;不义而富且贵,于我如浮云。"这就是安贫乐道思想,是孔子思想的一个重要方面。了解这些,就可以理解孔子为什么对曾点所描绘的那幅《暮春咏归图》喟然而叹了。

曾有人说《论语》这一段文字反映道家思想。其实,儒法墨道并非处处对立,相通之处也不少。

132

《孟子·万章上》

昔者有馈生鱼于郑子产,子产使校人畜之池。校人烹之,反命曰:"始舍之,圉圉焉,少则洋洋焉,悠然而逝。"子产曰:"得其所哉!得其所哉!"校人出,曰:"孰谓子产智?予既烹而食之,曰'得其所哉!得其所哉!'"故君子可欺以其方,难罔以非其道。

(馈:赠,送。郑子产:郑国的子产。子产是郑国的国相。使:让。校人:管理池塘的小吏。反命:回报。圉圉焉:困乏懒动的样子。少:一会儿。逝:消失。舍:放。孰:谁。予:我。)

曾经有人送活鱼给子产,子产派校人把鱼养到池里。校人却把鱼煮了,回复说:"这鱼开始放掉的时候,很疲倦的样子,一会儿就好了,悠然地消失了。"子产说:"获得了自由!获得了自由!"校人出来后说道:"谁说子产聪明,我把鱼煮了吃了,他却还说:'获得了自由!获得了自由!'"所以说正人君子可以用合逻辑的话欺骗他们,但很难被不合情理的事情所蒙蔽。

"得其所哉"在文中反复出现,子产说"得其所哉",表现了欣慰、欣喜之情,校人说"得其所哉",表现了得意之情。"始舍之,圉圉焉,少则洋洋焉,悠然而逝",是描述句,符合鱼的特征、状态,所以子产相信了,这就是"君子可欺以其方"。

133

《廉颇蔺相如列传》(作者　司马迁)

相如持璧,睨柱,欲以击柱。

"欲以击柱"是"欲以之击柱",释"欲"为想、想要,句意就是"想用璧击柱"。从前文看,蔺相如出使秦国之前向赵王表示:"城入赵而璧留秦;城不入,臣请完璧归赵。"蔺相如是不会碎璧毁身有辱使命的,他不是"想用璧击柱"。释"欲"为将、将要,"欲以击柱"即"将要用璧击柱",那就是摆出以璧击柱的样子,是做给秦王看的,吓唬吓唬急欲得璧的秦王,体现了蔺相如的"智"。释"欲"为想、想要或将、将要,看似差别不大,但放到文中,差别就相当明显了。

134

《项脊轩志》(作者　归有光)

其后六年,吾妻死,室坏不修。其后二年,余久卧病无聊,乃使人复葺南阁子,其制稍异于前。

《项脊轩志》篇末写枇杷树,睹物思人,物是人非,寄情于物,比较容易理解。"其后"几句,浅显、平淡,是说明句。但为什么室坏不修?为什么复葺而又稍异其制?为什么要有这一段文字?

起先不修是因为人亡物在,修葺则不免牵动对逝者的哀思;后来复葺,是在两年以后,稍异其制,是为了减轻哀思,也是出于对妻子的怀念。这项脊轩的人、物、事,是和作者心灵深处的情感紧密联系在一起的。这一段文字是扣题而写,但更重要的是,表达了作者真实、细腻、曲折的感情。

135

《送孟浩然之广陵》(作者　李白)

故人西辞黄鹤楼,烟花三月下扬州。
孤帆远影碧空尽,唯见长江天际流。

诗首句人地事,二句时事,三、四句要特别关注。而理解"孤帆远影碧空尽"一句是读本诗的关键所在。

"孤帆"不一定是长江上只有一只帆船,应是诗人的注意力和感情只集中在友人乘坐的那一只帆船上。诗人在黄鹤楼边送行,看着友人乘坐的船挂起风帆,渐行渐远,帆影逐渐模糊,终于消失在水天相接之处。

"孤帆→远影→碧空尽",可见诗人伫立江边时间之长,而长时间目送友人,表现的是对友人的深情厚谊。

136

《望岳》(作者　杜甫)

岱宗夫如何?齐鲁青未了。
造化钟神秀,阴阳割昏晓。
荡胸生层云,决眦入归鸟。

会当凌绝顶,一览众山小。

如何看待"决眦入归鸟"一句?

"造化钟神秀,阴阳割昏晓",写岳。"荡胸生层云,决眦入归鸟",写望。荡胸生层云,望之阔大;决眦入归鸟,望之深远。入归鸟,鸟望山投宿。作者凝神观察,泰山成为背景,鸟投山而去,如一黑影,也如离弦之箭一般。用力看,追踪看,所以眼睛闭合不拢,所以说决眦。"决眦"和"入",扣题目望字写,精彩,出神。

137

《卜算子》(作者　苏轼)

缺月挂疏桐,漏断人初静。谁见幽人独往来?缥缈孤鸿影。
惊起却回头,有恨无人省。拣尽寒枝不肯栖,寂寞沙洲冷。

如何解读"拣尽寒枝不肯栖,寂寞沙洲冷"?

唐圭璋先生认为此词上片写鸿见人,下片写人见鸿,写得仙气飘渺。人似飞鸿,飞鸿似人,非鸿非人,亦鸿亦人,人不掩鸿,鸿不掩人,人与鸿凝为一体,托鸿以见人。

上阕写与孤鸿为伴,下阕写孤鸿,细节,特写,实际是以孤鸿自比。寂寞、冷,体现苦闷之情。拣尽寒枝不肯栖,表现孤芳自赏,不愿与世俗同流的高洁精神。

不过,苏轼观察有疏漏。鸿雁栖宿在田野草丛间,未尝在树枝上栖息,所以"拣尽寒枝不肯栖",不符合其生活习性,根本就不存在。

五 章 法（上）

138

章法解决两个问题：阅读，读懂文章，读出文章的妙处；学习他人文章的妙处，体现于自己的习作中。

阅读时，要思考文章写了什么内容（提供哪些信息），文章采用什么写法（手法、技法、技巧）。写作时，要解决写什么、如何写的问题。

阅读是理解内容，揣摩写法。关注内容理解有无偏差，不能误解，更不能曲解。着力研究写法得失。作品作为客观存在，作者未必然，读者何必不然？要从存在的现实文本出发研究文章。

写作是依据内容，选择写法。关注如何使读者更容易理解内容，不能让人误解。要选择读者认可的写法。形式为内容服务，但形式反过来对内容起作用。言而无文，行之不远。不唯技巧，但要重视技巧。

139

《语文教育书简》（作者　叶圣陶）

"一要善读，一要善写。"

140

《论国文的趋势及国文与外语及科学的关系》（作者　蔡元培）

"照旧法学国文的人，若是单读了几本《唐宋八大家文钞》，你只能作几篇空架子的文。要是多读了《史记》一类理学书，《尔雅》释草、木、鸟、虫、鱼等篇，《本草纲目》一类博物书，便能作内容丰富的文了。"他又说："科学的作用，不但可以扩充国文的内容，并且可以锻炼国文的头脑。"

141

《朱子读书法》（作者　朱熹弟子）

朱熹强调读书穷理，认为"为学之道，莫先于穷理；穷理之要，必在于读书"。他的弟子汇集他的训导，概括归纳出"朱子读书法"六条。

（一）循序渐进

"凡读书，先读《语》《孟》然后观史，则如明鉴在此，而妍丑不可逃。若未读彻《语》《孟》《中庸》《大学》便去看史，胸中无一权衡，多为所惑。""通一书而后及一书"，"上句了然后及下句，前段了然后及下段"，"首尾次第，亦各有序而不可乱"。朱熹主张读书要循序渐进。不同的书要按一定的次序读，不要颠倒，同一本书也存在次第的问题。这种由简单到复杂的过程符合人类认识的规律。人类认识客观事物总要经历一个从不成熟到成熟，从不完善到完善的过程。这是第一。第二，应根据自己的实际情况和能力安排读书计划并切实遵守它，这是量力而行。心理学告诉我们，每个人的能力是有差别的,不仅自己和他人的能力水平有差异,而且在不同的发展阶段个人的能力水平也是不同的。所以,应根据自己的能力来制订学习计划。第三,读书要扎扎实实打好基础,不可囫囵吞枣,急于求成。朱熹将一个人受教育的阶段分为童蒙、小学(详训诂,明句读)、大学(治国安邦)三个阶段。这三个阶段的划分也是依据循序渐进的原则。"始于衣服冠履,次及言语步趋,次及洒扫清洁,次及读书写字及杂细事宜,皆当所知","教之以洒扫,应对,进退之节,礼乐射御书数之文",再到"诚意,正心,修身,齐家,治国,平天下",这些都是根据儿童身心发展规律提出的,与现代学习方法有不谋而合之处。循序渐进方法有利于让知识结构层次化,也符合"认识材料的系列位置影响记忆效果,材料的顺序对记忆效果有重要作用"等心理学观点。

(二) 熟读精思

读书既要熟读成诵,又能精于思考。有些人读书"所以记不得,说不去,心下若存若亡,皆是不精不熟之患"。熟读的要求是"使其言皆若出于吾之口"。朱熹主张读书要能成诵,强调读书必要读足一定的遍数。在他看来,"百遍时,自是强五十遍;二百遍时,自是强一百遍"。熟读确实有助于理解,"读书千遍,其义自见",说的就是这个意思。

熟读是为了精思。朱熹提出精思的要求是"使其意皆若出于吾之心"。他说:"始读,未知有疑。其次则渐渐有疑。中则节节是疑。过了一番后,疑渐渐解,以至融会贯通,都无所疑,方始是学。"这里所说的从无疑到有疑再到解疑的过程,即是发现问题和解决问题的过程。无论是发现问题还是解决问题都是精心思考的结果。读书若真能做到既读之熟,"读得正文,记得注解,成诵精熟",又思之精,那么就真正把书读通了,真正有收益。

(三) 虚心涵泳

包括两方面的涵义。第一,"虚心",是指读书时要虚怀若谷,精心思虑,仔细体会书中的意思,"使不得一毫杜撰",不能"心下先有个意思",先入为主,牵强附会。读书中发现了疑问,"众说分纭",也应虚心静虑,切勿匆忙决定取舍。

第二,"涵泳",是指读书时要反复咀嚼,细心玩味。他说:"读书之法无他,惟是笃志虚心,反复详玩为有功耳。"

（四）切己体察

朱熹强调读书不能仅仅停留在书本上、口头上，而必须"将自身入那道理中去"，"将圣贤言语体之于身"，见之于自己的实际行动，身体力行。他说："读书不可只专就纸上求义理，须反来就自家身上推究。"他竭力反对只向书本上求义理，而不"体之于身"的读书方法，认为这样即使是"广求博取，日诵五车"，终是无益。

（五）着紧用力

包括两方面的内容：其一，必须抓紧时间，发愤忘食，反对疲疲沓沓悠悠然，"悠悠不济事，且如发愤忘食，乐以忘忧"。

其二，必须抖擞精神，勇猛奋发，反对松松垮垮。朱熹把读书形象又深刻地比喻为救火治病、撑上水船和破釜沉舟，"如救火治病然，如撑上水船，一篙不可放缓"，应该具有犹如救火治病那样的紧迫感，具有撑上水船那样的顽强作风和破釜沉舟那样的勇往直前的精神。

朱熹《观书有感》二首：

半亩方塘一鉴开，天光云影共徘徊。问渠那得清如许？为有源头活水来。

昨夜江头春水生，蒙冲巨舰一毛轻。向来枉费推移力，此日中流自在行。

（六）居敬持志

"涵养须用敬，进学则在致知，此最精要"，"读书之法，莫贵乎循序而精，而致精之本，则又在于居敬而持志。此不易之理也"。"居敬"，就是读书时态度端正，精神专一，注意力集中。"读书须收敛此心，这便是敬"，"读书须将心贴在书册上，逐句逐字，各有著落，方始好商量。大凡学者须是收拾此心，令专静纯一，日用动静间，都无驰走散乱，方始看得文字精审"。"持志"，就是要树立远大的志向，并要以顽强的毅力长期坚持。他说："立志不定，如何读书？"只有树立了明确的志向，才能"一味向前"，学业不断长进。

以上六条是朱熹一生刻苦治学，五十载辛勤执教的切身体验和实践经验总结。它反映了读书学习的基本规律和要求，符合读书量力性、巩固性、客观性、联系性、积极性、目的性等原则。

朱熹谈读书,主要是指读圣贤之书,经的成分为主,语的成分不多。朱熹强调读书的目的就是穷理,掌握知识仅在其次,所以没有强调质疑和问难。但是,"朱子读书法"是我国古代最系统的读书法,是集古代读书法之大成者,具有宝贵的借鉴价值。

142

精读

"朱熹读书法"中的熟读精思、虚心涵泳、切己体察等就是精读。《中庸》"博学之,审问之,慎思之,明辨之,笃行之"中的审问、慎思、明辨也是精读。

精读的目的在于深入理解。

文章的关键点、精彩处、重要段都要精读。

精读时,要做到:字词句子,全面理解;边读边思,读思结合;咬文嚼字,细心琢磨;圈点批注,边读边记。

143

朗读,轻读,默读(即看):按声音强弱划分。朗读讲究轻、重、缓、急,有利于培养语感。轻读适合背诵,默读便于思考。

齐读,数人读,一人读:按读书人数划分。

研读,精读,细读,摩玩,抄读(抄记,手读),吟诵(吟读),背诵(背读);泛读,略读,浏览,摘读,跳读,扫视(扫读):按理解要求的高低划分。研读等对文章理解的要求较高,泛读等对文章理解的要求则较低。

还有领读、仿读、试读、轮读、接替读、速读、读目、分角色读、表情朗读

(美读)等说法。

秦牧说,读书要把"牛嚼"与"鲸吞"结合起来。

144

《语文素质教育研究》(作者 张隆华)

读散文,"要而言之,约 8 点:诵读,定体,散架,提纲,求意,品藻,习笔,背诵"。

散架即分段落、层次,让间架结构散开来,以见其奥妙。求意,寻找意味意境,了解构思,认识主旨。品藻,品味辞藻。背诵,姚鼐说:"大抵文章须熟乃妙。熟则利病自明,手之所至,随意生态,常语滞意,不遣而去矣。"

阅读基本环节:理解词语,理清结构,把握内容,提炼主旨,体会写法。

阅读后还要能评论、鉴赏。刘勰说:"夫缀文者情动而辞发,观文者披文以入情,沿波探源,虽幽必显。"

145

常见读书法

(1) 质疑式阅读。对立意、表达乃至细节进行质疑。

(2) 思辨式阅读。

(3) 比较式阅读。结构、技巧、文体、人物都可以进行比较。比同存异、比异求同,是两种比较方法。

(4) 评注式阅读。

(5) 圈点式阅读。读书中,标上记号,加上圈点,写下心得。

① 情趣圈点。陶渊明好读书,不求甚解,每有会意,便欣然忘食,有多少情趣啊。

② 闪光点圈点。

③ 存疑圈点。

④ 妙语圈点。

⑤ 警句圈点。

⑥ 辞格圈点。

⑦ 结构圈点。

古代没有标点符号,只有句读。句即圈,以"o"表示;读即点,以"、"表示。现在用句号、问号、叹号、分号的地方,古代用句(o)。现在用逗号、冒号、顿号的地方,古人用读(、)。古人读书时,遇到重要或精彩处,可圈可点,用连圈(又叫密圈,"oooooo")或连点(又叫密点,"、、、、、、")加在词句旁边。

圈、点、勾、划、评、注等可以结合起来。

李贽、金圣叹、毛宗岗父子、脂砚斋都是大评点家。

中文读书法,与汉字、汉语的特点,与国人的思维方式,与汉文章的作法关系至为密切,中文读书法的形成有其必然性。有这样的中文,有这样的汉语,就会有这样的读书法。

146

研读题目

题好一半文。

题,是额头,目,是眼睛,题目合用,是以人体的两个显要部分来打比方,足见文章题目的重要性了。

题目的作用或是概括文章内容,或是限定文章范围。书名则概括书的内容或限定书的范围。研究题目,可以帮助我们把握文章内容、中心、结构、重点、难点等,还可以引导我们感受环境气氛,梳理文章线索等。

147

《〈绛洞花主〉小引》(作者　鲁迅)

《红楼梦》"单是命意,就因读者的眼光而有种种:经学家看见《易》,道学家看见淫,才子看见缠绵,革命家看见排满,流言家看见宫闱秘事……"

这虽是"仁者见仁智者见智"之意,但这段话讲了一个深刻的道理:审题过程与审题者的思想观念有着密切的关系;同时,我们也懂得了:《红楼梦》这个命题(即先生所谓"命意")是个好命题,它具有极其丰富的蕴含,而"石头记""金陵十二钗""情僧录"等则不能涵盖全书内容,这恐怕也是《红楼梦》这个命名更能让人接受的原因。

148

《板桥家书》(作者　郑燮)

少陵诗高绝千古,自不必言,即其命题,已早据百尺楼上矣。通体不能悉举,且就一二言之:《哀江头》《哀王孙》,伤亡国也;《新婚别》《无家别》、《垂老别》、前后《出塞》诸篇,悲戍役也;《兵车行》《丽人行》,乱之始也;《达行在所三首》,庆中兴也;《北征》《洗兵马》,喜复国望太平也。只一开卷,阅其题次,一种忧国忧民、忽悲忽喜之情,以及宗庙丘墟、关山劳戍之苦,宛然在目。其题如此,其诗有不痛心入骨者乎!

郑板桥的话,指明了好的命题与主题的密切关系。

149

《诗经》

《诗经》包括三颂、二雅、十五国风三个部分。《诗经》中的每一首诗的名称,往往取自篇首的句子,如"关关雎鸠"名《关雎》;"葛之覃兮"名《葛覃》;"采采卷耳"名《卷耳》;"摽有梅"名《摽有梅》;"燕燕于飞"名《燕燕》;"匏有苦叶"名《匏有苦叶》。也有少数不取首句,而从诗中间选取一句能包容全诗内容的句子,如"南有乔木,不可休思。汉有游女,不可求思。汉之广矣,不可泳思。江之永矣,不可方思……"便命名《汉广》。"於!我乎,夏屋渠渠。今也每食无余。于嗟乎,不承权舆……"便取名《权舆》。更为少见的"叔于田,乘乘马……",加"大"字,成为《大叔于田》,因还有一首《叔于田》,故加"大"以别之。同样,"弁彼鸒斯,归飞提提……",加"小"字,成为《小弁》。而《巷伯》一篇,因作诗人是寺人,巷伯即寺人的意思,篇题便是《巷伯》。

150

楚辞

"楚辞"是继《诗经》而起的一种新诗体。由于屈原等人运用"楚辞"这种体裁写下大量光辉诗篇,汉人在辑选屈原等人的诗成书时,便把这本诗集叫作《楚辞》。屈原的《离骚》是屈原的代表作,也是《楚辞》的代表作,所以有时人们称"楚辞"为"骚"体。

《离骚》,司马迁说,"离骚者,犹离忧也。"班固解释,"离,犹遭也;骚,忧也。明己遭忧作辞也。"游国恩说,"离骚即牢骚。"

《天问》,屈原作,"天问"即"问天",相当于"关于客观世界的问难",全诗提出一百七十余关于天地、神话传说等问题。

《九章》是屈原九篇作品的合编,朱熹说:"后人辑之,得其九章,合为一卷,非必出于一时之言也。"《橘颂》题意是对橘树的赞颂,该篇托物咏志,对后世辞赋诗词影响很大。《涉江》即"渡江而南"的意思,是屈原晚年流放楚国江南地区时所作,清晰地记述了那次流放的行程。

151

乐府

"乐府"原为汉武帝刘彻设置的音乐机关,该机关制作乐章并采集整理各地民间俗乐和歌辞,这些乐章、歌辞后来就叫"乐府诗",是继诗经、楚辞而起的一种新诗体。"乐府诗"的范围逐渐扩大,一些虽未合乐而袭用乐府旧题或模仿乐府体裁、"即事名篇"的作品,都称作"乐府诗"。

《陇头歌》《蒿里行》《白头吟》《西洲曲》,属于"乐府歌行体"。《陇头歌》(《陇头歌辞》)写游子漂流异乡的痛苦心情,《蒿里行》为送葬挽歌(曹操的《蒿里行》改写战乱),《白头吟》写被遗弃的女子向用情不专的男子表示决绝,《西洲曲》表现女子对所爱男子的深长思念。属于歌行体的诗体名称繁多、大体相同,但其间也有小异:放情长言,不拘音节是"歌",讲究流利通畅,注意层次铺排,关心结构叫"行",内容含悲,读之使人生怨者称"吟",委曲尽情曰"曲"。

《有所思》《上邪》,是西汉乐府,真挚而热烈的情歌;《陌上桑》,东汉乐府,也题为《艳歌罗敷行》或《日出东南隅行》;《孔雀东南飞》,东汉末乐府,或题作《古诗无名氏为焦仲卿妻作》,我国古代杰出的长篇叙事诗;《子夜歌》,晋代乐府,男女恋歌;《木兰诗》,北朝乐府,是与《孔雀东南飞》齐名的古代叙事诗,合称"乐府双璧";《敕勒歌》,北朝东魏的乐府。

152

古诗

"古诗"这个概念,我们现在通常用来作为古代诗歌的泛称,但它原来还有一个意义,那就是汉代的一批五言诗流传到南北朝,已不能确定其作者及写作年代,南北朝人便笼统称这些诗为"古诗"。后来相沿习用,专指汉代乐府之外的一批无名氏所作的五言诗。这样的"古诗"在当时至少有五六十首。梁代萧统在编《文选》时,从中选了十九首,并标题为《古诗十九首》。需要指出,"古诗"与乐府诗关系密切,很难断然划分,有的"古诗"就是乐府歌辞,"古诗"也是由乐府歌辞脱离乐曲向五言诗发展的结果。

《古诗十九首》的内容大致包括两个方面:一是游子、思妇的乡愁离恨,一是失意文人的感伤牢骚。

《行行重行行》,表现女子思念远行的情人;《青青河畔草》,写思妇伤春的情感;《西北有高楼》,感叹知音难遇;《涉江采芙蓉》,写游子对故乡和亲人的思念;《明月皎夜光》,写失意之士对世态炎凉的怨愤;《冉冉孤生竹》,写女子新婚后与丈夫久别的愁怨;《明月何皎皎》,写女子闺中望夫的愁苦。

十九首诗非一人一时一地所作,也不是一个有机结合的组诗,是一批古诗的杂凑,总题为《古诗十九首》,每首诗取首句为题。

153

《邹忌讽齐王纳谏》,讽,以含蓄委婉的方式对别人提意见。文章以讽为主,纳是结果。

《过秦论》,《文选》:"《汉书》应劭曰:贾谊书第一篇也。言秦之过。"《古文观止》:"过秦论者,论秦之过也。秦过只是末'仁义不施'一句便断尽,从前竟不说出。层次敲击,笔笔放松,正笔笔鞭紧,波澜层折,姿态横生,使读者有一唱三叹之致。"

柳宗元《始得西山宴游记》,始,才。得,能够。标题中已见顿挫,所以文章先从"未始知西山之怪特"入题,处处扣"始得"行文,突出"怪特",从"始指异之"起,详述"始得"的经过。"始得"提起全文。

李白《梦游天姥吟留别》,"梦游",梦中游历;天姥,山名;吟,古诗的一种体裁,歌行体,在这里又是动词,写歌行体的诗;留别,赠别。诗题应该解释为:把梦中游历天姥山的情景写成诗,赠给即将分别的朋友(该诗又题为《别东鲁诸公》)。

文天祥《指南录》,"指南"即向着南方(宋朝)。文天祥在编《指南录》诗集前一月,曾写过一首《扬子江》诗,道:"几日随风北海游,回从扬子大江头。臣心一片磁针石,不指南方不肯休。"诗成于四月过扬子江口之际,在编定他那部记录自己北行流亡生活的诗集之时,遂以"指南"名之,表达了心指宋朝、冒死南归的一片忠君爱国之忱。

文天祥《正气歌》,"正气"即孟子所谓"浩然之气",即我们所谓正直正义,也可说成深厚的爱国主义感情、崇高的民族气节以及威武不屈、大义凛然的精神。

周密《观潮》,"浙江之潮,天下之伟观也。"周密所观乃钱塘江大潮。

陆游《书愤》,诗抒写愤慨之情,只是全诗未出现"愤"字,"愤"掩藏于字里行间罢了。

明朝刘基《苦斋记》,写周围险恶贫瘠的自然环境之"苦",写四周的"苦"的物产——苦树、苦草、苦茶、苦鱼甚至苦蜜,写书斋主人的"清苦"。标题中的"苦"字统摄全文。

沈复《浮生六记》中的《闺房记乐》《闲情记趣》《坎坷记愁》《浪游记快》等,其中"乐""趣""愁""快"也是各篇纲目。

154

鲁迅说,"我要给阿Q做正传,已经不止一两年了",而"传的名目繁多:列传、自传、内传、外传、别传、家传、小传……,而可惜都不合",便从不入三教九流的小说家所谓"闲话休题言归正传"这句套话里,取出"正传"两个字来,作为名目。

以传名小说古已有之,如唐人传奇《任氏传》《霍小玉传》《南柯太守传》《长恨传》《杨娼传》等,传前加正,结合鲁迅先生早就想写这篇小说看,"正"是郑重严肃,虽然小说序似乎很幽默,但那是要切专栏"开心话"题而有意为之,小说的主题是极其严肃的。

《祝福》,是以事名篇。取名《祝福》,不仅因为小说起于祝福,结于祝福,中间多次写祝福,更重要的是:鲁四老爷通过祝福"杀害"了祥林嫂,祥林嫂死在鲁镇人家祝福的时候。祝福热闹繁忙,祥林嫂之死寂寞冷清,鲜明的对比说明鲁四们的福、寿是建立在劳动人民的血泪之上的。

《估〈学衡〉》,几个假古董办《学衡》杂志,抨击新文化而张皇旧学问,但字句未通,"衡"了一顿,仅仅"衡"出自己的铢两来。鲁迅说他们虽自称为"衡",而本身的称星尚且未钉好,更何论于他们所衡的轻重是非。所以,只要估一估他们诸公就明白了。

《"丧家的""资本家的乏走狗"》,题中"丧家的""资本家的"明白易懂,"乏"本义是"没力气",引申为"不中用","乏走狗"就是"一只没有什么用的走狗",梁实秋的"乏"是由他在"'文艺批评'之穷"上面显现出来的,他想借"嗅"的本领"济其'文艺批评'之穷",所以从"文艺批评"方面来看,他是一条穷乏的,"没有什么用的走狗"。

《为了忘却的记念》,"忘却"与"记念"是两个矛盾概念,但在文题中高度统一。要忘却的是"时来袭击我的心"的悲愤,给自己轻松一下,但轻松的目的,并非真要"忘记"几个青年作家,而是"将悲哀摆脱",化悲痛为力量,轻松地、勇猛地同敌人进行战斗,这是用实际行动来"记念"死者,这种"忘却"是更好的"记念"。

《从百草园到三味书屋》，如果标题改成《百草园和三味书屋》，便给人味同嚼蜡之感。为什么？"我"对百草园依依不舍，而去三味书屋十分不情愿，作者标题中的"从……到……"别具深意，《从百草园到三味书屋》的完整意思是"依依不舍地告别百草园而无可奈何地到了三味书屋"。

《自嘲》，从字面上看，是"自我戏嘲"，"戏嘲"自己的遭遇，"戏嘲"自己的境况，这也就"戏嘲"了敌人对自己的种种迫害。诗的首联、颔联写境况遭遇，颈联（腹联）、尾联写态度决心。全诗洋溢着乐观主义精神，具有幽默而泼辣的独特风格。《自嘲》的颈联"横眉冷对千夫指，俯首甘为孺子牛"广为流传。

155

郁达夫《仙霞纪险》全文只写一个"险"字：绝壁千寻的高山，涡漩万丈的急流，还有路险——"要试车路的崎岖，要将性命和命运去拼"。一个"险"字便是文章主旨所在。郁达夫的《烂柯纪梦》《冰川纪秀》《方岩纪静》（三篇与《仙霞纪险》组成《浙东景物纪略》）中的"梦""秀""静"也都是各篇的纲要。

156

《最后一课》，对学生来说，上学上课习以为常，但"最后"一课便意蕴丰富、意味深长。如果不是"最后"，韩麦尔的那堂课就别无深意，甚至是一堂不伦不类的课，一堂不"成功"的课。而作品突出"最后"二字，我们读者的心灵便会受到震撼，即使未目睹参与那堂课，也会永远记住那"最后一课"，记住韩麦尔、小佛郎士师生等。

157

《装在套子里的人》,装在套子里的别里科夫,伞放在套子里,表放在套子里,小刀放在套子里,脸也好像蒙着套子……总想把自己包在一层外壳里。他居住的房子也是套子,他的思想上也有套子。

他是躲在硬壳里的蜗牛。

158

斯蒂芬·茨威格之《一个女人一生中的二十四小时》《一个陌生女人的来信》两题,都很精彩工巧。前者让读者知道这"二十四小时"在"一生"中不同凡响,具有特殊地位。后者"陌生"却又"来信",必然包含了许多曲折委婉的故事,而读完全篇,读者会确认:这两个标题与其内容完全吻合,天衣无缝。

159

研读书名

《尚书》也称《书经》,是战国以前流传下来的一批古代历史记录,有些是根据史料的追述。因它是上古之书,故称《尚书》,尚即上。

《春秋》,鲁国史记之名称。"记事"的历史,以时间为纲领,年有四时,故从春、夏、秋、冬中摘取两字作为鲁史的名称。

《左传》原名《左氏春秋》，西汉以后称《春秋左氏传》，简称《左传》。晋朝杜预把《左传》与《春秋》合编在一起。《左传》与《春秋公羊传》、《春秋谷梁传》合称《春秋三传》。"传"指解经之作，相传《左传》为左丘明解释《春秋》而作，故名《春秋左氏传》。《左传》与《春秋》既有关又有别，《春秋》是大事记，《左传》是叙事详备的编年体史书。

《国语》是我国第一部分国记事的史书(国别体)，分别记周、鲁、齐、晋、郑、楚、吴、越八国史实，因以记历史人物的言论为主，故称《国语》。

《战国策》也是国别史，记载齐、楚、燕、韩、赵、魏、秦、宋、卫、中山等十二国历史。《战国策》由西汉刘向整理。由于长于记事，尤善记叙谋臣策士的说辞和他们的活动，故称《战国策》，也称《国策》。

《论语》是儒家经典著作之一，论(lún)，编纂之意；语，言语。因是孔子门人及其再传弟子所编纂，记录了孔子以及孔子弟子的言行(主要是言)，故称论语。

《说文解字》，许慎谓"依类象形谓之文，形声相益谓之字"，因文只能说不能解，字光说不行，应该分解，故书名《说文解字》。

《搜神记》作者干宝，东晋人。他据百家典籍和当时谈闻，收集古今神怪故事，编成笔记体小说《搜神记》。它虽是收集资料式的整理记录，非有意写作小说，但在众多志怪小说中已不再是"残丛小语"，是志怪小说中最好的一种。搜即搜集、整理。

《文心雕龙》是我国文学批评和讨论创作的第一部专著。作者刘勰在《序志》中说，书名"文心"，是"言为文之用心"，又称"雕龙"，是因"古来文章，以雕缛成体"，如雕镂龙纹。若用现代话说，书名可称"文学思想研究"。

《资治通鉴》简称《通鉴》，书名由神宗所赐，有鉴于往事、资以治道的意思。通是从古到今的意思，该书是编年体通史。资，帮助；鉴，借鉴；治，统治。用现在的话说，主要是为皇帝提供统治子民的历史经验。《资治通鉴》是继《史记》之后最重要的历史巨著。

《水浒传》又名《忠义水浒传》《忠义水浒全传》等，是我国古代描写农民起义的著名长篇小说。"乱由上作""官逼民反""逼上梁山"，起义英雄最终集中在水泊梁山。"撞破天罗归水浒，掀开地网上梁山"，水浒之"浒"即水边之意，水边即梁山的水滨，于是以"水泊梁山"为中心的农民起义故事便命名为《水浒传》。

《三国演义》原名《三国志通俗演义》，也称《三国志演义》，是我国古代成就最高的一部长篇章回历史小说。"演义"简单地说即是小说，是以一定的历史事迹为背景，以史书及传说的材料为基础，增添一些细节，用章回体写成的小说。本书就是把魏、蜀、吴三国的故事进行推演描摹而成的。

《西游记》，一部杰出的长篇神魔小说。它描写唐代和尚玄奘到西天取经的故事。取经途中，唐僧等遇八十一难，历尽艰险，孙悟空一路斩妖除怪，终于如愿到达西方极乐世界，这就是"西游"的具体内容，故书名称作《西游记》。

《聊斋志异》，清代文言短篇小说集。继承志怪小说传统，借花妖狐魅的故事，曲折地反映了社会生活。"聊斋"，是作者蒲松龄的书斋名；聊，依赖，寄托；志，记；异，奇闻异事，也即花妖狐魅这些事。

《红楼梦》，我国古代最优秀的长篇小说，以贾宝玉和林黛玉的爱情悲剧为中心故事。"红楼"指富贵人家。"梦"是贾宝玉、林黛玉平日所做之真"梦"，亦即他们的爱情理想。这是"梦"的主要意思。书中大小还写了32个梦，前八十回20个，后四十回12个，其中，有些是贾府这个大家族的"补天"幻想。小说以贾、林爱情悲剧为主线，描写了贾府由盛到衰的历史，显示出封建社会必然崩溃的历史趋势。

《古文观止》，"观止"出《左传》，春秋时吴国的季札在鲁国观看各种乐舞，当他看到舜时的乐舞时十分赞赏，说看到这里就够了（"叹观止矣"），再有别的乐舞也不用看了。后"观止"指所见尽善尽美，没有比之更好的了。《古文观止》的编者意思是说：尽善尽美的古文尽在册中，看完它就不必看其他古文了。

160

《一千零一夜》，相传古代东方某国国王山鲁亚尔之王后与人私通，山鲁亚尔把王后与情夫一并杀死。从此后，他每天娶一女子做王后，第二天早晨就把她杀害。国内许多女子惨遭杀戮,宰相的女儿山鲁佐德立志拯救自己的姊妹,自愿嫁给国王。她用讲故事的方法,引起国王的兴趣。故事讲到最动人的地方,天已亮了,国王急于去坐朝,就让她活下来以便继续讲故事。夜里接着再讲,又把另一个故事讲到最精彩处时停住。就这样,一直讲了一千零一夜,故事最终感动了国王,他终于放弃了残酷的行为。

"天方",古代阿拉伯的名称,"夜谭",在夜里讲故事。《天方夜谭》是以事命名,《一千零一夜》是以时间命名。

《神曲》,"神的喜剧"。但丁原给自己的长诗题名为"喜剧"。后来在崇敬这部作品的读者之间产生了"神"这个形容词。《人间喜剧》的命名受其影响。

《威尼斯商人》,威尼斯商人即安东尼奥,他是剧中的正面人物,是正义、仁慈、慷慨、无私的化身。1598年,罗伯特将此剧向有关当局申请出版注册时提出的剧名是《威尼斯商人》或《威尼斯的犹太人》,后者"犹太人"即夏洛克,他是安东尼奥的"对立面"。以威尼斯商人为题,歌颂安东尼奥的精神正是命题意旨所在。

《红与黑》,于连是锯木工场老板的儿子,阅读了描述拿破仑的英雄事迹的著作,想步拿氏后尘,穿上"红"色的将军制服,一跃成为"世界的主人",但在波旁王朝复辟时期,他的"理想"化为泡影。于是,他改换门径,发愤学习拉丁文,把拉丁文的《圣经》背得滚瓜烂熟,想穿上"黑"色的道袍,成为年俸十万法郎的大主教。他顽强地奋斗,最终还是未能逃脱悲剧结局。书名即由"红"(将军制服)与"黑"(黑色道袍)的不同标志、于连的不同"理想"而来。

关于《红与黑》,还有一些不同说法:有的认为,"红"象征法国大革命和拿破仑战争的英雄时代,"黑"则象征卑鄙可耻的复辟时代;有的认为,"红"指代于连那骄傲的、炽热的心灵,才智的光芒,"黑"指代于连的第二性格——伪善;还有的认为,"红"指以特殊方式反抗复辟制度的于连,黑暗社会使之洒下的鲜血,"黑"指教会乃至整个社会的黑暗;甚至还有人提出,"红"与"黑"是赌盘上区别输赢的标志……

作品几次易名:《于连》,《诱惑与忏悔》,最后定名《红与黑》。"红"与"黑"——两种凝重、醒目的颜色,它们包含奔放的热情与窒息的压抑、光明与黑暗、愤怒与悲哀,包含着生命的火焰,也包含着死亡的阴冷。

《怎么办?》,副标题是《新人的故事》。所谓"新人"指先进的平民知识分子革命民主主义者,"新人"与俄国文学中已有的"多余人"形象形成对比。

通过一批男女"新人"的故事,回答了对沙皇专制制度应该怎么办的重大社会政治问题。

《复活》,农村姑娘玛丝洛娃被贵族青年聂赫留朵夫诱奸后遭到遗弃以至沦为娼妓,后又被诬陷为杀人犯,被判流放西伯利亚。审判中,聂赫留朵夫是贵族代表,当他认出玛丝洛娃时,良心受到谴责,决心娶她,一直跟玛丝洛娃到西伯利亚。但玛丝洛娃认识到她与聂赫留朵夫不能再有真正的幸福,拒绝了他的求婚,和政治犯西蒙生结合,精神上得到了"复活"。而聂赫留朵夫通过见闻,通过忏悔,开始与自己出身的阶级和社会决裂,虔诚地皈依宗教,也同样得到了"复活"。

《变形记》,主人公格里高尔·萨姆沙是一个青年,任一家公司旅行推销员。他处处小心,恪尽职守,为抚养家庭辛勤奔波。有一天早晨醒来,突然发现自己变成一只巨大甲虫,形象可怕,但仍有人的记忆、思索、理解能力,可是由于不能说话,家人始终不能理解他,逐渐发展为厌烦他,最后不能容忍他的存在,一定要把他"弄走"。他回到自己房里,在"空虚而安谧的沉思中"死去了。作者以怪诞的形式反映了资本主义社会中命运的难以捉摸和人与人之间关系的冷酷。

《钢铁是怎样炼成的》,主人公保尔·柯察金是苏联十月革命后迅速成长起来的无产阶级革命战士。保尔的经历有力地证明"钢铁是在旺火和骤冷中炼成的",作品展示了在布尔什维克的教育下,通过革命洪炉,一个普通工人子弟成长为钢铁战士的过程。

开篇的作用有二:一释题,二为后文打开通路。(八股文的破题、承题其实是文章少不了的。)

《桃花源记》开笔(作者　陶潜)

晋太元中,武陵人捕鱼为业。缘溪行,忘路之远近。忽逢桃花林……

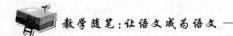

时间,地点,人物,职业,用史笔,但却是虚事。虚事最怕人不信,故处处实之,真切无疑。"忽逢",无意得之。"忘路之远近",虚实结合,表实里虚。

162

《五柳先生传》开端（作者　陶潜）

先生不知何许人也,亦不详其姓字。

自传,很实的文字,但作者却虚写,无地址,无姓字。何许,哪里,不知哪里人,不知姓名,可见作者不慕荣利、不拘形迹的特点。更妙的,在自然引出"宅边有五柳树,因以为号焉",取号奇特,点题。号也是名。这个开头反常、自然、新颖、巧妙,读后难忘。

163

《春夜宴从弟桃李园序》起笔（作者　李白）

夫天地者,万物之逆旅也;光阴者,百代之过客也。

议论句,万物在天地间只能停留一瞬,时光是千秋旅程中的过客。精警,让人思考,让人俱怀逸兴壮思飞。引起下文。

164

《性相近习相远也赋》起笔(作者　白居易)

噫！下自人上,达由君成;德以慎立,而性由习分。

白居易应试,赋题是《性相近习相远也赋》,标题出于《论语·阳货》:"性相近也,习相远也。"白居易这样起笔,既点名标题所概括的"性相近习相远"的道理,又进一步引申到人的卑贱、穷达、德行、习性诸方面去。同时代的名诗人李逢吉对白居易这个起笔称赞不已。

白居易既知标题出处,也晓标题暗示的主旨,然后才有这样的起笔。

165

《陋室铭》开篇(作者　刘禹锡)

山不在高,有仙则名;水不在深,有龙则灵;斯是陋室,惟吾德馨。

《诗经》兴的手法,也是类比法,以山水引出陋室。惟吾德馨,关键句,有德忘陋,有德不陋,有德人事景皆有佳趣。自得自负自赏,下文扣此四字抒写人事景。

166

《岳阳楼记》起笔（作者　范仲淹）

"庆历四年春"，"乃重修岳阳楼，增其旧制"，"属予作文以记之"。

开篇点题。"乃重修岳阳楼"，对修岳阳楼这事加以概括，后文可以不谈如何修岳阳楼而谈登岳阳楼，而借景抒情了。登高远眺，远眺生感，因感而赋，因览物之情而生悲喜二意，进而有了忧乐名句。（实际上范仲淹未临岳阳楼，仅凭一幅图作文。）

167

《长啸却边骑》开篇（作者　范镇）

制动（者）以静，善胜（者）不争。

范镇曾赋《长啸却边骑》。长啸即一声长啸，却即迫退，边骑即犯边敌军，题面意思是用一声长啸迫退犯边的敌军，主旨强调坚持防御、保持和睦的原则。

范镇的开篇含有一种辩证法思想，表现出一种气势，不仅扣紧题目，而且揭示了主旨，范镇由于这篇赋而获"长啸公"的美誉，不靠认真审读题目能有这个好开篇？

168

《醉翁亭记》起笔（作者　欧阳修）

环滁皆山也。

接下来可以写环滁之山，但如果那样，文章就要改名为《滁之山》；欧阳修则不这样写，他这样写：环滁皆山→西南诸峰→琅琊→酿泉→醉翁亭。群山中的西南诸峰，诸峰中的琅琊，琅琊中的酿泉，酿泉上的醉翁亭，把醉翁亭放在大背景中、大视野下，自然能引起读者高度关注。聚焦醉翁亭后，再就醉翁、醉做文章。

或醉不在酒而在山水，或醉在酒而不在山水，须知，这时作者年仅39岁。

169

《六国论》开篇（作者　苏洵）

六国破灭，非兵不利，战不善，弊在赂秦。赂秦而力亏，破灭之道也。或曰："六国互丧，率赂秦耶？"曰："不赂者以赂者丧。盖失强援，不能独完。故曰弊在赂秦也。"

《六国论》大题小做，只讨论六国破灭的原因。开宗明义，开篇即提出观点：弊在赂秦。而六国有不赂秦的，为使观点严谨，自己主动设问，再自答，"不赂者以赂者丧。盖失强援，不能独完。故曰弊在赂秦也。"

鲜明，简洁，"或曰"句，使观点无懈可击。

170

《读孟尝君传》起笔(作者　王安石)

世皆称孟尝君能得士。

劈头这么一句,接下来,要么确认能得士,加以发挥;要么否定,另辟蹊径。确认,难有新意,难以发挥,不如不写。而"世皆称孟尝君能得士",引用一般世人的观点,已经含有否定之意。大家都这样看,我却不以为然,一反旧说。文章不满百字,但抑扬吞吐,曲尽其妙。

171

《喜雨亭记》开首(作者　苏轼)

亭以雨名,志喜也。

将喜、雨、亭三字拆开,解释题目,点明主旨。开门见山。破题,承题。"古者有喜,则以名物,示不忘也",衔接前句。志喜,全篇文眼。

172

《墨池记》起首(作者　曾巩)

临川之城东,有地隐然而高,以临于溪,曰新城。新城之上,有池窪然而方以长,曰王羲之之墨池者。荀伯子《临川记》云也。

杜甫写王昭君,第一句说的是"群山万壑赴荆门",欧阳修写醉翁亭,开笔写的是"环滁皆山也",曾巩写墨池,也是:临川之城东→新城→新城之上→墨池。用大背景烘托名胜,有佳山水才能钟灵毓秀,才能有人才。

173

《卖柑者言》起头(作者 刘基)

杭有卖果者,善藏柑,涉寒暑不溃。出之烨然,玉质而金色。置于市,贾十倍,人争鬻之。

写虚事,借题发挥,却进行描摹,烨然、玉质、金色,给人真实感,为下文的对比、类比设下箭垛、比照物,以突出"欺"字。因物兴感,反面文章,正面落笔。

174

《项羽拿破仑论》开篇

轮难拿,破轮尤难拿。而项羽独能拿!何也?项羽力能举鼎,况破轮乎?

相传清末某省乡试,题目是《项羽拿破仑论》,有一秀才见题发愣:这项羽我知他是西楚霸王,与刘邦争天下,兵困垓下,最终自刎乌江;那拿破仑何许人何许物也?冥思苦想之后,秀才似有大悟:这"仑"与"轮"音同形近,莫非主考使用通假方法,故弄玄虚?"拿破仑"者,"拿破轮"也。于是乎他庆幸自己识破机关,得意中欣然命笔,写了这几句话。

若然秀才的审题准确,这个起笔是斩截有力的。但由于不知西人拿破仑其人,不知拿氏的滑铁卢,导致秀才出错。

175

开篇难,结束更不易。结束是一篇文章的难点,须琢磨体会。

《渔父》结束(作者　屈原)

渔父莞尔而笑,鼓枻而去,乃歌曰:"沧浪之水清兮,可以濯我缨;沧浪之水浊兮,可以濯我足。"遂去,不复与言。

《渔父》作者是否为屈原,尚存有疑问。文中的"渔父",是一个隐者。渔父劝屈原,不辨黑白,与世沉浮,退隐自全。屈原则明辨是非,忧国忧民,至死不渝。渔父说服不了屈原,极有寓意地"莞尔而笑"。他唱的《沧浪歌》,可见于《孟子》《文子》,是一种引用,而歌的内容恰好是他对自己观点的提炼。

176

《屈原贾生列传》结束(作者　司马迁)

太史公曰:余读《离骚》《天问》《招魂》《哀郢》,悲其志。适长沙,过屈原所自沉渊,未尝不垂涕,想见其为人。及见贾生吊之,又怪屈原以彼其材,游诸侯,何国不容,而自令若是。读《鹏鸟赋》,同死生,轻去就,又爽然自失矣。

司马迁《史记·屈原贾生列传》将屈原、贾生并置。文中"太史公",为司马迁自称。"太史公曰",抒发读屈原之作而起的悲悯之情、至屈原自沉之地而起的景仰之情,然后说自己读贾谊《吊屈原赋》又觉得屈原以己之才不必拘为楚用,诸侯各国都会接纳他;怪他自己没有想透此事理。及至领会到贾谊《鵩鸟赋》"同死生,轻去就"的精神实质,便感到还是自己没有参透事理。

以叙议文字结束,有画龙点睛之效。

177

《李将军列传》结尾(作者　司马迁)

太史公曰:传曰:"其身正,不令而行;其身不正,虽令不从。"其李将军之谓也?余睹李将军,悛悛如鄙人,口不能道辞。及死之日,天下知与不知,皆为尽哀。彼其忠实心,诚信于士大夫也。谚曰:"桃李不言,下自成蹊。"此言虽小,可以谕大也。

"悛悛",诚恳拘谨的样子;"不能道辞",不善言辞;"蹊",小路。文中两处引用,突出李广性格特征和才能品行,是对李广一生的总结,表达了作者的同情之意和赞美之情。

178

《桃花源记》结穴(作者　陶潜)

既出,得其船,便扶向路,处处志之。及郡下,诣太守说如此。太守即遣人随其往,寻向所志,遂迷,不复得路。

南阳刘子骥,高尚士也,闻之,欣然规往。未果,寻病终。后遂无问津者。

《桃花源记》是《桃花源诗》前的序文,真切地摹写了一个虚拟世界。结穴既说桃花源是真实的,又说桃花源是虚假的,而真假又两无凭证。这恰是妙处所在。后世多有以桃花源命名之地,多有考证桃花源在何处之故事,都证明陶渊明手法之高明。

委婉、含蓄、蕴藉。

179

《五柳先生传》收尾(作者　陶潜)

赞曰:黔娄之妻有言:"不戚戚于贫贱,不汲汲于富贵。"味其言,兹若人之俦乎?衔觞赋诗,以乐其志。无怀氏之民欤?葛天氏之民欤?

引用上古高士言语,说明传主也是"不戚戚于贫贱,不汲汲于富贵"之人;反问,揣测,说明传主只能是生活于无怀氏或葛天氏时期的百姓,当代社会已然如此,恐怕没有这种"衔觞赋诗"的高尚之士了?表达赞颂之情,照应开篇,人物是"虚构"的。实际是自述生平,自明己志。

180

《陋室铭》收束(作者　刘禹锡)

可以调素琴,阅金经。无丝竹之乱耳,无案牍之劳形。南阳诸葛庐,西蜀子云亭。孔子云:"何陋之有?"

引孔子语作结。《论语·子罕》:"君子居之,何陋之有?""君子居之"与"惟吾德馨"互相呼应,省句不省意,有吾居之,有吾德馨,则斯室不陋。引用、反问,斩截有力。

181

《岳阳楼记》收煞(作者　范仲淹)

嗟夫!予尝求古仁人之心,或异二者之为。何哉?不以物喜,不以己悲。居庙堂之高,则忧其民,处江湖之远,则忧其君。是进亦忧,退亦忧。然则何时而乐耶?其必曰"先天下之忧而忧,后天下之乐而乐"欤!噫!微斯人,吾谁与归?

收煞用反问句,强调自己引古仁人为同道,志向坚定,语意恳切。忧乐俱在天下,正可见其不以物喜,不以己悲之意。作者与历代爱国之士心曲相通,规勉老友,激励自己,也鞭策后人。结句一往情深。

周敦颐《爱莲说》"莲之爱,同予者何人",类此。

182

《秋声赋》结尾(作者　欧阳修)

嗟乎!草木无情,有时飘零,人为动物,惟物之灵。百忧感其心,万事劳其形,有动乎中,必摇其精。而况思其力之所不及,忧其智之所不能,宜其渥然丹者为槁木,黟然黑者为星星;奈何非金石之质,欲与草木而争荣。念谁为之戕贼,亦何恨乎秋声?

童子莫对,垂头而睡。但闻四壁虫声唧唧,如助余之叹息。

作者正深沉慨叹,童子非但不曾共鸣,竟然垂头而睡。一片静寂中的虫鸣,更见凄清。虫声伴随叹息声,声声不息,绵绵不绝。结尾渲染了特殊的艺术氛围,冷寂、凄清、孤独,意味深长。虫声也是一种秋声,由声发挥,点缀,余韵悠然。

183

《五代史伶官传序》结束(作者 欧阳修)

夫祸患常积于忽微,而智勇多困于所溺,岂独伶人也哉!

用警句结束,意味深远,饱含哲理,推而广之,升华、深化主旨。

184

《游万景楼》结尾(作者 范成大)

山谷更名方响洞,题诗云:"古人名此东丁水,自古丁东直到今。我为更名方响洞,要知山水有清音。"

用诗作结,揭示题旨:山水有清音。

185

《书洛阳名园记后》收束(作者 李格非)

呜呼!公卿大夫方进于朝,放乎一己之私意以自为,而忘天下之治忽,欲退享此乐,得乎?唐之末路是矣。

此文选自作者的《洛阳名园记》。它的主旨是在点明自己写作《洛阳名园记》,乃在于借古喻今。作者说:"园圃之废兴,洛阳盛衰之候也。"上至天下的治平离乱,亦如此。作者告诫道:高官们正当进用于国家之时,却私心为己,忘了国家大事,想着去享乐,能行吗?唐朝就是因此走向末路的。感叹唏嘘以结束。

借古喻今,卒章显志。

186

《姥山记》收结(作者　熊文举)

少顷渡湖,夜宿中庙。庙在湖滨,楼阁峭起,凭栏怅望,湖耶?水耶?岚光耶?英英白云耶?是出没者凫鸥耶?隐现者叶舟耶?渔灯个个耶?立而端详所谓姥山者,是耶?非耶?有耶?无耶?余不能言其际矣。

姥山在安徽合肥东南的巢湖中,《淮南子》有"历阳之郡,一夕成湖"的说法。收结处作者在庙内楼阁上凭栏望去,兴起诸多恍惚,所问皆可答是或非,模糊朦胧又真实真切,不能言,是无需言。湖、水、岚光、白云、凫鸥、叶舟、渔灯诸景,披上了薄纱。

不确切也是一种美。

187

《跋徐青藤小品画》结尾(作者　张岱)

唐太宗曰:"人言魏征倔强,朕视之更觉妩媚耳。"倔强之与妩媚,天壤不同,太宗合而言之,余蓄疑颇久。今见青藤诸画,离奇超脱,苍劲中姿媚跃出,与其书法奇崛略同。太宗之言,为不妄矣。故昔人谓摩诘之诗,诗中有画;摩诘之画,画中有诗。余亦谓青藤之书,书中有画;青藤之画,画中有书。

徐渭,字文长,自号青藤山人,明代著名文学家、书画家。

结穴仿苏轼评王维诗画以评徐渭书画,将王维、徐渭类比;书中有画、画中有书也是十分恰当的评价。有意模仿,且有创意。

188

《寄钱牧斋书》结尾(作者　柳如是)

妾虽不足比文君、红拂之才之美,藉得追陪杖履,学朝云之侍东坡,了此一生,愿斯足矣。

柳如是是一个极富才情和志节的女子。信末照应起笔,以文君、红拂、朝云自比,申述志向,诚恳寄愿于钱牧斋(钱谦益)。

189

《鸟说》结尾(作者　戴名世)

嗟乎! 以此鸟之羽毛洁,而音鸣好也,奚不深山之适而茂林之栖? 乃托身非所,见辱于人奴以死! 彼其以世路为甚宽也哉?

文章借鸟说人,以双关、象征手法收束。

190

《左忠毅公逸事》收束(作者　方苞)

余宗老涂山,左公甥也。与先君子善,谓狱中语,乃亲得知于史公云。

左光斗,字遗直,号浮丘,安徽桐城人。明天启四年,他弹劾权宦魏忠贤三十二斩罪,被诬陷,次年七月,死在狱中。忠毅,是左光斗谥号。先君子,指作者的父亲方仲舒。

结句交待、解释,补充说明,目的在于增强真实性。

191

阅读文章要研究字、词、句,要研究题目、首尾,更要研究通篇,整体研读,文章的妙处才更能彰显。

李白《渡荆门送别》评析(作者　蘅塘退士、陈婉俊)

渡远荆门外,来从楚国游。
山随平野尽,(山尽)江入大荒流。(江宽)
月下飞天镜,(夜月)云生结海楼。(晓云)
仍怜故乡水,万里送行舟。(送别)

荆门:《通典》:荆门山,后汉岑彭破田戎于此。公孙述又遣将任满据吴汉,作浮桥处。在今峡州宜都县西北五十里。《水经》云,江水束楚荆门虎牙之间。荆门山在南,上合下开,若门。虎牙山在北,石壁危江间,有白文类牙,故名。荆门虎牙二山,即楚之西塞。山尽:按,肆园居士注,杨齐贤曰,有山名荆门,蜀之诸山,至此不复见矣。天镜:薛道衡《老氏碑颂》,响发地中,光垂天镜。海楼:《史记》,海旁蜃气像楼台。《国史补》,海上居人,时见飞楼如缔构之状,甚壮丽。

192

杜甫《咏怀古迹(其三)》评析(作者　蘅塘退士)

群山万壑赴荆门,生长明妃尚有村。(山水钟灵,生此尤物)

一去紫台连朔漠,(生归异域)独留青冢向黄昏。(死葬胡沙)

画图省识春风面,(肖与否,未可知)环珮空归月夜魂。(归与否,未可知)

千载琵琶作胡语,分明怨恨曲中论。(惟琵琶一曲,千载流传,得悉其怨恨耳)

193

《闻官军收河南河北》评析(作者　金圣叹)

一传闻如此。可见先生此心无日不在朝廷。

剑外忽传收蓟北,初闻涕泪满衣裳。

却看妻子愁何在,漫卷诗书喜欲狂。

剑外,剑阁之外。收蓟北者,代宗广德元年,史朝义自杀,其将李怀仙以幽州降,田承嗣以魏博降是也。先生在剑外,刻刻思归洛阳。为因祸乱未息,朝中绝无动静,反放下念头过日子。谓不知在何年何月何日何时得听好消息。今一传到耳,且不问事之虚实,不觉大喜遍身,喜极反泪。此亦人心之常。勿作文章跌顿法会去了也。愁何在,妙。平日我虽不在妻子面前愁,妻子却偏要在我面前愁,一切攒眉泪眼之状,甚是难看。今日涕泪沾湿中,却看妻子颜面,已绝不类平时。然则你们底愁竟丢向那里去耶?漫卷诗书,妙。身在剑外,惟以诗书消遣过日,心却不在诗书上。今已闻此捷音,极其得意,要这诗书何用?见摊在案头者,趁手一总卷去,不管他是诗是书,一类非一类也。写初闻光景如画。为一解。

白日放歌须纵酒,青春作伴好还乡。
即从巴峡穿巫峡,便下襄阳向洛阳。

临老得见太平,即一日亦是快乐。我纵不善歌,当为曼声长歌;纵饮不得酒,当为长夜泥饮。皆所以洗涤向来之郁勃也。好还乡"好"字,见此时不归更待何时?趁此春天,一齐归去。此二句说归。合二句见说着归时妻子皆要归。一似不待束装即上路为快者。即是即刻。便是便易。巴峡在重庆,巫峡在夔府。穿字,见甚轻松,有空即过去也。巫峡顺流而下,遂至襄阳。此是一水之地,故用下字。洛阳已是陆路,故用向字。此写闻过即欲还乡神理如见。为一解。

此等诗,字字化境。在杜律中,为最上乘也。

194

《左传·季札观周乐》评析(作者 吴楚材、吴调侯)

吴公子札来聘。(札,吴寿梦之子,季札也。吴子夷昧新立,使来聘鲁)请观于周乐。(成王赐鲁以天子之乐,故周乐尽在鲁。请观二字伏案)使工(使我乐工也。二字直贯到底)为(去声)之歌《周南》《召南》,(为之,为季札也。以下段段著为之,见当时重季札)曰:"美哉!(美其声也)始基之矣,犹未也,然勤而不怨矣。"(文王之化,基于二南。犹有商纣之政,其化未洽于天下。一句一折)为之歌《邶》(音佩)、《鄘》(音容)、《卫》,曰:"美哉,渊乎!忧而不困者也。(渊,深也)吾闻卫康叔、武公之德如是,是其《卫风》乎?"(穆然神遇)为之歌《王》,曰:"美哉!思而不惧,其周之东乎!"(思文武而不畏播迁,其东迁以后之诗乎)为之歌《郑》,曰:"美哉!其细已甚,民弗堪也。是其先亡乎!"(美有治政,而讥其烦琐。民既不支,国何能久)为之歌《齐》,曰:"美哉,泱泱(音央)乎!大风也哉!(泱泱,弘大之声。大风,大国之风也。变调)表东海者,其大公乎?国未可量也。"(太公为东海之表式,国祚不可限量)为之歌《豳》,曰:"美哉,荡乎!乐(音洛)而不淫,其周公之东乎?"(荡,广大之貌。周公遭流言之变,东征三年,为成王陈后稷先公乐于农事而不敢荒淫,以成王业,故曰周公之东)为之歌《秦》,曰:"此之谓夏声。(秦起自西戎,至秦仲始有车马礼乐,去戎狄而有诸夏之声。变调)夫能夏则大,大之至也,其周之旧乎!"为之歌《魏》,曰:"美哉,渢渢(音凡)乎!大而婉,险而易行,以德辅此,则明主也!"(渢渢,中庸之声。高大而又婉顺,险阻而又易行,所以为中庸也。惜其无德以辅之尔。变调)为之歌《唐》,曰:"思深哉!(叹其忧深思远)其有陶唐氏之遗民乎?不然,何忧之远也?(何其忧深思远,情发乎声)非令德之后,谁能若是?"(一句一折)为之歌《陈》,曰:"国无主,其能久乎!"(淫声放荡,无复畏忌,故曰无主,其灭亡将不久。全是贬词)自《郐》(音贵)以下无讥焉!(郑、曹之诗。不复议论。微之也)

　　为之歌《小雅》,曰:"美哉!思而不贰,(思文武之德,而无反叛之心)怨而不言,(怨商纣之政,而能忍而不言)其周德之衰乎?(其周德未盛之时乎?)犹有先王之遗民焉!"(犹有殷先王之遗民,故周未能盛大)为之歌《大雅》,曰:"广哉!熙熙乎!(广,大也。熙熙,和乐声。变调)曲而有直体,(其声委曲,而有正直之体)其文王之德乎?"(得非文王之盛德乎)

　　为之歌《颂》,曰:"至矣哉!(独赞其至,与赞他歌不同)直而不倨,(直而不失于倨傲)曲而不屈;(曲而不失于屈挠)迩而不逼,(近而不至于逼害)远而不携;(远而不至于携贰)迁而不淫,(牵动而不至于淫荡)复而不厌;(反复而不为人厌弃)哀而不愁,(虽遇凶灾,不至忧愁)乐而不荒;(虽当逸乐,不至荒淫)用而不匮,(用之不已,不至穷匮)广而不宣;(志虽广大,不自宣扬)施而不费,(虽好施与,无所费损)取而不贪;(或有所取,不至贪求)处而不底,(音旨。虽复止处,而不底滞)行而不流。(虽常运行,而不流放。总赞其德之无偏胜。一气连用十四句,何等笔力)五声和,(五声,宫商角徵羽)八风平;(八风,八方之气)节有度,(八音克谐)守有序。(无相夺伦。再衬四句,更有力)盛德之所同也!"(周鲁商三颂,盛德皆同。以上是歌,以下是舞。上俱以为之二字引起,下俱以见字引起。上皆是反复想象,下语多着实。盖闻

虚而见实也)

见舞《象箾》(音宵)、《南龠》者,曰:"美哉,犹有憾!"见舞《大武》(武王之乐)者,曰:"美哉,周之盛也,其若此乎?"见舞《韶濩》(音获,汤乐)者,曰:"圣人之弘也,而犹有惭德,圣人之难也!"(以见圣人处世变之难。一句一折)见舞《大夏》(禹乐)者,曰:"美哉!勤而不德。非禹,其谁能修之!"

见舞《韶箾》(同箫。盖舜乐之总名)者,曰:"德至矣哉!大矣,如天之无不帱也,如地之无不载也!(所以为大)虽甚盛德,其蔑以加于此矣。(所以为至)观止矣!(应观字。三字收住全篇)若有他乐,吾不敢请已!"(应请字)

(季札贤公子,其神智器识,乃是春秋第一流人物。故闻歌见舞,便能尽察其所以然。读之者,细玩其逐层摹写,逐节推敲,必有得于声容之外者。如此奇文,非左氏其孰能传也。)

195

《醉翁亭记》评析(作者　金圣叹)

一路逐笔缓写,略不使气之文。

环滁皆山也。(宽起。此"也"字独与下若干"也"字不类,乃半句歇后字也。)其西南诸峰,林壑尤美。(连上五字成句。)望之蔚然而深秀者,琅琊也。(记亭在此山中。)山行六七里,渐闻水声潺潺,而泻出于两峰之间者,酿泉也。(记山中先有此泉。)峰回路转,有亭翼然临于泉上者,醉翁亭也。(记泉上今有此亭。)作亭者谁?山之僧智仙也。(记作亭人。)名之者谁?太守自谓也。(记名亭人。法只应云"太守也",今多"自谓"二字,因有下注也。)太守与客来饮于此,饮少辄醉,而年又最高,故自号曰醉翁也。(接手自注,注醉一句,注翁一句。)醉翁之意不在酒,在乎山水之间也。山水之乐,得之心而寓之酒也。(接手又自破,亦二句,一句不在酒,一句亦在酒。笔最圆溜。)

若夫日出而林霏开,(朝。)云归而岩穴暝,(暮。)晦明变化者,山间之朝暮也。(记亭之朝暮。)野芳发而幽香,(春。)佳木秀而繁阴,(夏。)风霜高洁,

（秋。）水落而石出者，（冬。）山间之四时也。（记亭之四时。）朝而往，暮而归，四时之景不同，而乐亦无穷也。（随手将朝暮四时又收，却收得参差任笔。）

至于负者歌于途，行者休于树，前者呼，后者应，伛偻提携，往来而不绝者，滁人游也。临溪而渔，溪深而鱼肥；酿泉为酒，泉香而酒洌；山肴野蔌，杂然而前陈者，太守宴也。（"至于"二字，贯此二段。先记滁人游，次记太守宴，妙。）宴酣之乐，非丝非竹，射者中，弈者胜，觥筹交错，坐起而喧哗者，众宾欢也。苍颜白发，颓然乎其间者，太守醉也。（"宴酣之乐，非丝非竹"二句，贯此二段。记众宾自欢，太守自醉，妙。）

已而夕阳在山，人影散乱，太守归而宾客从也。树林阴翳，鸣声上下，游人去而禽鸟乐也。（"已而"二字，贯此二段。记太守去、宾客亦去、滁人亦去，却意外忽添出禽鸟，妙。见太守仁民而爱物，而文态又萧散。）然而禽鸟知山林之乐，而不知人之乐；人知从太守游而乐，而不知太守之乐其乐也。（便从禽鸟倒卷转来作结。）醉能同其乐，醒能述以文者，太守也。（记撰文。）太守谓谁？庐陵欧阳修也。（记名姓。一路皆是记也。有人说似赋者，误也。）

196

《岳阳楼记》评析（作者　金圣叹）

中间悲喜二大段，只是借来翻出后文忧乐耳，不然，便是赋体矣。一肚皮圣贤心地，圣贤学问，发而为才子文章。

庆历四年春，滕子京谪守巴陵郡。越明年，政通人和，百废俱兴。（最要先书此句。）乃重修岳阳楼，增其旧制，刻唐贤今人诗赋于其上，属予作文以记之。（叙事毕。下斗然放笔。）

予观夫巴陵胜状，在洞庭一湖：（好手段，先以一笔提起。）衔远山，吞长江，浩浩汤汤，横无际涯；朝晖夕阴，气象万千。（毕写。）此则岳阳楼之大观也,前人之述备矣。(次以一笔结住。)然则北通巫峡,南极潇湘。迁客骚人,多会于此。览物之情,得无异乎?(不知是过接,是排荡,文态酣恣之甚。)

若夫霪雨霏霏,连月不开,阴风怒号,浊浪排空,日星隐曜,山岳潜形,商旅不行,樯倾楫摧,薄暮冥冥,虎啸猿啼。登斯楼也,则有去国怀乡,忧谗畏讥,满目萧然,感极而悲者矣。(一段,写众人悲。)

至若春和景明,波澜不惊,上下天光,一碧万顷,沙鸥翔集,锦鳞游泳,岸芷汀兰,郁郁青青。而或长烟一空,皓月千里,浮光跃金,静影沉璧,渔歌互答,此乐何极!登斯楼也,则有心旷神怡,宠辱皆忘,把酒临风,其喜洋洋者矣。(一段,写众人喜。)

嗟夫!予尝求古仁人之心,或异二者之为,何哉?(上二段,写众人悲喜,只是生起古仁人此一段正论。)不以物喜,不以己悲。居庙堂之高,则忧其民;(忧。岂复《岳阳楼记》耶?)处江湖之远,则忧其君。(忧)是进亦忧,退亦忧。然则何时而乐耶?(从悲喜引出忧乐,见登楼之人品心地,相去无算如此。)其必曰:"先天下之忧而忧,后天下之乐而乐"欤?噫!微斯人,吾谁与归!(独立楼头,举目慨然。)

时六年九月十五日。

本文结构严谨,需要一提。属予作文以记之,起;前人之述备矣,引出览物之情,得无异乎;览物之情即悲喜;悲喜进而为忧乐,进而有"先天下之忧而忧,后天下之乐而乐"的古仁人之心;微斯人,吾谁与归,"谁"包括滕子京,照应开篇。

古人谈写作

《读第五才子书法》(作者　金仁瑞)

《水浒传》不是轻易下笔,只看宋江出名,直在第十七回,便知他胸中已算过百十来遍。若使轻易下笔,必要第一回就写宋江,文字便一直帐,无擒放。

《三国演义》诸葛亮出场在第三十五回以后,也晚,而《红楼梦》贾、林、薛等开篇便入场,入场便有一十二支曲预伏后事:一部大书,岂能无"总体构思"?一篇小文,也该如此。

198

《儒林外史》三三回评(卧闲草堂版)

凡作一部大书,如匠石之营宫室,必先具结构于胸中,孰为厅堂,孰为卧室,孰为书斋灶厕,一一布置停当,然后可以兴工。

比喻,深入浅出,告诉我们:构思停当、无懈可击,始可动笔,始能天衣无缝。类似的"作文如营宫室"的比喻说法,古代还有不少。

199

《曲律·论章法》(作者 明代王骥德)

作曲,犹造宫室者然。工师之作室也,必先定规式,自前门而厅、而堂、而楼,或三进、或五进、或七进,又自两厢而及轩寮,以至廪廋、庖湢、藩垣、苑榭之类,前后、左右、高低、远近,尺寸无不了然胸中,而后可施斤斲。作曲者亦必先分段数,以何意起,何意接,何意作中段敷衍,何意作后段收煞。整整在目,而后可施结撰。此法,从古之为文,为辞赋、为歌诗者皆然。

200

《辍耕录》（作者　陶宗仪）

乔孟符吉，博学多能，以乐府称。尝云：作乐府亦有法，曰凤头、猪肚、豹尾六字是也。大概起要美丽，中要浩荡，结要响亮。尤贵在首尾贯穿，意思清新。苟能若是，斯可以言乐府矣。

凤头——俊俏，鲜明，精彩，小巧；

猪肚——丰富，饱满，厚实；

豹尾——雄健奔放，精悍有力，或含蓄深沉，余韵无穷。

乔吉(字孟符)的精辟论述，当由总结前人见解而来。姜夔说："作大篇尤当布置：首尾匀停，腰腹肥满。"沈义父也曾说："作大词先须立间架，将事与意分定了。第一要起得好，中间只铺叙，过处要清新，最紧是末句，须是有一好出场方妙。"

201

《姜斋诗话》卷二（作者　王夫之）

有所谓"开门见山"者，言见远山耳，固以缥缈遥映为胜；若一山壁立，当门而峙，与面墙奚异？……劣文字起处即着一斗顿语说煞，谓之开门见山。不知向后更从何处下笔？……抑有反此者，以虚冒笼起，至一二百字始见题面。何用自从混沌初开盘古出说起也。昔人谓之"寿星头"，洵然。

真正的开门见山，不是山立门前，也不是出得门来却不见山之踪影。山立门前，北山愚公恨其"塞""迂"，不见山之踪影，只好自从盘古开天地、三皇五帝到如今了。——真正的开门见山,是既斩截明了,落笔入题,又为后文开拓广阔的道路。

202

《闲情偶寄》(作者　李渔)

予训儿辈尝云:场中作文有倒骗主司入彀之法。开卷之初,当以奇句夺目,使之一见而惊,不敢弃去,此一法也。

有经验的厨师,往往在第一道菜上狠下功夫,使之色、香、味俱全;有经验的写作者,也十分重视作品的开篇——事不同,理一也:注重第一印象。狄德罗《论戏剧艺术》说:"一个剧本的第一幕也许是最困难的一部分。要由它开端,要使它得以发展,有时候要由它表明主题,而总要它承先启后。"狄氏主要从谋篇布局谈"第一幕"的重要性,为文赋诗当然可以借鉴这个精当之论。

203

《红楼梦》第十七回(作者　曹雪芹)

只见一带翠嶂挡在面前。众清客都道:"好山,好山!"贾政道:"非此一山,一进来园中所有之景悉入目中,更有何趣?"众人都道:"极是。非胸中大有丘壑,焉能想到这里。"

一进园所见之"一带翠嶂",诱人猜想翠嶂后有万千景致、万千人物、万千故事,好的文章开头就该如此:给读者一个"翠嶂",让他去猜想,使他按照你的安排步入胜境。

204

《续金针诗格》（作者　梅尧臣）

第一联谓之破题，如狂风卷浪，势欲滔天……第四联谓之落句，欲如高山放石，一去不回。

梅氏原论诗，然移来论文也极恰当。开篇气势夺人，结穴锐不可当，文气如斯，读者自然折服。

205

《闲情偶寄》（作者　李渔）

终篇之际，当以媚语摄魂，使之执卷留连，苦难遽别，此一法也。收场一出，即勾魂摄魄之具。使人看过数日，而犹觉声音在耳，情形在目者，全亏此出撒娇，作"临去秋波那一转"也。

精彩的开篇必须配以精警的收束，否则虎头蛇尾，功亏一篑，将留下遗憾。收束是对全文的最后梳理，是与人分别时的挥手、飞眸，自当给人无限遐思。

需要强调指出，少年作文，往往开篇工整，收束潦草，起笔有余，结穴不足，通篇看去，头重脚轻，正仿佛五短身材偏偏配上个寿星头。这是必须克服的毛病。

206

学习表达技巧

1. 修辞手法

语音、词语、句子、篇章都要修辞,要在选音、炼字、炼句、布局谋篇上下功夫。

2. 表达方式

包括记叙、描写、抒情、议论等,重点是抒情、描写。

(1) 抒情技巧。

直接抒情:直抒胸臆。

如,安得广厦千万间,大庇天下寒士俱欢颜。

间接抒情:借事抒情、借物抒情、借景抒情、寓情于景、情景交融。

如,借景抒情:日暮乡关何处是,烟波江上使人愁。

如,寓情于景:随风潜入夜,润物细无声。

(2) 描写技巧。

动静结合、虚实结合、点面结合、正侧结合、粗笔勾勒、渲染、白描、工笔、列锦。

虚与实:假托、有据;抽象、具体;未知、已知;现象、本质;隐者(暗)、显者(明);未来、当前;想象、眼前。(前者虚,后者实。)

例如:

李白《望庐山瀑布》前三句是实,"疑是银河落九天"是虚;陈陶《陇西行》"可怜无定河边骨",为实,"犹是春闺梦里人",为虚。

柳宗元《江雪》,"千山鸟飞绝,万径人踪灭",为面;"孤舟蓑笠翁,独钓寒山雪",为点。

《陌上桑》,罗敷的衣着打扮,正面描写;行者、少年、耕者的痴态,侧面描写。

"远上寒山石径斜,白云生处有人家""最喜小儿无赖,溪头卧剥莲蓬",

为白描。

"列锦",又称列词,全部用名词或名词性短语,经过选择组合,巧妙地排列在一起,构成生动可感的图像,用以烘托气氛、创造意境、表达情感。如"一去二三里,烟村四五家,亭台六七座,八九十枝花";如温庭筠《商山早行》中的佳句"鸡声茅店月,人迹板桥霜";他如"落叶他乡树,寒灯独夜人""乱山残雪夜,孤烛异乡人""枯藤老树昏鸦,小桥流水人家,古道西风瘦马""三十功名尘与土,八千里路云和月""楼船夜雪瓜洲渡,铁马秋风大散关""骏马秋风塞北,杏花春雨江南"等也是列锦。

3. **表现手法**

包括铺陈(赋)、起兴(比兴)、象征、联想、想象、用典、对比(对照)、衬托(烘托)、抑扬、跌宕、以小见大、托物言志、借古讽今。

《永遇乐·京口北固亭怀古》中用孙权、刘裕、刘义隆、拓跋焘(佛狸)、廉颇故事,是用典。

王昌龄《闺怨》"闺中少妇不知愁,春日凝妆上翠楼。忽见陌头杨柳色,悔教夫婿觅封侯。"抑扬顿挫。

贾岛《寻隐者不遇》"松下问童子",喜悦,"言师采药去",怅然,"只在此山中",有希望,"云深不知处",失落。跌宕起伏。

也有把抑扬、跌宕合在一起的。

4. **篇章结构**

包括开门见山、开宗明义、曲题入笔、卒章显志、重章叠句、层层深入、伏笔照应、过渡、铺垫、悬念、总分、画龙点睛。

六 章 法（下）

207

文章成于模仿。

学习作文要分两步走：第一步，学规矩文（小心文）；第二步，做创新文（放胆文）。

要让作文有文化底蕴。

选辑部分短章于此，可从字、词、句体会，更要从整体构思感悟。

208

《十八岁的纤夫》

真实地把自己弯成一张弓，为了把朦胧的信念——其实是父亲的叮咛——射到前面；

偶或甩几声号子，为了号声落下，溅起一层层鼓舞自己的浪花；

腿上胳膊上一疙瘩一疙瘩膨起的力，绷直了从河岸到水面那长长的纤绳；

呆头呆脑的大个船儿，服服帖帖，任细细的纤绳牵引，姗姗滑行……

不怨逆水行舟,不恨凄风缠足,十八岁的小伙儿已懂得纤夫,已学会怎样做纤夫!

只是,那眺望远方的目光中,一半饱含迷惑,一半蕴蓄幻想!

【铺陈 以细节结穴】

209

《老师向我走来》

四年学海沉浮,待爬上"岸",湿漉漉的手拾得的只是一根教鞭——我胸中涌起海水一样的苦涩,脑中开始筹划如何解脱……

这时,老师,你向我走来:目光把我笼罩,一如灌输知识琼浆时那般专注慈祥;眼神把我端详,仍似饯行时满含着鞭策、鼓励——你未说话,但这目光这眼神便是需要我反复回味的语言,便是你那颗企望的心!

……教室空荡,我心空荡,教鞭在空中也圈点着空荡……

于是,老师,你向我走来。你一头埋进我的教案,一小时,两小时……满头如霜的银发在我眼前膨胀、变幻,如涌动的海潮向我压过来,我的泪水不知何时泻出眼眶……

从此,我重视通向教室的每一步,珍惜四十五分钟的每一秒……

【对照 变化】

210

《师生情》

五盆菊花,齐齐整整,摆到洁净的窗台上;一行楷书,方方正正:敬请老

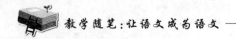

师收下。

屏息移目,暗自寻思:送菊花者是……

飞舞的花瓣,传达出飘逸潇洒。——是活泼的赵虹?放好瓦盆,哈哈一乐,跳跳蹦蹦,留一串轻歌;

疏朗的枝叶,透露着端庄秀美。——是文雅的钱敏?轻轻落盆,慢慢离手,悄悄拉门,款款举步;

这朵花火焰般热烈。——仿佛胆大的孙莉:风风火火,大大咧咧,迈阔步进,一溜烟出;

那片片叶,羽毛般轻柔。——似乎心细的李光:三窥窗户,双手捧盆,跂起脚尖来,屏住呼吸去……

究竟是谁?又何须追问?

屈子谓:"春兰兮秋菊,长无绝兮终古!"

【虚实 重章】

211

《雨中》

梦乡。

我走在曲折的路上。风吹破了云,雨溅落我脸庞。

无力跑动,无处躲藏。眼前的路,在我这女孩的眼中变成了漫长的怅惘!

蓦地,一把伞开放在我头上。——这是雨中的晴朗,珍贵的太阳!——感激的泪水与雨水混合,盈满了眼眶。

看看撑伞人,真想说声"谢谢",但不知为啥变成了"你也去前方?"

他微微颔首,道:"伞给你吧!"便跑向前方!雨帘遮住他的形象。

我愣住了,我发懵了。但我领略了晴朗。我感到每颗雨滴中都闪耀着一朵太阳。

啊!雨中的情谊,梦中的前方,会成为现实中的鼓舞力量!

【借事抒情】

212

《座位》

自幼随父兄乘车,总嚷着要占最前面的座位,为的是占据开阔的视野,观赏飞鹰、奔马和迎面扑来的人流车流……

及至长成能独自乘车,竟在某一天产生一个奇怪念头:那翱翔的雄鹰,正受着饥饿的煎熬,而人流车流还有风沙雨雪也可能穿透玻璃……

于是,我走向最后的座位。眼前有一排排的后脑勺,正好遮断我的视线,切断我的不安,身后别无他人,牢牢靠靠的背垫给我安全感。我恬然自适,我怡然入梦。可是,可是啊,梦中浮现眼前的却偏偏是那飞鹰、奔马、人流、车流……

一次次重温的梦,终于使我警醒,把我牵回昔日靠前的座位。于是,我更其贪婪地观赏飞鹰、奔马、人流、车流,观赏如黛的远山,如山的暮云,观赏风、雨、雷、电……

【对照 回环】

213

《采桑葚》

如血晚霞中,我与儿子来到高高的桑树下,那粒粒桑葚,如血如霞,是一粒粒殷红的诱惑。

想起父亲为我采摘桑葚,想起哥哥托举我爬上树巅,想起幼年的生活就如自己采撷的桑葚:一半甜蜜,一半酸涩。

终于,我以几分的勇敢开始攀缘。我要为儿子采桑葚,我要满足他那展开的小手——高举的欲望。

我生性怯懦,但即使在树上颤颤巍巍、抖抖索索,仍然极其细心地选择着、选择着——我要为儿子采摘"甜蜜"!

忽然之间,我明白了:父兄,所有的父兄不都是如此吗?儿子啊,你能否体会每颗桑葚的分量?能否理解父辈殷红的期望?

而我,是真真切切地体会和理解了。

【寓情于事　寓理于事】

214

《故乡的黄昏》

这是崇高华妙的片刻——

夕阳用他热情的余晖,把天,把地,把山水和这农舍……涂上了亮色;那暮山染黛,巍巍乎壮美逼人,气势夺人心魄;这眼底的大湖广川,重叠着淡红轻紫的波浪,推推涌涌,浩浩乎奔向远方……

这又是婉丽亲切的时光——

乳白炊烟,袅袅于黛瓦之上绿树之间,叫你想起长袖飘飘的仙子,叫你想起灶前的农家少女的梦;邻村那管短笛,灌满了晚风特有的深沉,如忧如怨如慕如赞……那握笛的必是痴心的农家后生,可他是在向谁诉说心曲?

黄昏,我故乡的黄昏,你创造了极致的美:在你的怀抱,崇高与幽婉、生活与自然是这样谐美地融合着!

【映带　分合】

215

《日月云雾》

如果失去太阳,地上将一片恐慌;如果少了月亮,人间会丧失无数抒情诗章;如果没有星星,天空便死一般的寂寞凄凉。

飘荡的云,仿佛魂灵,宇宙少了它,便如人少了眼睛、失了神韵;浮动的雾,恰如温润的梦,飘渺的面纱,山川赖以不再一览无余,添几多蕴藉;还有那软风斜雨,使世间充满生机,草木沁绿,百花吐艳,清清河水潺潺流淌,永不停息地曼舞轻唱。

白昼向人们提供勤奋劳作的环境,夜晚为人们创造和谐的休息氛围——不管是白昼还是夜晚,失去了,世界便无法平衡……

天地万物,物物秉其性,守其位,建其功,共同创造了博大精深、完美无缺、五彩缤纷的永恒!

而我们周围呢?如果人人倾心本职、献身事业、奋力拼搏,那将描摹出如诗如画的明天,必定与天地共长久,与宇宙同呼吸!

【排比 比兴】

216

《冬雨》

啊,冬雨!你无与伦比!

春天的雨——利利落落,潇洒活泼,柔嫩中满含芬芳,顾盼间洋溢着朝气,但它多了份飘忽,多了份娇弱。

夏天的雨——来也匆匆,去也匆匆,淋漓尽致是其精神,轰轰烈烈是其禀性,但它过于外露,缺少内蕴,甚至爱借隆隆雷声、灿灿闪电来炫耀自己。

秋天的雨——如丝如缕,如怨如诉,它承载了过多的缠绵,所以飘弱无力,包含着过多的愁思,因而沉闷阴郁。花见之落,草遇之枯,鸟见之恍惚,虫遇之呻吟。

惟有你——冬天的雨,轻柔而不缠绵,冷静而不喧嚣,朴质不娇弱,沉健不急躁。表面的"冷漠",饱含着深深的挚情。轻轻的絮语,悄悄对母亲诉说。全部的身心,无私地奉献给大地。"清明纯洁"该是你的名字,可你让给了晶莹的冰、皑皑的雪。

大地母亲的收获,离不了你的勋业,但你只说功归春雨、夏雨、秋雨,归白雪,还有云雾……

【衬托 对比】

217

《梅颂》

漠漠朔风,沉沉彤云,皑皑白雪……

但梅花绽放了。绽放了清幽,绽放了浓醉,绽放了疏影横斜的丰韵……

可我却感到了梅花的孤独!无烂漫的山茶烘托,无多情的芍药陪伴,无彩蝶为之起舞,无蜜蜂为之歌唱!朔风扑来,它孤零零一个寒颤,彤云下压、白雪铺地,几乎动摇了梅花的古干虬枝……

但梅花挺立着!顶风击云、迎霜破雪地挺立着!孤独然而坚定地挺立着!

朔风漠漠,彤云沉沉,白雪皑皑,它们成就了梅花无畏、沉毅、高洁的品格。

【托物言志 画龙点睛 跌宕 拟人】

218

《"散文诗"自白》

我——

非诗非文,半诗半文,可又是真正的诗,真正的文:天经地义,顺理成章,"散文诗"成了我的芳名!

瞧我,体态轻盈,玲珑剔透,活泼天真,姿态万千。我会哭,直哭得地震山摇;我爱笑,能笑得天清云飘;我叹气,树叶丝丝发颤;我动怒,大海涌浪卷涛……

花鸟虫鱼,我赋予新的生命;云雾雨雪,我送给人的感情;时代脉搏,与我共同跳动;社会图画,我用彩色描绘;男女老幼,东西南北,谁都爱亲近我;大家名流,莘莘学子,也都在刻意塑造我、打扮我……

屈子捕捉过我,庄子追索过我,《兰亭集序》《陋室铭记》是我坚实的足迹,光辉的《野草》则是我自豪的倩影!

惟阴云密布、空气污浊时,我背负着"浅斟低唱""吟风弄月"的恶名,被压迫得气息奄奄,冷落而凄清!

——啊!时代赐我清新,给我精神,我报答时代无限的温馨!

【白描　赋　用典】

219

《淡山远眺》

有一种可望不可及、可感不可触的美吗?

有的!请看看夕阳下的远山——

用如椽巨笔,那么轻轻一描,便有了起伏高低的峰谷,便成了错落有致的跌宕,是一幅大写意,是一种梦幻般的真切……

这山虽不能以坎坷激发人的豪情,不能以荆棘磨砺人的意志,不能给人攀登的乐趣,不能让人双脚踏住顶巅极目四望,飘飘欲仙……

但你的目光总被它扯过去,你的思绪总让他牵着走,走得很远很远,无涯无际……

你禁不住要问:山那边有旧时亭阁?有古来栈道?有五丁开山的神话?有秦砖汉瓦的人家?

夕阳在山,山影清浅,无人给你回答;但你目仍凝视,痴痴迷迷,思犹飞越,缭缭绕绕……仿佛有一种不可言喻的美感,一种浓淡适宜的回味!

【开篇设问　笼罩全篇　虚实　用典】

220

《小孤山》

是为了这份"孤独",你才远离了山山水水、峰峰嶂嶂——你的那些兄弟?是为了这份"痛苦",你才投身这层层叠叠、汹汹涌涌的波涛?

为何不回答?——是不愿世人知道你遭受过多少次波澜的震撼?不愿他们了解你承受过多少个雷霆的威慑?不愿他们了解你接受过多少回江风海雨、严寒酷暑的扑击?

你其实作了回答!——遗世独立,无依无傍,岿然中流,立地顶天:孤独中你撑持着一片乾坤哪!

有大禹犁痕,有始皇勒石,有千古诗人的咏叹,有滚滚碧涛唱给你的铿锵赞美!——小孤山,时间成了你的臣仆,你实现了自己茫茫几万年的"梦"!

【寓情于物　拟人　叠字】

221

《一棵大树》

大树的旅程充满泥泞荆棘！六十多年的征途中,有风扯雨淋,有雪压霜欺,有雷惊电击,有一切的人间磨难！

但他依然茁壮成大树,成为枝繁叶茂、根深蒂固的英伟强者！

不仅是给大地撑起一片绿阴,不仅是给鸟们垒造宁静港湾……他更为脚下的小树们奉献爱心:挡风,遮雨,披霜蔽日。小树们长大,实现了夙愿,他却悄然倒下——又为小树们让出一片生长的蓝天……

大树,强者,你就是我的父亲,就是那千千万万伟大的父亲！

【双关　拟人　借物抒情】

222

《写给故园的那棵小树》

满天星光里,小树叶片上闪烁着点点银光;一轮明月下,小树枝叶间流动着缕缕柔光。

夕露晨风,闲云幽岚,细雨微霜,还有皑皑白雪,璀璨的太阳,都与小树攀谈。攀谈中,小树摇曳俯仰。

小树静静地成长,胸有星月……和太阳！

【咏物　拟人　比喻】

223

《江至夔门》

长江来到夔门。

山峡变窄,下有礁石绊脚,上有群峰下逼。

长江踏入一段险恶道路。长江的脚步仿佛变慢。

但是,变慢的脚步是在积蓄力量。

不信你看,转瞬之间,大江翻滚,惊涛拍岸,狂涛怒浪呐喊着,呼啸着,奔突向前。

刹那间,长江出现了最为壮美的景色。

滔天巨浪仿佛高唱着:大江东去……

【拟人　用典】

224

《夜的温馨》

薄暮冥冥,晚风习习,黑夜翩然而至。它蹑手蹑脚,而步履迅疾,朦胧迷离之间,已走遍广袤的大地。

它缓举宽厚柔软的手,抚摸新憩的山,初鼾的水,轻曳的林木,稳栖的禽鸟……

它轻移空灵神速的脚,来到灯下劳作者的周围,屏息凝视,守护其旁,久久不离,默默不语;终于,多情的灯盏告辞,人将就寝,黑夜又轻快地送上一个又一个温馨。

天安地宁,梦境幽美。夜在欣慰之余,又精心制成小曲:轻轻的山风,盈盈的海雨,瑟瑟的林涛……使宁静的大地又增添了超逸的色彩。

黑夜在夜曲飞翔之中,嘘气为雾,挥汗成露,点点滴滴,滋润大地。

想明日朝曦下:水柔,山刚,树精神,草妩媚,田畴流荡清新气息。

【虚实结合　铺陈(赋)　拟人】

225

《怀念》

仿佛昨日还在安排我们兄弟的未来,倏忽您离去已经半载?仿佛背着那只古老木箱送我去远方就读,但沿着漫漫路途寻觅,何处有您的足迹?仿佛跟您的那帮老哥们谈论着耕、种、收、藏,可如今您那亲切的身影在何方?仿佛扛着您的铁锹,上岗下圩开渠堵缺铲除坎坷与不平,只是西天余晖收尽,您为何还不回家?……您是远行未归的人!

多想看看您手捋沉甸甸谷穗喜上眉梢的情景;多想听听您的谆谆教诲哪怕是"无情"责骂;多想带上老白干儿让您劳作后坐在树阴下解乏;多想搀扶病中的您在庭院缓行,摸摸您手植的果树、望望您新盖的瓦房、聊聊风起云涌日出月落;多想……多想……然而,一切的愿望,只能实现于遥远的梦之乡。

父亲,作为土地的儿子,作为地道的农民,您无愧于大地;而作为您的儿子,我们深感自豪,我们将实践您的遗训——

站直,坐正,双脚踏牢大地,双手勤奋耕耘!

【直抒胸臆】

226

《赤裸的山——写给自己》

冬日的山,失去妩媚,失去缠绵,失去花浪草柔的点缀;暴露了黑石,暴露了黄土,暴露了光秃秃的身躯。

但赤裸的山,赤裸的是一份坦荡,是一份粗犷,又是一种凝聚,一种威严,一种默无声息的孕育。冬日的山,赤裸着个性,赤裸着魂灵,赤裸着一种美丽!

冬日的山,无藤藤蔓蔓,无丛生荆棘,无流荡的翠波,无朦胧的岚霭,涤除了一切掩映,它之所以要存在,只为真实表白,塑造天然,而不肯以自己的矫饰取悦于人。

面对赤裸的山,不禁想到"赤裸"的人,那种赤裸是一种自信,一种沉勇,一种透明,一种天然去雕饰的真、美。

【借物喻人　排比】

227

《赠儿子》

儿子!节日该赠你礼物——但赠你什么呢?好吧,就赠你一架望远镜。你嫩生生的视角,怎能伸入无际天穹?你明澈澈的眸子,岂能摄进纷繁大地?……你就接受这望远镜吧!

西方山头祥云翩翩,祥云下花红欲燃;东天大海碧涛滚滚,碧涛上白帆淡淡——都该看得一清二楚了吧?还有芸芸众生的各色面孔以及各色面孔上嵌着的含蕴各别的目光呢?——也尽收眼底了吧!

也许,你怨爸爸,怨我把赤裸裸的尘世提前推到你面前;也许,你谢爸爸,谢我在你孩提时便让你接触人生的真实……

而爸爸只想告诉你:我盼你洞察六合、明悉人生、早日长成;而这望远镜仅仅是爸爸的心愿一片……

【直抒胸臆】

228

《仰望蓝天》

为什么如此深邃呢?"深不可测"用于任何事物,都不过是一种夸饰,但用在你身上却是"绝对真理"。

为什么如此博大呢?日月星辰们,够"巨大"了,但他们只能占据你心的一隅,小小的一隅;他们数量无限,你却将其安排得错落有致,他们各司其位,丝毫不会你拥我挤。

为什么能永葆青春呢?地球死去、太阳陨落、银河消失的那天,你的生命也不会终止,你将以"时空长者"的身份永远诉说着过去、现在和未来,诉说着神奇、诡谲且美丽的故事……

你像老人慈祥地对我笑,而从你的笑中,我渐渐体会到:永远不要给自己圈定封闭的疆界,永远要以博大胸襟拥抱整个宇宙……

【并列 设问 寓理于物】

229

《永远的阿Q》

阿Q自诞生之日起,便成为嘲笑对象。但实质上,嘲笑阿Q者身上或多或少都有阿Q的那些东西。

阿Q的悲剧在于他处于低层次,雇工、流浪汉、小偷小摸,故而他的作为总受嘲笑。如果他地位显赫,他对吴妈的举动便是对爱的勇敢而执着的追求,他那容易忘记耻辱的行为便相似于老子、庄子那些大哲学家的超脱、飘逸,他被杀头也可以是"失败的英雄",如项羽然。

如果他涉足股市,赚了他会说:"这些钱本来就是我的,老子先前就很阔!"赔了他也会说:"儿子赚老子,——妈妈的——老子也算为股票大厦添砖加瓦了!"他决不会跳楼自杀的。

阿Q是永恒的。

阿Q是永恒的?

【重复　反问　突转】

230

《理解》

风不要求花的理解,它吹开了一朵朵微笑;水不祈求鱼的理解,它衬托着一尾尾生机;幼儿园的阿姨不奢求幼儿们齐声高呼"理解",她们塑造出一个个晶莹的心的世界……

如果谁坐在荒芜的地上乞求理解,等待别人理解后才去开垦,那他一辈子也别想得到那梦寐以求的理解!

其实,花是理解风的,在那一朵朵微笑里面,没有风的欣慰、希冀?鱼是理解水的,在那一尾尾生机身上,没有水的激动、幻想?幼儿是理解阿姨的,那一张张笑脸,一缕缕纯情,一方方童话般美好的心的世界,没有阿姨们的愉悦和憧憬?

不管是谁,不管是守球门的、捏粉笔的还是终年勘探野外的……只要双脚踏牢自己的位置,他都会获得理解,获得加倍的爱。

——最珍贵的,是自己对自己的理解!

【逆笔入题　层层深入　卒章显志】

231

《洗澡》

洗澡过程形象地诠解人生呢。

衣冠楚楚地来到澡堂,此时属尚未入世。那楚楚衣冠不过包裹着一个憧憬人生的渴望。

免冠,扯去外套,剥去内衣的刹那,很多人都有一种犹疑甚或羞怯,赤裸裸毫无遮掩,鬼知道投身的世界是个什么样子,天知道有多少双眼睛要投射给自己!但在长者或同伴的呼引催促下,自己总算置身澡堂了。这个过程差不多等于"涉世"。

偷眼看看周围,高的高过自己一头,矮的矮到自己下巴,胖的是自己的两倍,瘦的仅皮包骨头,更奇怪的,高过自己一头却与自己宽相等,矮到自己下巴竟然胖自己一倍,还有有背无腰、凸腹凹胸……者,自己免不了在心里讥笑,眼神自然泛出傲慢了。这便是涉世未深者的"孤傲""浮躁",而不孤傲、不浮躁者准要在心里回赠"稚嫩""不老练"的。

可不,仔细瞧瞧,别人也在窥视你哩!

收回傲慢目光,垂眉自审吧!这头发,油腻得烦人,而鼻腔两侧,最易藏垢,下巴下、耳根边更不可轻视。从头开始,前胸后背,左臂右膀,直到毫无情趣的脚丫,最光明灿烂的处所,或最朦胧阴暗的角落,无一处敢于放过,狠斗私字一闪念,灵魂深处爆发革命,直到落了片白茫茫大地真干净!自我审查,自身反省,发现缺点错误的同时,也发现了自己珍贵可爱的品质。这个过程在人生中最重要,不可或缺,它是洗礼,是炼狱,是尝遍针棘之后的光辉升华。一个成熟的中年笔直地站起来了!

打这以后,成熟老到,左右逢源,运用裕如了。搓搓擦擦,抓抓挠挠,全都是享受,坐于池边,立于龙头下,仰躺于水池中,全都是轻松。偶尔也会发现左臂上一块污点,头发丛中一粒肥皂泡,竟也夹杂着淡淡的喜悦,初入澡堂时的羞怯、拘谨烟消云散了。这时,会忽然珍惜这时光了。搓、擦、抓、挠、坐、立、躺、冲、洗，速度一律放慢，好像只有慢才能使享受来得充分一些。这是胜利者进入凯旋检阅的那段路，走慢一分，荣耀便增加一分。这种心态每一个老年人都能体味。

尽管依依不舍，尽管临去秋波那一转，但终是要告别澡堂世界的。对澡堂的依恋是因为在这个世界收获了一个清清白白的你。——你没有白来世上一遭！

人生岂不就是进一回澡堂洗一次澡吗？

【首尾照应　反问收煞】

232

《喝酒》

要想在极短的时间内集中地观察人生世相、人情物态，最好选择喝酒的场合。

无论华灯闪烁于大庭广众之中，还是烛光摇曳于小曲流溢之间，都能酿出喝酒的好气氛；也无论是公侯将相，还是贩夫走卒，都能成为喝酒的好角色；在出现过陶潜、刘伶的国度，要观察喝酒，是并不困难的。

酒桌上最常见的事是"敬酒"。敬酒可有讲究，先敬谁后敬谁，要掂量。或以官位论序次，或按年龄分先后，或先亲后疏，或先近后远，见仁见智各取所需。敬酒首先是叙述理由，有人简洁明快，"因你是书记""因你是大舅"，然后"感情深一口闷"；有人却竭力渲染，以期得到一种效应。我曾听过一句很长的敬酒辞："某长，今日与你同席，真乃三生有幸五世叨光七代沐恩……"顿一顿，——反正喝酒时来点"肉麻话"或幽他一默不会引起厌恶感。"虽然在座有我的长辈，有年近七旬的老翁，我都不管了，我首先要敬你一杯。"——映衬之法，用得娴熟。同时酒杯举起："我平素唇不沾酒。"——加上对比方法，"今日感谢您与我们同桌，更为今后能得您关照，即使这酒是毒药，我也要喝干它！"一仰脖子，咕咚一声，再把酒杯对着"某长"，——翻转过来，证明"诚心诚意"地"干杯"了。此公因一杯小酒，成就了一篇大文章。他当然会十分惬意。但同桌的非官非长者他不屑一顾,或仅勉强表示意思(所谓感情浅,舔一舔),他"看人喝酒",由此便可认识此君一二。政坛商界有无此类君子?

敬酒之后,往往是拼酒。国人以能豪饮为骄傲,以能击败酒敌为快意,这就使拼酒成为必然。拼酒是实力的较量。拼酒常常是喝酒的高潮。

别看他闷坐一旁,缄口不语,他可能海量,起码也是江量。他是稳坐钓鱼船,静待来犯者。果不其然,不知深浅的毛头小伙儿冲杀上来,他略作推辞后,便与小伙儿约法三章:不猜拳,不行酒令,只"文比",一人一杯,喝十杯为一个回合。九杯才下,小伙儿翻身落马。看那胜利者,从从容容,不急不躁,目光扫视全桌:还有谁上来应战?

与小伙儿不同,还有一种拼酒的人,他绝不主动出击,他有自知之明,也有知人之智。他平日即苦练猜拳"技术",临场时,先仔细观察猜拳者,掌握其出拳习惯,抓住其弱点。故而他虽不胜酒力,却常常靠"技巧"、功夫取胜。这种迂回战术,再加上适当的自谦,一个"老于世故"的形象便呼之欲出了。

虽担着喝酒之名,却自始至终不喝酒,或者浅尝辄止者有没有呢? 有。他趁别人频频举杯之际,不断举筷,努力加餐。他趁别人赌酒斗嘴之时,挑出桌面的好烟,腾云驾雾,悠悠然乐融融边享用边旁观。他深知酒伤五脏,不是好东西,醉翁之意不在酒而在于菜;他又深谙国人心理,喝酒场合都要备上等烟,敬烟也是特别勤。这正适合他不尚虚荣而重实惠的价值观。

——观察喝酒,其实是在观察人生世相;而了悟人生世相,再回过头观察喝酒,那就会"别有一番滋味在心头",就会"于我心有戚戚焉"。

【开门见山　白描　结束点题、照应开篇】

233

《谈羡慕》

羡慕是一种好心境。古圣者的"见贤思齐"就是一种羡慕。别人酷,别人读书破万卷,别人实力强,别人生活质量高,别人心胸大海般宽广……自己就瞄准,追寻,赶上,自己就提高了;即使暂时还有距离,也比以前的自己提高了。接着,再寻觅新目标,再努力,又会再一次提高。如此循序以进,循环往复,终有一天,你这个羡慕者将成为被羡慕者。

不羡慕则是一种高境界。他人名高威重,艺馨才豪,风流倜傥,但不可能属于自己。自己是向日葵,开不出牡丹花、玫瑰花什么的,遇到梵高也是历史的偶然,那就好好长出葵花籽吧。这体现了古贤人的"安贫乐道""知足常乐"精神。知人、自知,凡事随遇而安,顺其自然,努力而不勉强,弄不好会成为一个精神富有者。不羡慕者懂得:幸福是感觉,快乐是心情;凡事不能跟自己过不去。

心里艳羡,嘴上不说,甚至言语之间表现出不屑,这是一种沉重,一种压抑。嘴上不说的原因,恰恰是心里羡慕,故以假语村言出之。心口不一,言行矛盾,每一次的"不屑"都是对自己感情的一次讽刺,每一次的"假言"都是对自己心灵的一次伤害,久而久之,身乏心累,朝如青丝暮成霜,眼神黯然心凄凉。西方哲人说"吃不到葡萄说葡萄酸",心里艳羡者心之酸,恐怕不亚于葡萄之酸?

最可怕的是羡慕的极端——嫉妒。因慕生妒,因妒生恨。掌声刺耳,鲜花伤眼,证书如刀,奖金似枪。他不去研究别人成功的原因、成功的历程,也没有脚踏实地奋发戮力,以获取成功,却想借助显微镜、放大镜,发现瑕疵,发现尾巴或辫子,从而"论证"掌声、鲜花应该属于自己……西方智者描述的"与风车搏斗"喜剧仿佛就要重演。

羡慕是一种好心境,不羡慕是一种高境界;泉州酒泉寺有榜书说得好:"莫做心上过不去之事。"我则要说,羡慕好,不羡慕也罢,但要令心中坦然。

【对比　以总结收束】

234

《新年旧愿》

公历2007年和农历丁亥年先后到来,我执著地表达这样的心愿:天下无贼。

　　古来天下有贼。古人向往夜不闭户,路不拾遗,憧憬马放南山,刀枪入库,那是因为现实中并不存在,所以他们在期盼、祈祷。古人指摘残贼公行,卖官鬻爵,痛恨盗贼蜂起,民不聊生,原因就是不但有贼,而且贼胆很大。

　　古人也一直在"对付"贼。社会失衡,公平失度,道德失范,老子庄子们就痛骂,就放弃,就不合作,甚至以糟蹋自己的方式来否定社会;而韩非李斯们则力图用铁腕惩治社会,用血腥、肉体、恐怖来纠正社会;孔孟们的伟大,是风化诱导,引人走上正道,引社会步入正途。遗憾的是,老庄的痛骂,韩李的惩治,孔孟的诱导,都没能真正奏效。

　　翻开《圣经》《古兰经》和佛家典籍,它们不谋而合地有同一条戒律:戒偷盗。

　　当今社会安定,人们生活丰富多彩,但在某些领域,仍然有"贼",仍然大量存在"偷"的现象。

　　比如学术不端现象。探究其本质,用一个"偷"字就能揭示。论文抄袭,设计模仿,实验造假(包括实验不严谨),成果剽窃等,都是走"捷径",都是"偷"。殊不知,正是因为科学研究坚苦卓绝,才产生了科学的尊严,科学家才赢得世人的由衷尊敬。

　　比如廉洁自律问题。不劳而获,本质也是"偷"。不劳而获的人,当然就是"贼"。其实,薪水足够养家养车,经费足够办公科研,何必去化公为私,何必去掏别人的口袋充实自己的腰包,计算来算计去,苦心煞费,到头来,私囊倒是中饱,百万千万在存折上,在卡上,在抽屉里,恐怕也沉甸甸地压在心头——巨大的精神负担。曹雪芹说:"终朝只恨聚无多,及到多时眼闭了。"陈毅说,伸手必被捉。只有劳动所得,使起来才会轻松愉悦,用起来才会光彩荣耀。

　　比如工作作风问题。是服务还是用权?是谋事,还是谋人甚至谋位?如果是谋位,那古人的一个词正好用上,叫做"窃取"。谋位就要用心思,使手段,卖人格。由于窃取职位付出太多,所以一旦到了位子上,就要用权,就要"补偿",就会"捞取",就忘了谋事,就不可能真正为广大人民群众服务。该服务却不服务,在其位而不谋其政,是偷懒,也是贼。至于不会服务,无能力服务,那是平庸,却占着位子,也是一种"偷",古人谓之为"尸位素餐"。

　　实际上,东西方的戒律,一直有人违犯,老庄、韩李、孔孟们,也都没能解决"贼"的问题;只有在今日,我们的社会"科学发展",社会走向"和谐",天下之贼将无所遁形。

新年旧愿:天下无贼!

【开篇释题　收束点题　首尾圆合】

235

《记叙性文章首尾呼应的三种模式》

"首尾呼应"属于文章结构方面的问题。研究大量记叙性文章(包括小说、散文和叙事诗等)中"首尾呼应"的具体情形,可以归纳出三种模式。

一、"a—a"模式

此种模式,文章开篇交代的情形、人物的心境、描摹的场景等各种信息,到文章收束时,几乎完全相同地重复。开篇"a",收束犹然是"a"。而从另一方面说,由于文章主体的渲染、铺排、展开,收束的"重复"已经不是对开篇的简单重复,它实际上强化了开篇的信息。故可称此为"重复强化"模式。

朱自清先生的《绿》,起笔写道:

我第二次到仙岩的时候,我惊诧于梅雨潭的绿了。

收笔则为:

我第二次到仙岩的时候,我不禁惊诧于梅雨潭的绿了。

起笔的"惊诧"是乍见还惊,收笔由于文章主体对"梅雨潭的绿"进行了出神入化的摹写,所以又增加了"不禁"二字,这时的"惊诧",是情不自禁、不由自主、发自肺腑的赞叹。这时作者业已仔仔细细、耳鬓厮磨地观赏了"梅雨潭的绿",印象既深,感情更炽,赞叹水到渠成,呼应起笔,加强了起笔传达的信息。

海涅的名篇《颂歌》,首句"我是一把利剑,也是一团火焰",然后描写了"火焰"照耀着自己的战友,"利剑"冲在战斗的最前面,末句又是"我是一把利剑,也是一团火焰",照应首句,强化了作品的题旨。

郭沫若的佳构《鹭鸶》起句是"鹭鸶是一首精巧的诗",结句为"鹭鸶实在是一首诗,一首韵在骨子里的散文的诗",重复中增添一点解释,对起句的内涵起强调作用。

二、"a—A"模式

此模式开篇与收束的内容相同,但与"a—a"模式不同,它开篇是"a",收束则为"A"。即开篇较为简洁单一,收束则大大丰富,开篇的介绍、描写、感叹、赞扬等属于一般性质,收束则揭示深层内涵,"卒章显志",全文的内容到这儿要来一个质的提高。可称"丰富提高"模式。

鲁迅先生的《一件小事》开头说:

> 有一件小事,却于我有意义,将我从坏脾气里拖开,使我至今忘记不得。

这里主要是说一件小事"使我至今忘记不得",而结穴则写道:

> 独有这一件小事,却总是浮在我眼前,有时反更分明,教我惭愧,催我自新,并且增长我的勇气和希望。

收束仍然是强调"使我至今忘记不得",但更重要的是揭示了"忘记不得"的原因及其影响,指明小事"教我惭愧,催我自新,并且增长我的勇气和希望"的深远意义,有力地表现了文章的主旨。

如果这篇文章的收束采用"a—a"模式,"……使我至今忘记不得",将味同嚼蜡。所以,模式的选用要从文章的实际出发,要以能更好地表达主旨为归宿。

《白杨礼赞》的开篇:

> 白杨树实在是不平凡的,我赞美白杨树!

属于"一般性"赞叹,收束则大为丰富:

> 让那些看不起民众、贱视民众、顽固的倒退的人们去赞美那贵族化的楠木(那也是直挺秀颀的),却鄙视这极常见、极易生长的白杨树吧,我要高声赞美白杨树!

为什么要高声赞美?因为白杨树"极常见""极易生长",因为白杨树象征"民众",因为白杨树为"顽固的倒退的人们"所鄙视。收束从正反两个方面丰富了开篇、深化了开篇,文章主旨更加鲜明突出。

《一辆纺车》结穴遥相呼应开篇,从"常常想起""怀念"提高到"跟困难作斗争,其乐无穷""克服困难不也是一种享受吗",由怀念纺车拓展为怀念"延安的种种生活",使得内容集中紧凑,中心鲜明突出。

"呼应开头,总结全文"式的结束,往往用"a—A"模式,例释从略。

"a—A"模式中,有一种情形需要用专门的例子来阐释,即开篇是"问题",收束为"回答"。

《我们打了一个大胜仗》开头是:

> 百年不遇的特大洪灾所留下的痕迹正逐步被英雄人民的双手洗刷干净,现在让我们看看四川人民是怎样进行战斗的。

提出了"怎样进行战斗"的问题。

而收束是:

> 四川的党政军民,在这次抗洪救灾同自然作斗争的总体战中,为了抢救国家物资和人民的生命财产,他们公而忘私,国而忘家,置个人安危于不顾,充分发挥了人定胜天的无比威力,打了一个大胜仗!

用"公而忘私,国而忘家,置个人安危于不顾,充分发挥了人定胜天的无比威力"等"回答"了开头的"问题"。

《谁是最可爱的人》开篇说:"我越来越深刻地感觉到谁是我们最可爱的人。"但作者并没有点明谁是最可爱的人,到收束才说:"你一定会深深地爱我们的战士,——他们确实是我们最可爱的人!"

三、"a— -a"模式

开篇是"a",经过峰回路转、起伏跌宕的发展,收束成了"a"的反面"-a",乍一看是逆向转移,实质是一种升华。可称为"转移升华"模式。

欧·亨利的许多作品如《警察与圣歌》《麦琪的礼物》《多情女的面包》等以及莫泊桑的《项链》,都属于这种模式。《雨中登泰山》《荔枝蜜》两篇也是这种模式。

《雨中登泰山》开篇是:

> 而今确实要登泰山了,偏偏天公不作美,下起雨来,淅淅沥沥,

不像落在地上，倒像落在心里。

郁闷之情溢于言表。

而收束却是另一种心境：

> 山没有水，如同人没有眼睛，似乎少了灵性。我们敢于在雨中登泰山，看到有声有势的飞泉流瀑，倾盆大雨的时候，恰好又在七真祠躲过，一路行来，有雨趣而无淋漓之苦，自然也就格外感到意兴盎然。

雨中之趣，独得之乐，乐趣恰恰在雨中，走向开篇的反面，却与开篇相映生辉，耐人回味，主题由此升华。

> 蜜蜂是画家的爱物，我却总不大喜欢。……每逢看见蜜蜂，感情上疙疙瘩瘩的，总不怎么舒服。

不管画家怎样，"我"见蜜蜂辄有不舒服之感，可谁知道：

> 这天夜里，我做了个奇怪的梦，梦见自己变成一只蜜蜂。

一百八十度的转弯！从见蜜蜂而不舒服到念兹在兹，心向往之，到日有所思夜有所梦，自己变成蜜蜂，照应开篇，画龙点睛，蜜蜂精神感人至深啊。

"a——a"模式出乎意料而合乎情理，往往给读者留下难以磨灭的深刻印象。此种模式转接自然，铺垫充分，在不动声色中把读者带领到预设的情境里。

"a—a"（"重复强化"）、"a—A"（"丰富提高"）、"a——a"（"转移升华"）三种模式，基本可以概括记叙性文章首尾呼应的主要形式。

提炼抽象出这三种模式，如果能对老师的讲解课文，对学生的学习写作，对文学爱好者的欣赏和借鉴有点滴启发，作者将感到无比的欣慰。

【比较　例证　总分总】

236

《"授人以鱼，不如授人以渔"错在何处？》（作者　吴华宝、张传进）

随着新课改兴起，"授人以鱼，不如授人以渔"这句话便风行海内，教育界几乎无人不知这句话,有些人把它变成了自己的口头禅。

可是,实际上,大家似乎都没有认真推敲这句话。因而,我们有必要对此加以讨论。

讲错误,我们不要无视正确。

我们先讨论:这句话正确在哪里。

"授人以鱼,不如授人以渔",字面意思是,给别人鱼,不如给别人捕鱼的方法,因为有了方法,什么鱼都能捕到。这句话的引申意思大致是,教知识,不如教方法,因为有了方法,什么知识都能获得。

听起来颇是诱人,这可是点铁成金的高招啊。难怪大家都接受,认可,传诵,这话遂成一种共识,甚至一种真理。

但是,点铁成金的高招是没有的,一劳永逸的事是不存在的。

如果认为这句话正确,只能是笼而统之地言说,大而化之地引用,具体的指导意义则必然寥寥。更有甚者,可能成为忽视知识传授、轻视技能传授的一个借口。

我们来研究一下"鱼"与"渔"。

早在公元前11世纪,我国就有淡水养鱼的记载,到了唐代,就有人根据青鱼、草鱼、鲢鱼和鳙鱼在水中低、中、高不同的栖息水层和食性,将他们分层混合放养。

这条资料告诉我们,鱼生活的水层和食性不同。而水层不同,捕鱼的方法就不会一样;食性不同,捕鱼的方法就要跟着变化。

捕鱼需要工具,工具有不同,捕法也必有种种不同。粘、钓、叉、罾、网、电甚至药都是方法,还能诱,还能围赶,还可以竭泽而渔,还可以把多种方法综合起来用。

另外,捕鱼还要看季节、气候等条件,此不赘述。

就语文而言,过去说字、词、句、篇、语、修、逻、文,识字、解词、造句、谋篇和语法、修辞、逻辑、文化,这是形形色色的鱼,它们各有特点,各有难点,学习它们,自有不同方法,必须有针对性。

以字为例。造字方法有象形、指事、会意、形声等。要讲清象形字,最好画出日、月、山、水;讲指事,能够解析上、下、本、末;讲会意,以武、信、男、从为例;至于形声,就要分析江、河,还要讲左形右声、左声右形、上形下声、上声下形、内形外声、外形内声等。不同的字,不同的造字方法,学法教法是不可能一样的。

以文章开头为例。开头有总领式的,有设问式的,有开宗明义式的,还有铺垫渲染式、反面落笔式的……细分起来,不下数十种。仅仅一个总领式,又可分许多种。如果只是笼统地说这是总领式,那是远远不够的,总要让学生见到各种总领式,才会有感性认识,感性积累多了,才能体悟,进而有理性认知。

以文化为例。"穷则独善其身,达则兼济天下",这是儒家思想,但常人也可以向此方向努力,他们也可以独善其身。"唯小人与女子为难养也,近之则不逊,远之则怨。"小人、女子可能是如此,一般人、大多数人又何尝不是如此?道家的出世,儒家的入世,是否就是截然相反的?儒、释、道、法有没有交融之处?对不同文化问题的解读方法是不同的。

再如"知人论世"方法,学习古代作品,要知人论世,但知人论世绝不是放之四海而皆准的方法论,绝不能含糊理解、盲目套用。同一时代的作家,差异性也是很大的。同一个作家,不同阶段甚至不同场景、不同心境下的表现也有所不同。要因人因事因时因情而异。

这句话错在何处?

我们从语文教学的实际中可以明显看出这句话的错误。

"授人以鱼,不如授人以渔"的古老说法是,"授人以鱼只救一时之急,授人以渔则可解一生之需"。

如上所述,这句话的积极意义在于:强调学习方法的传授。这可以纠正传授知识不讲方法的弊端。

但是,这句话的局限或曰错误也正在于此:它把方法与知识割裂开来,甚至对立起来,用"与其……不如……"的句式,让你选择一面(授人以渔),又放弃一面(授人以鱼)。为了"授人以渔",很多教师不敢讲知识,忽视知识传授,为方法而方法。我们知道,抽象的方法是不存在的,方法是不能脱离对象的,脱离对象的方法只能是空中楼阁、镜花水月,尽管这种楼阁、花月赏心悦目,却终归是银样镴枪头。因而捕什么鱼就用什么方法,捕一种鱼用一种有效方法,捕一类鱼用一类有效方法,鱼渔不分开,因鱼制宜,因鱼而渔,方法、知识紧密结合。这样,方法才能落到实处。事实上,为方法而方法,方法既无所凭依,知识也不能扎实,"授人以渔"的美好理想只能落空。

语文学习正是如此。

学习字、词、句、篇知识,不学方法,那是不会提炼,不会抽象,也就不能举一反三;而空对空讲方法,不仅学不到方法,连实际的知识也难学到也难学好。教学实践中,有人总结"议论文阅读法""散文答题法",有人研究答题模式若干种,等等,以为是灵丹妙药,学生辛苦抄写辛苦背诵,但事实上,解决阅读问题时并无好的效果,原因即在于此。

语文学习的特点是浸润式的,是渐进式的,学语文要用慢功夫,学语文没有捷径。

一篇文章,就是一个梨子,就是一只麻雀,就是一头牛。学习语文,需要学生品尝梨子,解剖麻雀,像庖丁那样解牛。学生正是在品尝、解剖中认识事物,学得方法,并不断地积累知识和方法,把知识、方法化为己有。

语文课堂以课文为例子(不仅限于课文)组织学习,学生研读掌握内容(信息),学习体会写法(技法)。面对一篇文章,学生能借助学过的知识方法知其得失,品其优劣;面对一个文题,学生能运用知识于审题立意,谋篇布局,遣词铸句:这就是学有所得。

授渔固然好,授鱼岂能少?

对语文教学而言,学知识离不开方法,讲方法也不能脱离知识。

【开合　剖析】

语文如何教

不愤不启,不悱不发。——《论语》

梓匠轮舆,能与人规矩,不能使人巧。——《孟子》

师者,所以传道受业解惑也。——《师说》

237

字、词、句、篇是语文学习内容,对字、词、句、篇的学习,要采取不同的方式,无论记字释词,还是析句悟篇,还是写作,都应明确知识是基础,能力是目标。没有知识,何来能力?不培养能力,何需知识?知识、能力二者不可偏废,不能割裂。

学的内容就是教的内容,学法与教法密切联系。学与教是不可割裂的,教、学并提,是很科学的。了解了学习内容,懂得了学习方法,明确了学习目的,对教是有促进的。教学相长也是很科学的。

"语文是什么""语文怎么学"之后的问题是:语文如何教?

238

"北国的秋,特别地来得清,来得静,来得悲凉",这是公认的《故都的秋》的文眼。

老师可以直接告诉学生,这句是文眼;或学生交流讨论,明确这句是文眼;或学生阅读出来,体会出这句是文眼;或老师要求学生找出文眼,并有一定暗示,学生终于当堂顺利找出文眼。

这四种方法本无优劣。但是,有人会告诉你:老师直接告诉学生,就是所谓灌输法;学生切磋出来,那属于讨论法;学生自己琢磨出来,这叫自读法;学生在老师暗示下找出文眼,则是启发式。而只要是启发式,就是好方法。

我以为,如果第一次学习"文眼",老师说出来没有什么不可以;如果班里学生讨论成为习惯,有成效,那就讨论;如果生源很好,让学生自己阅读发现,也是好办法;如果学生参与性高,思维活跃,启发启发当然也行。综合以上几种方法当然也可以。这里需要因材施教。同时,教学中,还要讲究"变化",变化也是教学能力,变化可以避免心理疲劳。不同方法的交错使用,要比单一方法好。

检验方法的得失,要看实际效果。

就方法论而言,"白猫黑猫,抓到老鼠就是好猫"是一个真理。

239

讲授法,串讲法,问答法,谈话法,讨论法,点拨法,法法有其效果;

介绍作者,交代写作背景,解题,处理生字词,划分段落,归纳中心,总结写作方法,招招有其妙处;

练习,诵读,研究,比较,鉴赏(欣赏),演示等,式式有其用武之地。

采用何法何招何式,何时采用,要从文本现实出发,要从学生实际出发,要有取舍,分主次,可综合,可交融。

孟子曰:教亦多术矣。

240

《阅读教学方法》(作者　王文彦、蔡明)

1. 评点法

又称串讲法、讲授法、讲述法、讲解法、讲析法、讲评法、讲演法、讲读法、点拨法等。点,即点解,点拨。"邹忌修八尺有余",要点修。修,长而美,高而美。"妻之美我者,私我也;妾之美我者,畏我也;客之美我者,欲有求于我也。"要点私、畏、欲。对重点词语要重锤敲打。

评,即评串。句与句之间,评出语脉;语段与语段之间,评出层次;全篇文章,总评,评出主旨和技法。评串法就是句子、段落之间和全篇的评论与关联。"邹忌修八尺有余",写身材高大,"而形貌昳丽",写容貌美丽,二句合起来,写邹忌是美男子。第一段是铺垫,第二段是谏(讽)。三、四两段是纳谏,三赏、三变、四国来朝。再作总评。

蔡澄清老师创立的点拨法是评点法的范例。

2．谈话法

又称提问法、问答法、疑问法、析疑法等。

3．讨论法

又称议论法、辩论法、研究法、研讨法、座谈法等。

《论语》是孔子用谈话法和讨论法教学的实录。

4．导读法

又称教读法、自读法、探讨法、探索法、发现法等。

钱梦龙老师的"三主四式导读法",魏书生老师以语文"知识树"为体系的"六步教学法",是成功的导读法(发现法)。

5．练习法

又称巩固法、总结法、复习法、智力竞赛法等,也属于导读法。

叶圣陶说:"朱子注'学而时习之'道,'习,鸟数飞也。学之不已,如鸟数飞也'。这个说法极好。"

6．读议讲练法

是评点法、谈话法、讨论法、导读法、练习法的综合运用方式。

段力佩老师的"读读,议议,讲讲,练练",就综合运用了多种教学方法。

7．情境教学法

又称观察法、欣赏法、电化教学法等。

241

以下通过研究教案和课堂实录,来研究教的得失,并厘清某些是非问题。

《荷塘月色》教案(作者 魏大久)

(选自《全国中学特级教师语文教案选》,吉林人民出版社,1981年5月版)

【教学要求】

(1)正确理解作者通过景物描写所表达的复杂心情。

(2)理解本文比喻的含义和用词的精当,学习本文有层次地描写景物的方法,以提高学生的表达能力。

【教学重点和难点】

1. 教学重点

(1)荷塘和月色的描写。

(2)作者的复杂心情。 〔心情复杂、思想矛盾吗?也许只是人之常情、事之常理呢?颇不宁静,一种不安、寂寥。〕

(3)比喻的含义和用词的精当。

2. 教学难点

(1)怎样认识作者当时矛盾的思想。

(2)个别比喻的理解。

【课时安排】

二课时

第 一 课 时

【检查预习情况(预习前发预习辅导材料)】

【讲授新课】

(一)教师提示阅读要领

〔提要,总起。直接导入。〕

这是一篇写景抒情、寓情于景的优美散文。要读懂它,就要注意它写的是什么景,抒的是什么情。还要注意描写景物的特点:荷塘是月色中的荷塘;月色是荷塘上的月色。 〔突出教学重点。〕

(二)学生听录音,查字典、词典解释个别字词并分段

〔查字典、词典。〕

颇:很;相当地。

屑:念 xiè,不念 xiāo。	正音。
亭亭:耸立的样子(还包含着姿态优美的意味)。	释义。
袅(niǎo)娜(nuó):柔弱细长的样子。	
脉脉:形容缓缓的流水。	
参(cēn)差(cī):长短不齐。	
斑驳:形容色彩杂乱的样子。	
倩(qiàn)影:美好的影子。	
六朝:东吴、东晋和南北朝的宋、齐、梁、陈先后建都于建康(今南京),合称六朝。	
惦:挂念。	
分段:	
(1) 想起荷塘(第一自然段)。	
(2) 夜游荷塘(第二至第六自然段)。	
(3) 荷塘归来(第七、八自然段)。	
(三) 引导学生分析第一、二、三段	
(1) 文章开头为什么要从心情写起,而不从"今晚在院里坐着乘凉,忽然想起日日走过的荷塘……"写起呢?	研究开篇。设问,统摄式提问。本文结构颇似《乐游原》。"颇不宁静",颇似"向晚意不适"。
文章这样开头是有着艺术匠心的:"心里颇不宁静"是全文的感情基础。正因为心里不宁静,需要求得片刻的宁静和清闲,所以才想起"日日走过的荷塘"。文章这样开头,不仅提示了全文的感情基调,而且使得文章后面的心情变化有源有本,显得脉络清晰,容易为读者理解。	
文章接着交代了夜深、人静,妻儿将要入睡。环境是寂静的。作者怕惊动了妻儿,"悄悄地"离开了家,去夜游荷塘。这就很自然地引起了下文。但文章却没有马上写荷塘月色,而是着重描绘荷塘的环境和作者独步的心情。	似"驱车登古原"。
(2) 荷塘的环境有什么特点?这时作者的心情有什么变化?	环境,心情,问题明确。从文本出发。
环境:	板书画龙点睛。设计精美。下同。
沿着荷塘的小煤屑路,幽僻。	

白天也少人走,夜晚更加寂寞。

荷塘四面的树蓊蓊郁郁的。

路的一旁也是树。

没有月光的晚上,阴森森的。(因为树多。)

今晚却很好,虽然月光也还是淡淡的。

特点:幽静。(描绘了荷塘的环境,烘托了气氛。)

心情:

路上只我一个人,背着手踱着。——从容安闲。

我也像超出了平常的自己,到了另一世界里。——超脱,没有人事纷扰。

什么都可以想,什么都可以不想。白天里一定要做的事,一定要说的话,现在都可不理。——自由自在。

我且受用这无边的荷香月色好了。——获得暂时宁静的淡淡的喜悦。

> 喜悦,是淡淡的,哀愁,也是淡淡的,那么,谈什么不自由?更谈什么反抗黑暗?

这些心情的描述含蓄地揭露了现实不自由,流露了作者幻想超脱现实,追求暂时的宁静和自由,想从烦恼中寻求解脱的复杂心情,笼罩着一种"难得偷来片刻逍遥"的淡淡的喜悦和哀愁。这种心情实质上是作者消极反抗黑暗现实的表现。

> 过渡。

第三自然段最后用"我且受用这无边的荷香月色好了",很自然地收束住心情,转入对景物的描写。

【巩固新课】

学生朗读第一、二、三自然段。

【布置作业】

熟读第四、五、六自然段,并思考下列问题:

(1)写荷塘是按什么顺序写的?怎样理解这些描写?

(2)写月色抓住了哪些特点?

(3)最后联想到采莲表达了作者什么样的心情?

第 二 课 时

【复习提问】

学生朗读第一、二、三自然段。

【讲授新课】

(一) 学生听第四、五自然段的录音

(二) 引导学生分析第四、五自然段

(1) 写荷塘是按什么顺序写的？怎样理解这些描写？

① 静态：   板书。

先写荷叶：

田田的叶子——荷叶相连，翠盖满塘。   点评式。

出水很高——亭亭玉立。

像舞女的裙——叶子舒展开来，像扩张的舞裙。姿态优美。

再写荷花：

层层的叶子中间，零星地点缀着些白花。——碧绿   评注式。
的荷叶一层套一层，雪白的荷花东一朵，西一朵。(因为是"零星的"，所以用了"点缀着"。)

开着的——袅娜(轻盈多姿)

打着朵的——羞涩(娇怯不语)

——形象

如一粒粒明珠——像明珠一样晶莹洁白。

如碧天的星星——白花在绿叶衬托下，在月光照射下隐约闪烁，像碧天的星星眨眼。

——色彩

(学生朗读背诵"曲曲折折的荷塘上面，……又如碧天里的星星。")

文章接着用"微风过处"引渡，由描写静态转为描写动态。

②动态：

送来缕缕清香，仿佛远处高楼上渺茫的歌声。——微风中花香味儿断续吹来，时有时无，有如高楼上歌声飘扬，时断时续。

通感，品句。

叶、花一丝的颤动，像闪电。——因为是"微风"，所以"一丝的颤动"，由于月照反光，所以"像闪电"。

一道凝碧的波痕——荷叶整齐而有节奏地波动，所以形成"一道凝碧的波痕"。

（学生朗读背诵"微风过处，……而叶子却更见风致了。"）

（2）文章写荷塘上的月色抓住了哪些特点来写？

先写月光，后写月影。

泻，品词。

写月光。用"流水"比喻月光的清澈、明亮。一个"泻"字准确地描写了月光从天空往下照射，如同流水从高处往下直注一样，普照在每一片叶子和花上。"薄薄的青雾浮起在荷塘里。"为什么是"青雾"？雾一般是白色，但荷塘散发的水气在绿叶的衬托和月光的映照下，远看就像"青雾"了。"浮"字把雾从水面浮起、轻而不散、微微飘动的状态描绘得生动逼真。叶子和花笼罩在雾中，又沐浴着月光，显得柔和而润泽，所以说"仿佛在牛乳中洗过一样"。又为什么说叶子和花"像笼着轻纱的梦"呢？这是因为雾中月下，看起花来飘忽朦胧，似真切，又不真切，所以说"像笼着轻纱的梦"。"不能朗照"则写出了月光的清淡。在这样的环境气氛中观赏景物，自然更觉恬静，所以作者说"恰是到了好处"。

青。

浮。

写月影。月光通过灌木落下的是"斑驳的黑影"。"斑驳"一词形象地描绘了黑影长短不齐、色彩杂乱的样子。柳枝的影子落在荷叶上像是一笔一笔画上去的，浓淡相宜。这样月光和月影就显得和谐而有旋律，所以作者把它比作"梵婀玲上奏着的名曲"。

似"夕阳无限好"。

这两段写荷塘没有离开月色，写月色处处不离荷塘。

两者互相映衬,生动地描绘了一幅清华园月夜荷塘的风景画。

（学生朗读背诵第五自然段。） 书声琅琅。

（三）学生听第六、七、八自然段的录音 层次清晰。

（四）学生独立分析第六、七、八自然段

(1) 作者在第六段描写荷塘四面的景物时,先写什么？后写什么？最后一句话应该怎样理解？ 从文本出发。

先写四面的树： 板书。

远远近近,高高低低都是树（照应第二段）。

再写近处的树：

树将荷塘重重围住；

只有小路旁有几段空隙；

树色像一团烟雾；

杨柳独具丰姿。

后写远山和灯光：

树梢上隐隐约约的是一带远山；

灯光没精打采,是渴睡人的眼。

最后写树上的蝉声和水里的蛙声,由寂静到热闹,充满了生机,将荷塘和月色衬托得更突出。

"但热闹是他们的,我什么也没有",则含蓄表明作者完全沉醉在荷塘月色的宁静境界里,不再是前文所说的"颇不宁静"的心情了。 似"只是近黄昏"。

(2) 最后作者联想到采莲表达了他什么样的心情？文章的结尾和开头有什么关系？

想起采莲的事情,引用《西洲曲》,表达了作者思古怀乡的心情,流露了他怀古非今的思想和对现实失望的淡淡的哀愁。"轻轻地推门进去"和"妻已睡熟"两句巧妙地照应了开头。结构自然而严谨。 也属文人雅好。

练习,巩固。	【课堂练习】 (一)学生朗读课文 (二)学生口头回答下面的问题并讨论 (1) 为什么说下面句子中加点的词语用得准确、精当?
继续品词。	① 层层的叶子中间,零星地点缀着些白花,有袅娜地开着的,有羞涩地打着朵儿的。 ② 月光如流水一般,静静地泻在这一片叶子和花上。 ③ 薄薄的青雾浮起在荷塘里。 (2) 课文中用了很多重叠的形容词。试比较下面句子中加点的词在内容的表达上有什么不同。 ① 曲折的荷塘上面,弥望的是田田的叶子。 ② 曲曲折折的荷塘上面,弥望的是田田的叶子。 ③ 荷塘的四面,远近高低都是树,而杨柳最多。 ④ 荷塘的四面,远远近近,高高低低都是树,而杨柳最多。
作业,比喻。结束。	【布置作业】 (1) 下面的句子哪些是比喻句?哪些不是比喻句? ① 这一片天地好像是我的;我也像超出了平常的自己,到了另一世界里。(　) ② 叶子出水很高,像亭亭的舞女的裙。(　) ③ 微风过处,送来缕缕清香,仿佛远处高楼上渺茫的歌声似的。(　) ④ 月光如流水一般。(　) ⑤ 这便宛然有了一道凝碧的波痕。(　) ⑥ 叶子和花仿佛在牛乳中洗过一样;又像笼着轻纱的梦。(　) ⑦ 树缝里也漏着一两点路灯光,没精打采的,是渴睡人的眼。(　)

(2) 给下面的一段文字加上标点,并翻译成现代汉语。

　　水陆草木之花可爱者甚蕃晋陶渊明独爱菊自李唐来世人盛爱牡丹予独爱莲之出淤泥而不染濯清涟而不妖中通外直不蔓不枝香远益清亭亭静植可远观而不可亵玩焉予谓菊花之隐逸者也牡丹花之富贵者也莲花之君子者也

　　(3) 背诵并默写第四、五自然段。
　　(4) 写一段夏天的景物,题目自拟。
　　要求:① 文章中包括三个比喻句。
　　② 字数不超过五百字。

【教学方法说明】

　　(1) 有关作者和时代背景的材料,预习时可扼要地印发给学生,以便学生对作者和作品有正确的理解。文章中的生字新词预习时要布置学生查字典、词典,以培养学生的自学能力。

　　(2) 课文涉及荷叶和荷花。如果有的学生(特别是北方学生)没有看过荷花,预习时可把 1977 年 11 月号《人民画报》上的一幅采莲图贴在教室里,以便学生课前获得感性知识。

　　(3) 录音带上课前要准备好。

　　(4) 这篇散文写景细腻,色彩鲜明,富有诗情画意。教学时要注意透过语言文字,引导学生进入画面,展开想象,细致体味通过景物描写表达的作者情感。

【教学参考资料】

　　① 朱自清(1898—1948 年),字佩弦。江苏扬州人。现代散文家、诗人。1920 年毕业于北京大学哲学系。曾在江苏、浙江等地任中学教员。1923 年发表了长诗《毁灭》。1924 年出版新诗集《踪迹》。1925 年八月任清华大学教授。创作转向散文。1928 年出版散文集《背影》,很受读者欢迎。1931 年去英国留学。第二年七月回国后仍在清华大学任教。抗日战争时期,任西南联合大学教授。

背诵,必要;默写,必要。朗读、背诵、复述、扩写、缩写、填空、选择、解释、比较、分析、评论、作文等都是有效的语文练习形式。

这是 1981 年的教案:流程清晰;设问简洁;字、词、句、篇等得到落实;注重能力培养;从学生出发,以学生为本。

指那时的教师为课堂的主宰者、呆板的经验者,是否属于耸人听闻?而耸人听闻者是否别有用意?

1946年联大结束,他回到清华大学任教。1948年8月12日因病逝世。

朱自清早期的诗和散文,主要题材是抒发个人的情思和描绘自然风光,表达了他对祖国河山和自由美好生活的热爱,在一定程度上也流露了一般知识分子对当时社会现实的不满和心情的苦闷。

朱自清正直爱国,富有正义感,参加过"五四"运动,"三一八"请愿,以及抗日救亡的"一二·九"爱国游行。抗日战争时期,在革命力量的激励下,他积极投入抗日民主运动,表现坚决,受到了党和人民的称赞。1948年6月28日,他签名于抗议美帝扶植日本和拒绝领取"美援"面粉的宣言。毛泽东同志在《别了,司徒雷登》一文中赞扬他说:"朱自清一身重病,宁可饿死,不领美国的'救济粮'。……他们表现了我们民族的英雄气概。"

(2) 这篇散文是作者1927年7月写的。当时蒋介石叛变革命,发动了"四一二"反革命政变,血腥屠杀共产党人和革命群众,白色恐怖笼罩全国。作者当时在清华大学任教授,对北洋军阀勾结国民党摧残革命的黑暗现实极端不满,但又无可奈何,思想是矛盾复杂的,于是幻想超脱现实,追求暂时的宁静和"自由"。《荷塘月色》正寄托了他想从烦恼中寻求解脱的复杂心情和淡淡的哀愁。这正是他对黑暗现实的一种消极的反抗。

(3) 作者当时住在清华园西院。他所写的荷塘就在清华园内,原是一个普通的荷花池。据说原来不过是一塘死水,周围长着几棵杨柳,败叶残花,潦倒其间。荷塘中央有个小岛,岛上杂树丛生,荆棘遍地,有"荒岛"之称。但这样一个荒僻的荷塘,在作者笔下,却优美如画,充满诗意,令人神往。这和作者精深的文字功夫是分不开的。

(4) 下面的资料可供参考:

① 十年制初中语文第二册教学参考书(人民教育出版社,1961年版):《荷塘月色》;

② 1979年1月号《中学语文教学》,刘彬荣:读《荷塘月色》手记;

③ 高中语文第一册教学参考书(辽宁人民出版社,1979年8月版):《荷塘月色》;

④ 1980年第一期《文学评论》,吴周文:论朱自清的散文艺术;

⑤ 1979年7月4日《光明日报》,高俊:映日荷花别样红。

242

《小桔灯》课堂教学实录

(选自《中学语文教师手册》,上海教育出版社,1981年12月版)

徐振维执教(吴春荣整理)
1980年6月5日下午第一、二节课
上海市北虹中学
初一(3)班

第 一 课 时

师　同学们,我们今天一道来学习《小桔灯》。请大家把课本翻到102页。这篇课文,是冰心同志写的。关于冰心同志,我想布置一道课外作业。6月1日《文汇报》上有一篇通讯,题目叫《她为孩子们操了一辈子的心》(重复一遍题目)。现在有同学把这篇文章的题目记下来了,这样就便于查阅。同学们,回去把它找来看一看,要求看完后能讲得出它的主要内容。看完那篇文章后,大家就会知道冰心同志是一位怎

自然布置课外阅读,要求具体,节约课堂时间。

强调重视字音。	样的儿童文学作家。《小桔灯》这篇文章呢,也是以儿童作为题材的作品。我想,同学们一定会喜欢它的。现在请低声读一遍课文,读的时候,不要放过任何一个字的读音,特别是你认为是生字的,要能够查一查字典,把字音读准。开始读。 (学生读课文。教师巡回时说:"要读出声音来。") 学生读课文,查字典,用笔注音;少数几个同学互相询问。不时有同学问教师,教师在黑板上逐一板书: 仄　　　瓢 掀　　　揉 挪　　　朦 大(夫)　　叩
注音。问题来自学生。	师　都读完了?刚才有些同学提出,这些字(指黑板上的字)怎么读。请两位同学上来,给这些字注上拼音,然后领同学们读一读。 (学生举手,教师请两位同学到黑板前注音。注音结束。) 师　都同意黑板上的注音吗?(许多同学举手,有学生答:"不同意。")噢,有不同意的。 (教师请两名学生到黑板前纠正。一学生纠正"瓢"的注音,一学生将"揉"的注音的声调改成第二声。) (学生纠正后,教师请原注音同学领大家读了一遍。)
学过《形声字》,新旧联系。夯实基础。	师　上个学期大家学过关于形声字的短文。谁能用形声字的知识分析黑板上的一些字。 生　"揉"。右边"柔",是声旁;左边"扌",是形旁,意思是用手去摩擦。 生　"朦"。右边声旁,左边形旁,"月色朦胧"的意思。 师　在课文里怎么说? 生　小桔灯的灯光不大明亮。
分析"瓢",解字析字。	师　(指"瓢")这个字怎么分析? (有学生举手,教师让其中一个发言。)

生	右边是"瓜","一瓤一瓤"是讲瓜果的,所以用"瓜"。	
师	那么左边的"襄"与"瓤"有什么关系呢?我们一起来读这个(指"襄",学生读 xiāng),再读这个(指"瓤",学生读 ráng)。它们是同韵。所以"襄"是"瓤"的声旁。现在还有不认识的字吗?(学生答:没有了。)好。同学们再把课文默读一遍,默读时,把不懂的词语提出来。	落实字音字形。引到词语。
	(学生默读。教师擦去黑板上的生字注音后,巡回,低声地个别询问。)	
师	刚才我问了许多同学,都说对课文的词语是懂得的,没有问题。那么,我想问几个问题。第 103 页第六行,这个"光景",是什么意思?	教师提出问题。
生	(听成"光脚")没穿袜子。(众笑)	
师	你听错了。	
	(一些学生举手。)	
生	"左右"的意思。	
生	"模样"的意思。	
师	可表示"估计"的意思。一般用在时间和数字后面。比如,从上课到现在,大约十分钟光景;又如,今天听课的老师,有 300 人光景。 那么这一页倒数第三行的"无聊"呢?	释词,例释法,亲切。
生	没有意思。	
生	由于清闲而感到烦闷。	
师	你怎么知道是这样解释的?	
生	字典上查来的。	
师	你们看,他说话是有根有据的。在"无聊"上面的一行中,"天气越发阴沉了"的"越发"是什么意思呢?	
生	越来越……	
师	我很满意。现在请同学们再读一遍课文。要求把不懂的问题提出来。也许有同学要说,已经读两遍了,没问题了。(问一同学)你有问题吗?(该生答:	"我很满意",评价。

	有!")噢,有问题,这么说,我估计错了。同学们在读这一遍时,着重要求围绕小姑娘的形象,她的动作、语言、神情等,从课文是怎样写的,为什么要这样写等方面提出问题。 (学生看课文。教师巡回。不时有学生提出问题,教师或解答,或支持其提出来。)
鼓励学生。 尊重学生。	师 同学们很会发现问题,提出了不少问题。有些同学提的问题,我刚才已经个别解决了;我们不再在班级里讨论(教师有意识地看了几名同学,征询他们的意见)好吗?——还有不少问题应当提出来,在班级里讨论。现在请同学们提问题。提时要讲清楚第几页,第几行。
	生 105页,倒数第六行,"我"说话为什么吞吞吐吐?为什么后面用省略号?
	生 106页,为什么每逢春节,作者"就想起那盏小桔灯"?
倾听学生发言。	师 问题提得好。但你想想,你提问题的措辞有没有不够准确的地方?(重复学生刚才的问题,在"作者"一词上用了重音。)
	生 (领悟)课文中的"我"不一定是作者。
	师 好。文学作品中用"我",说明用的是第一人称写法。"我"是作品中的一个人物,而不一定是作者自己。(对刚才提问题的同学)不过你提出的问题还是很有意思的。
	生 105页,第四自然段,描写小桔灯的朦胧的光,是否还有别的意思?
由"你觉得有别的含义"适时引导。	师 就是说,你觉得有别的含义。能把你的想法说给大家听听吗?
	生 这小桔灯的光,是不是反映了白区人民追求解放的希望?
	师 很好。我们等一会一起来讨论,好吗?
	生 103页的最后,作者写"窗外浓雾里迷茫的山景",105

页第三自然段,写了"黑暗潮湿的山路",是否也有什么特殊的含义?

生　104页最后一段,"我爸爸到外面去了"后面为什么用省略号?

师　(对第一名提省略号问题的同学)你第一个发现了有关省略号的问题,(对刚才提问的同学)你第二个发现了有关省略号的问题。看来,课文里的省略号引起了你们的注意。读书,就应该这样,不放过任何一个疑问,哪怕是一个标点。 ｜ 强调方法。

生　105页,第四自然段,为什么对小姑娘要用"镇静、勇敢、乐观"这三个词?

师　大家想一想,为什么要用这三个词来写小姑娘呢?我们联系整个课文前前后后的情节,这三个词到底用得是不是合适?这三个词的具体内容又是什么呢?刚才这个问题提得很好。(对一举手的同学)噢,你还有问题。 ｜ 方法指导。词不离句,句不离篇。

生　105页,倒数第三行,为什么这里又用省略号?

师　噢,这里为什么又用省略号?今天大家都对省略号感兴趣。(众笑)对小姑娘的动作、语言、神情,大家还有什么问题?

生　103页第二段,作者为什么要那么详细地写小姑娘的神态与外貌?

生　105页第四自然段,灯光明明是"朦胧"的,为什么"我"会感到"无限光明"?

(下课铃响。)

师　提问到这里告一段落。同学们大体上提了哪些问题呢?——提了关于小姑娘的许多问题,提了写景方面的问题,提了标点方面的问题,也提了情节方面的问题。下一堂课上,我们首先讨论关于小姑娘的问题。 ｜ 告一段落,小结。提醒。

(第一节课下课。)

第 二 课 时

重视文本。	师	在第一堂课上,大家提了许多问题。现在,我们一起来看看,课文是怎么写的,为什么要这样写。要根据课文来分析,不能离开课文。
根据课文分析。		先讨论103页上的问题。课文为什么那么详细地写了小姑娘的外貌、动作、语言?这些描写对表现小姑娘的思想性格有什么作用?在讨论前,我要求大家把103页第二自然段读一遍。在读的时候,想一想刚才的问题,你是怎么理解的。比如说,103页倒数第二段第三行有这么一句:"说着就登、登、登地下楼去了。"这句话里用了"登、登、登"三个字。这是个什么词?(学生齐声答:"象声词!")如果把这三个字拿掉,这句话就变成"说着就下楼去了",可以吗?(学生:"可以。")那么为什么要写"登、登、登"这三个字呢?这是什么样的动作?说明了什么?比如说,我在备课时就想到了这个问题。在讨论同学们提出的问题前,请大家先帮我一起解决这个问题。好不好?(不时有学生举手)还是请那位穿黄军装的女同学(即刚才回答"没穿袜子"的同学)回答。这次,你把问题听清楚了吗?(众笑)
	生	说明了当时的社会,劳动人民过着苦难的生活。(众笑)
众笑。	师	那么,这跟"登、登、登"有什么关系呢?(众笑)
气氛轻松,亲切,尊重学生。	师	我让其他同学说说,等一下再请你说,好吗?(穿黄军装的同学点头,回答"好"。)
可以看出,尊重学生是一以贯之的。	生	说明了小姑娘的急切的心情。
	生	写了小姑娘的性格。(师插问:"什么性格?")镇定。(众笑)
这是1980年的课堂,这不就是以生为本吗?	师	是吗?两个同学说的正好是相反的,一个说"急切",一个说"镇定",(对一未举过手的同学)那么你说呢?

242

你赞成什么意见呢?

生　说明了小姑娘的急切的心情。

　　(许多同学举手,教师让他们一一回答。)

生　说明她不怕陌生,在陌生人面前不拘束。

生　说明她的孩子气,天真。

生　小姑娘的母亲有病,她急着要回去。

生　还因为小姑娘穿着草鞋。

生　跟楼梯也有关系。

师　好,你们从多方面作了解释。主要是因为小姑娘急　　水到渠成。
　　于要回家。你们帮助我解决了问题。现在我们来讨　　"帮助我",肯定学生。
　　论 103 页第二段关于小姑娘的描写。
　　请同学们齐声把这一段读一遍。
　　(学生齐读 103 页第二自然段。读完,纷纷举手。)

生　这些描写,揭示了劳动人民的苦难生活。

生　写小姑娘,是为了引出小桔灯。

师　你为什么这样认为呢?能不能说得具体一些?

生　这一段,通过小姑娘的动作、语言、外貌的描写,说明
　　了小姑娘镇定、勇敢、乐观的性格。正因为小姑娘有
　　这样的性格,后面才做出了小桔灯。

师　让我们一起来作些具体分析。这个小姑娘有几岁?
　　(学生齐声答:"8—9 岁。")

生　只有 8—9 岁,很小,但很懂事,不像一般的孩子那
　　样,遇到事情惊慌失措,而是很镇定、懂事。

师　分析还要具体一些。从课文中哪些地方可以看出小
　　姑娘的"小"呢?

生　(有口吃现象,断断续续)"正在登上竹凳",说明她很
　　矮小,说明她很镇定。

师　这位同学虽然有些口吃,但坚持着说完自己要说的
　　话,说明他也很镇定。(众笑)

生　"又听见有人在挪动那竹凳子",也说明她小。

师　你主要是从哪个词上看出来的?

	生 "挪动"。
	师 那么,你对"挪动"这个词是怎么理解的呢?
	生 "挪动",是吃力地搬动。
	（许多学生举手要求发言。教师让他们发言。）
	生 "挪动"是吃力地搬动,说明小孩子力气小。
	师 你怎么知道"挪动"是这样解释的呢?查过字典吗?（学生回答:"没查过。"）那么,你怎么知道是"吃力地搬动"?
	生 你说的。（众笑）
查查字典,养成习惯。	师 （笑）噢,是那个同学说的。请大家查查字典。
	（学生纷纷查字典,然后举手。）
	生 "挪"的解释为:把桌子挪一挪。（众笑）
	生 是移动的意思。
"挪动",品词。比较。	师 移动,是比较慢的,是吗?而她挪动的是什么呢?竹凳子。竹凳子不是很重的东西,然而她是"挪动"的,因此可以知道小姑娘的力气不大。如果这里用"搬动",好不好?用"推动"好不好?（学生答:"不好。"）对,不好。用"挪动",确切地说明了她是个孩子。另外,她在回答"我"的问话时,很有条理,很沉着。刚才这个问题是谁提的?（有同学示意是她提的）你现在懂了吗?（学生答:"现在懂了。"）懂了就好。
举例,示范,启发。	接下来,104页上,同学们没有提问题。我倒是有个问题。第二段,倒数第四行,"我想起我带来的桔子,就拿出来放在桌边的小矮桌上。"小姑娘怎么反应呢?"她没有作声。"她为什么不说"谢谢您"?为什么不说"别客气,我不能拿你的东西,请你带回去",而是"没有作声"?"没有作声"四个字,写出了小姑娘的一种怎么样的性格呢?我举这个例子是想说,对这一段,你们应该有些问题,请你们再考虑一下。
	（学生重看课文。）
	生 第八行,"不住地打量我",为什么要"不住地打量

我"呢?

生　这一段倒数第六行,为什么她要笑着说"红薯稀饭——我们的年夜饭"?

师　你是问,她说"红薯稀饭——我们的年夜饭"时,为什么要"笑着说",是吗?(学生点头。)

生　为什么要详细地写小姑娘家里的摆设?

师　刚才大家提了三个问题。我们先来讨论第三个问题。关于家里的摆设,作者是怎么写的?大家一起说。

(学生纷纷回答。)

师　所有的东西前面,都加了个什么形容词?(众答:"小!")加了个"小"。屋子"小",炭火"小",沙锅"小",凳子也"小"。这说明了什么?

生　说明她家里很穷。

师　那么,她家里还有谁?(生答:"妈妈!")对,还有个生病的妈妈。而她爸爸又不在家。是这样一家人家。那么,她说"红薯稀饭——我们的年夜饭"时,又为什么要"笑着说"呢?

生　因为很穷,这也许是最好的一顿饭。

生　能吃到这样的饭,已经不错了。

生　说明她很乐观,在穷困中生活,但很乐观。

师　好。同学们,我们就应该这样,不满足于简单地下一个结论。刚才讨论了两个问题,还提了什么问题? ［重过程,真讨论。］

生　小姑娘为什么要不住地打量?

师　噢。我想,这是比较自然的。因为"我"与小姑娘才刚刚认识。

(教师想不展开讨论,但有学生举手。) ［学生感兴趣。］

生　那么为什么前面不打量?

师　"为什么前面不打量?"既然你们感兴趣,我们就讨论一下。 ［教师应变。］

生　因为刚才急着要回去,没有时间打量。

生　对"我"来家里感到惊奇,需要观察。

师　说得都很好。我们把问题的理解深入下去了。接下来,我们要讨论文章里的景物描写。先看看,课文里写了哪些景色呢?(与学生一起)写了阴沉的天色,写了迷茫的山景,写了黑暗潮湿的山路,等等。为什么要写这些景色呢?(同学纷纷举手)我希望还没发过言的同学说说。那位同学,请你来说。

生　写的这些景色,有象征意义,通过写景,写了社会。

师　前面没发过言吗?噢,没发过。你说得很好。以后多说说,就可以说得更好。

生　关于那个有矛盾的问题(即灯光既是"朦胧"的,为什么又觉得"无限光明"?),我的理解是,包含了小姑娘的一片心意。

师　什么心意?

生　她感到黑暗山路上朦胧的烛光,就像森林里的一点火,燃烧起来,一片光明。

生　那几处写景,比喻了社会的黑暗,小桔灯的光,代表着希望。

师　大家说得都有道理。我的理解是,说小桔灯的光是"朦胧"的,是实写,光确实是朦胧的。而"无限光明",写的是一种心里的感觉,我们看课文——"似乎觉得眼前有无限光明"。为什么有这样的感觉呢?因为小姑娘的镇定、勇敢、乐观的精神鼓舞了"我"。

还有一个问题:三个省略号有什么作用?我们先看104页上小姑娘在说到"我爸爸到外面去了"后,为什么用省略号?

生　小姑娘撒了个谎,心里很难过。

生　不想告诉别人,因为她爸爸是为革命到外面去的。

师　你是说她不想泄露这个机密,是吗?

生　为了安慰"我"。

生　不愿把爸爸的行踪告诉别人。

"我的理解是",尊重学生,引导。

师	看来,多数同学不同意"撒谎"的说法,只同意"很难过"的说法。她不愿意说,但不等于是"撒谎"。"撒谎"是欺骗,是吗?这里的省略号包含了复杂的感情。 还有一处,105页上,我说"从王春林家里来"时,为什么在"从"字后面用省略号?	
生	因为"我"刚接触"王春林"三个字,还不熟悉,所以吞吞吐吐。	根据在文本。
师	(纠正)所以说起来断断续续。"吞吞吐吐"的意思是说话有顾虑,想说又不说。	及时纠正,能是是非非。远胜于那种廉价、虚伪的表扬。
师	(指一同学)你同意他的这个意见吗?	
生	让我想一想。	
师	噢,他还要想一想。(众笑)那我们就让他想一想。105页上,"据说他常替那些学生送信"后面,还有一个省略号。这里用省略号,是因为有些话还没有说完。 最后,我们翻到106页,每逢春节,"我"为什么"就想起那盏小桔灯"?	
生	小姑娘的镇定、乐观、勇敢的性格,给"我"留下了深刻的印象。	
生	因为这是件难忘的事。	
师	还有呢,因为写这篇文章时,是哪一年呀?(众答:"1957年。")就是说,已经解放了。这样,他就想起那盏小桔灯,想起那个小姑娘的爸爸"一定早回来了"。"她妈妈也一定好了吧?"因为"大家"都好了。 最后,我们用简明扼要的话来概括一下,课文写了一个什么问题?我们读后受到了什么启发?	1957,时代,背景。 "课文写了一个什么问题",欠妥。
生	写了小姑娘一家的遭遇,揭露了当时社会的黑暗。	
师	说得好。但题目为什么叫《小桔灯》?是否仅仅在揭露?	点拨。相机诱导。
生	写了小姑娘对胜利的信心。	

关注"差生",因材施教。	师 （最后对那个原先说"没穿袜子"的穿黄军装的女同学）刚才这位同学补充了什么？
	生 对胜利的信心。（终于说对，众畅怀笑。）
文以载道，道亦在文中。	（下课铃声响。）
	师 请同学们在课外做一个作业：104页第四行，小姑娘"抬头看见我，先看了一下，后来就微笑了，招手叫我进去"。请同学们根据这几句话，写一个200字左右的片断，把这一瞬间的小姑娘的心情写出来。下课。
结束。引入作文，读写结合。	

243

《在马克思墓前的讲话》教学实录

（选自《听李镇西老师讲课》，华东师范大学出版社，2005年10月版）

上课时间：1998年5月3日

地点：天津大港二中

学生：天津大港二中高一学生

今天学习课文，直接导入。	"同学们，今天我们来学习《马克思墓前的讲话》。"说完，我转身在黑板上写下课题。
	然后我对同学们说："课前我和同学们聊的时候，听说同学们已经学过这篇文章了，那么，我们今天还学不学呢？当然要学，不然我这课怎么赛？呵呵！不过，既然是重新学，就应该有新的收获。任何一篇好文章都是常读常新的。今天重新学习这篇文章，你们会不会有新的发现呢？我建议我们今天以一种新的方式来学习这篇课文，争取有新的发现和新的收获。用什么'新方法'呢？用马克思的精神来学习有关马克思的这篇文章。"
谈话。	

我又转身板书:"您的座右铭?思考一切。"

不仅仅是因为学生是第二次学这篇文章,更是因为我本来就打算通过这篇文章培养学生一种独立思考的精神,所以,在正式讲这篇文章之前,我决定给学生介绍一下马克思的思考精神:"马克思的战友威廉·李卜克内西曾这样评价马克思——'他是一个彻底正直的人,除了崇拜真理之外他不知道还要崇拜别的,他可以毫不犹豫地抛弃他辛辛苦苦得到的他所珍爱的理论,只要他确认这些理论是错误的。'作为跨世纪的当代中学生,我们理应具备崇尚科学、追求真理的思考精神。所以今天我和同学们就以马克思的独立思考的精神来学习,好不好?"

同学们说:"好!"

"说到'独立思考',这意味着什么呢?"我继续说,"对于阅读来说,首先是质疑。'于不疑处有疑',这是创造的起点。今天这堂课,我们就从提问质疑开始吧。问题提出来后,我们一起来研究、讨论,甚至争论,总之,惟真理是从。好,同学们现在开始思考,然后提问。"

> 强调方法:提问质疑。

学生开始看书,思考。

过了一会儿,我问:"有没有同学发现什么问题?"

一个同学举手了:"在本文的第六段,有一句话,'任何一门理论科学中的新发现——它的实际应用也许还根本无法预见——都使马克思感到由衷的喜悦……'这个句子中有两个破折号,我想问问这两个破折号的作用是什么?"

我肯定他能够发现并提出问题:"好,有问题就应该大胆提出来。有没有同学能够帮他解答这个问题?我顺便说说,同学们的问题提出来以后不光是我回答,你们也可以回答;你们回答不了的问题,由我回答,但是我的回答也只是一家之言,供你们参考。咱们平等对话,我也不能说我就把这篇文章读懂了。好,谁能说说这个破折号的用法?好,请贾诺谈谈你的看法。"

贾诺是昨天我熟悉学生时,认识的一个女生。我看她现在举起了手,便请她回答。她说:"我觉得是插入语。"

我问:"插入语?就是表示什么呢?"

"就是插入的部分。"她说。

我不是太满意:"'插入的部分'?还有没有其他的解答?准确地讲,我的理解是……"我正准备说出我的理解,突然看到下面有一个同学在情不自禁地小声地说着什么,便叫他:"好,那位同学在下面很急切地说什么。请你大声些说。"

他站了起来,大声说:"我认为是表示注释。"

我说:"哦,你认为是表示注释。同学们想想,是表示注释准确些,还是表示插入准确些?"

> 比较,思考。有效。

多数同学说:"注释。"

"是的,我也认为是表示注释。"我说,"还有什么问题?同学们的思想应该飞翔起来,什么不懂的问题都可以提。好,你说。"我抽一位举手的同学。

他问:"第三段的第一句话'正像达尔文发现有机界的规律一样,马克思发现了人类历史的发展规律……'我不知道达尔文的发现和马克思的发现有什么相似之处,恩格斯为什么要放在一块儿说?"

这是本课的一个重点,但我估计第一次学习这篇文章的时候他们老师应该讲过:"这个问题你们应该第一次学习的时候就讲过的。第一次学习的时候,你们老师讲过没有啊?"

同学们没有把握地回答:"好像……没讲过。"

"嗯,也可能是老师讲过你们又忘记了。"我说,"'达尔文发现有机界的规律',达尔文的发现的意义何在?我们人是由什么变成的?"

同学们说:"猴子。"

> "对,是由猴子变成的"?

我说:"对,是由猴子变成的。而原来的说法是什么?是上帝创造的人。这是划时代的发现,而马克思的发现和达尔文的发现有着同等重大的意义。但是有区别,达尔文是对自然界的发现,而马克思是对人类历史发展规律的发现。懂了吗?"

> 可使用"类比"概念。

同学们点头:"懂了。"

我笑着对她说:"好,还有什么问题?贾诺!"

她说:"我不太明白一个复句的划分,就是刚才说的那个句子'正像达尔文发现有机界的发展规律一样'一直到……就是整个这一段。"

这也是本文的一个难点。我说:"我先问问你,你对这个段落的意思理不理解?"

她摇头:"不理解。"

我问大家:"那么其他同学有没有理解这段意思的?或者说大概理解,并能够对它进行说明。"

同学们都埋头看书,好像在思考。

我鼓励道:"说错了也不要紧,理解多少说多少。"

仍然没有同学发言。许多同学都皱着眉头看书。

"好,那么我来说说我的理解吧。"我说,"关于这段话,李老师先后备过三次课,都感到这段话的意思特别难懂。我以前只以为是我自己的理解能力有问题,从来没有怀疑过是它的译文有问题,但是最近我查阅了《中学语文教学》1988年的一篇文章,这篇文章专门说了,它是个病句。比如,'所以直接的物质的生活资料的生产,从而一个民族或一个时代的一定的经济发展阶段,便构成基础。'我们怎么读也觉得不通,是不是?好,我们看看这篇文章中关于这段话的译文。"

说着我出示投影片,并解说:"当然,这段译文也不能说就是最好的,但至少比我们的课文要好懂一些——'达尔文发现了有机界的发展规律,而马克思发现了人类历史的发展规律,即一种历来为纷繁芜杂的意识形态所掩盖着的某些事实……'这前面的一句好懂吧?"

同学们会意地点头。

我说:"好,那么是什么'事实'呢?接着往下看——'人们首先必须吃、喝、住、穿,然后才能从事政治、科学、艺术、宗教……'这段话能不能理解?"

同学们答:"能。"

"嗯,应该能理解。"我说,"好,'因此,直接物质生活资料的生产',看这里没有那么多'的'了,'的'字太多不好理解,就像日本话似的。"

同学们大笑。

"好,接着看,"我继续说,"'以及与之相适应的一个民族或一个时代的经济发展阶段,便构成基础';什么构成'基础'?是'经济发展阶段'构成'基础';也就是说,由'经济发展阶段'构成'基础'之后,'在这个基础上,产生了人们的国家制度、法的观点、艺术以至宗教观念;当然,它们也必须由这个基础来解释,而不是像过去那样做得相反。'纵观这个长句,它实际上说了两个观点:一个是'物质决定精神',这个好不好理解?"

讲解。

同学们点头。

我说:"一个人起码的生活得到保障后,就自然要讲究精神上的享受了。对不对?第二个观点理解起来可能要难一些。就是说,一定的经济基础决定上层建筑,经济发展到了一定的水平,它的一些包括国家制度、法的观点、艺术、宗教等等才会得到发展。我举个例子:为什么我们讲中国的民主发展要符合中国的国情,要符合现阶段我们的经济发展水平,咱不能一步登天啊!当然,关于这第二个观点要真正解释起来,足足可以写一本书,我在这里只能简单说这么几句。我不知道同学们是不是稍微明白一点了?贾诺同学,懂没懂啊?"

讲解。

她说:"差不多。"

我说:"好,这么深刻的道理,能够给你讲得'差不多',我就非常满意了。其他还有什么问题?"

一个男同学举手发言:"但我觉得这个句子像课文上

那样翻译,有它的好处。"

"哦?有什么'好处'?"

他说:"您刚才提供的译文,当然很通俗,但它毕竟是个译文,里面可能掺杂了译者个人的理解,我不知道恩格斯当初发表演说时,他用语究竟是怎样一个导向,但是如果翻译者不追求通俗,而是尽可能忠实于原文直译,也许读起来要吃力些,但可能要客观一些。现在的译文,虽然通俗明白,但可能里面有译者的思想,这样我们读的就不是恩格斯的作品,而是译者的作品了。"

"好,请坐。你能发表自己不同的看法,非常可贵!"我说,"对这个问题,我是这样看的。既要忠于原文,又要符合我们的民族习惯,这两者应该能够巧妙地统一起来。课文上的译文我认为不符合,至少是不符合我的阅读习惯,可能也不符合在座各位同学的阅读习惯。至于现在的译文是不是还可以翻译得更好些,当然还可以探讨。如果这位同学今后能够从事翻译工作,希望你能够重新翻译这篇著名的演说,而且我相信你的译文一定是最漂亮的!"

比较好的翻译已经有了。

同学们大笑。

我问:"还有啥问题?没问题我可就要问你们了哦,那位同学举手了。好,你说吧!"

那个同学说:"我看这篇文章里的第三段、第四段说马克思是一位著名的思想家,而第五段、第六段说他是一位科学家,而第七段说他是一位革命家。这个顺序和我们平常介绍一个人生平的顺序不太一样。比如我们介绍鲁迅,我们首先介绍他是文学家,然后是革命家,最后是思想家。因为鲁迅最主要的还是一个文学家,他在文学上的贡献最大。而马克思最主要的应该是革命家、思想家,他的'革命'和'思想'是最有影响的。"

结构问题,值得讨论。这篇文章的重要价值之一即在于结构。像马克思这样伟大的学者,一生建树可成一书、数书,以千字短文加以概括,好结构起了大作用。

我很高兴这个同学提出这个问题,因为这个问题是一把钥匙,通过对它的剖析可以理清文章的结构。于是我问:"你觉得'革命家'应该放在最前面是不是?"

"是的。我就不明白恩格斯为什么要以这样的顺序介绍马克思。"他说。

我说:"好,这个问题,也是我这次备课的一个新发现。不知同学们注意到没有,恩格斯在谈到马克思的贡献时说了两个'对于'——'这个人的逝世,对于欧美战斗着的无产阶级,对于历史科学,都是不可估量的损失。'同学们已经学过一遍这篇课文,应该知道,这两个'对于',第一个指的是什么?"有同学小声说:"实践。"

两个'对于',纲。

我肯定道:"对,是马克思的实践。实践就是指作为革命家的马克思嘛!第二个'对于'指什么?"

同学们说:"理论。"

我继续肯定:"对,是理论,是作为理论家的马克思,是他的理论贡献。这样,为了方便同学理解,请看看我这里准备的结构提纲。"我把投影片打到屏幕上——

第一部分:描述马克思的逝世

第二部分:评价马克思的功绩

1."不可估量的损失"(从实践和理论两个方面)

2. 革命理论

人类历史发展的一般规律

资本主义社会的特殊规律

许多领域有独到发现

3. 革命实践

注重实践

参加实践

第三部分:论述马克思的影响

敌人:驱逐他,诽谤他,诅咒他

战友:尊敬他,爱戴他,悼念他

第四部分:预见马克思的不朽

"他的英名和事业将永垂不朽!"

马克思的逝世:

"最伟大的思想家停止思想了"

"不可估量的损失"(过渡段)

两个"对于":实践和理论 ← 实际与前面的"四个部分"重复,二者舍其一。

马克思的贡献:

1．理论贡献(思想家)

人类历史发展的一般规律

物质决定精神

经济基础决定上层建筑

资本主义社会的特殊规律

剩余价值的发现

许多领域有独到发现(广而深)

2．实践贡献(革命家)

注重实践(过渡段)

科学的作用:"革命的力量"

参加实践("斗争是他的生命要素")

宣传:编报著书

组织:创立协会(顶峰)

马克思的影响:

敌人:"驱逐""诽谤""诅咒"

战友:"尊敬""爱戴""悼念"

"他的英名和事业将永垂不朽!"

我说:"这个结构提纲不一定和你们老师原来的概括一样,但我想大体思路是一致的。你们看,这既然是一篇悼词,它就先谈马克思的逝世,然后说马克思逝世所带来的损失,再说马克思的贡献,从理论贡献到实践贡献,最后说马克思的影响。大体思路和你们有没有分歧啊?"

同学们说:"没有分歧。"

我说:"好的。我们现在从这个结构入手,就可以把刚才那位同学的问题弄清楚。前面的两个'对于',实际上说的是实践和理论,对不对?可是,这是我这次备课第一次发现的这个问题,文章的下面并没有对应。"我引导学生"在不疑处有疑":"看见没有?如果按上面的顺序,下面先应该讲马克思是什么'家'?"

同学们说:"革命家。"

"对,应该讲马克思是一位革命家。实践贡献嘛!这是就'对于欧美战斗着的无产阶级'而言;然而,"我把问题挑明,"恩格斯接下来,却先讲马克思的理论贡献,这是为什么呢?是不是恩格斯的一个疏漏?如果不是,又是什么原因呢?"

同学们愣住了,都陷入了沉思。

我说:"可能这个问题同学们一时还难以回答。这样吧,我们先暂时把这个问题放一放,来思考我提的一个问题。同学们想一想,从课文看,恩格斯在中间部分回顾了马克思一生所做的事,那么,在恩格斯看来,注意,是在恩格斯看来而不是在我们看来,马克思最伟大的贡献是什么?"

同学们开始议论、讨论,课堂气氛开始热烈。

一个同学说:"是发现了人类历史的发展规律。"

我说:"好,这个同学认为是'发现了人类历史发展的规律'。是不是这样的呢?让我们仔细看教材。看段与段之间的联系。"

同学们继续思考,小声议论。

我启发说:"真的是'发现了人类历史的发展规律'吗?我再次建议同学们注意段与段之间的衔接性语句。请大家看这一段完了以后,下面一段的第一句话是什么?"

同学们说:"不仅如此。"

"好!请问'不仅如此'表达的是什么关系?"我追问。

"递进。"

"对,是递进。那么它所连接的两部分中,重点在前面还是在后面?"我继续追问。

"后面。"

我说:"从'不仅如此'这个短语本身可以说明,在恩格斯看来,'发现人类历史发展的规律'是马克思的伟大贡献,但还不是最伟大的贡献。那么,最伟大的贡献是什么呢?同学们继续往下看,注意抠一些关键的词语。"

"抠一些关键的词语",好。

有同学小声地说:"剩余价值规律。"

"剩余价值规律?好像是的,因为文中说'一生中能有这样两个发现,该是很够了。'但是,是不是'剩余价值的规律'呢?请同学们再往下看。"

同学们按我的吩咐看书,有同学说:"还不是。因为下面一段的开头说'他作为科学家就是这样,但是这在他身上远不是主要的。'"

我非常高兴:"很好,'远不是主要的',就说明前面所谈的理论贡献还不是马克思最伟大的贡献。这当然不是贬低马克思的理论,而是在恩格斯看来,比起理论贡献,马克思还有更伟大的贡献。而且,后面还有一句话——"

同学们大声说:"因为马克思首先是一个革命家。"

我说:"对,'因为马克思首先是一个革命家。'好了,'思想家''科学家''革命家'这三种称谓出现了。思想家,是就他的理论贡献而言。我这儿要补充一点,马克思主义意义的伟大不在于它发现一种理论,而在于它把这一切付诸实践。在马克思以前,有的哲学家的理论未必就不深刻,但他们的理论始终停留在宇宙本位,停留在书斋里。所以马克思说:'哲学家用不同的方式解释世界,而关键是改造世界。'他不是流于清谈,而是把自己的理论作为推翻旧制度的武器。所以在恩格斯看来,马克思把'实践''革命'放在第一位。那么,马克思从'思想家'到'革命家',是怎么过渡的呢?这就是靠马克思对理论作用的认识,用恩格斯的话来说,就是'在马克思看来,科学是一种在历史上起推动作用的、革命的力量'!所以'任何一门理论科学中的新发现都使马克思感到衷心喜悦',而'当有了立即会对工业、对一般历史发展产生革命影响的发现的时候,他的喜悦就非同寻常了'。这就可以理解马克思为什么很注重实践。所以邓小平认为,从马克思主义到毛泽东思想,其精髓都是科学求实。"

同学们都看着我,有同学还若有所思地点头。

我说:"这样看来,为什么恩格斯要先说马克思是理论家,后说他是革命家,这前后几部分的关系不是并列的,而是——"

同学们说:"递进的。"

"对,是递进的。"我说,"因此,我们现在可以对刚才那位同学的提问作一个解答,也就是把刚才我们的讨论进行一个总结。恩格斯说,'这个人的逝世,对于欧美战斗的无产阶级,对于历史学科,都是不可估量的损失。'这是以人们的直接感受程度为序说的,因此先说'实践'——就是'战斗',再说'理论'——就是'历史学科'。可是在展开下面论述时,恩格斯却是以马克思所做贡献的伟大程度为顺序,以递进结构,把实践成果放在最后,以表示强调。这就是为什么文章的第二自然段的内容没有与下文的顺序相照应的原因。从文章这个结构来看,它的逻辑性是很强的,每一段之间的联系都是非常严谨的:'不仅如此''远不是主要的''正因为这样'等等,所以我们可以看出这篇文章的一个特点:结构严谨,层层递进;语言严密,丝丝入扣。这对我们的写作都是有帮助的。对于结构严谨,同学们可能比较好理解,但对于语言,同学们可能不太重视。我们造任何一座房子,不但要有砖瓦,还要有灰浆、水泥等等,而且还要衔接得很自然紧凑。就写作而言,写这一句就要想到下一句,写这一段就要想到下一段,写前面就要想到后面。这都应通过语言的运用体现出来。"

结构:递进。

停了一下,我又说:"不过,这里我有一个问题要问大家。这篇文章的语言当然是很美的,但我在读后又想,这可能不只是语言本身的问题。我每读一遍都感到感情的深沉。只有朗读,我们才能体会到语言背后的东西。现在,我们把最后两个自然段朗读一遍,同学们体会一下,看它除了语言严密之外还有什么特点?这是我的问题。"

让学生提问或讨论,并非意味着教师就无权提问,作为和学生一起平等探讨的一员,教师可以也应该提出问题。

同学们朗读:"正因为这样,所以马克思是当代最遭嫉恨和最受诬蔑的人。各国政府——无论专制政府或共和政府,都驱逐他;资产者——无论保守派或极端民主派,都竞相诽谤他,诅咒他。他对这一切毫不在意,把它们当作蛛丝一样轻轻抹去,只是在万分必要时才给予答复。现在他逝世了,在整个欧洲和美洲,从西伯利亚矿井到加利福尼亚,千百万革命战友无不对他表示尊敬、爱戴和悼念,而我敢大胆地说:他可能有过许多敌人,但未必有一个私敌。他的英名和事业将永垂不朽!"

读完后,学生沉默,开始思考。我问:"同学们体会出来了吗?语言上,这和一般的议论文有什么不一样?或者你对这两段文字还有什么疑问都可以提出来。好,有同学举手了。请你说吧!"

他说:"我认为,和一般的议论文比起来,这段文字感情深沉,饱含真情,而不只是议论,还用了叙述,比如'从西伯利亚矿井到加利福尼亚',但又不完全是叙述。"

我说:"对,这段文字应该是议论、叙述和抒情的完美结合。"

我突然发现,有一位男同学把手举起又放下了,好像比较犹豫,终于他又举起了手。

我对他说:"有什么问题吗?不要紧,大胆问,什么都可以问。"

他站了起来:"老师,我想对最后一句话提个问题。恩格斯说'他的英名和事业将永垂不朽'。现在我们在悼念谁的时候,都只说'某某永垂不朽',这里却说'将永垂

"将永垂不朽","将"字,有讨论价值。

"杀出黑马"?

不朽',这和我们现在的说法好像不太一样。这是为什么呢?"

我说:"哦,你认为多了一个'将'字不好理解,是吧?"

他点头:"对。"

我说:"你这个问题,是杀出了一匹'黑马'。"

大家笑了起来。

"说实话,你这个问题,也是我这次备课遇到的问题。"我说,"是啊,去年江总书记在邓小平同志的追悼会上说的是'邓小平同志永垂不朽',他没有说'将永垂不朽'。同学们想想,这里恩格斯为什么要说'将'永垂不朽?好,这个同学举手了,好吧,请你说说。"

这个同学说:"我认为,这要结合当时的时代背景来理解。马克思当时所处的环境是资本主义社会,相对来说,社会主义社会和共产主义社会还比较遥远,因此,恩格斯认为马克思的事业'将'永垂不朽,就是说共产主义事业的胜利可能是将来的事。"

我说:"嗯,你的意思是说,这个'将'表示的是一种预见,是吗?"

他说:"是的。"

我说:"的确,现在我们生活的时代,马克思的思想已经至少在中国变成了现实。而当时,马克思主义的追随者还只是少数,就连当时参加马克思葬礼的人也只有十来个。而共产主义运动还刚刚兴起,在那样一个时代,恩格斯说'他的英名和事业将永垂不朽',而我认为他的英名就活在他的'事业'之中。虽然他离开了世界,但在恩格斯看来,'人类失去了一个头脑,而且是它在当代所拥有的最重要的一个头脑'。但无产阶级革命并不会因此而停止自己的运动,而且,必将取得最后的胜利。因此,我也认为这个'将'是表明了恩格斯对马克思主义不朽生命力的信心。好,又有几个同学举手了。请你说吧!"

我抽的是刚才对"将"字提出疑惑的那个同学,但这次他站起来却吞吞吐吐:"但是……"

我看他欲言又止的样子,便鼓励他:"你还有什么问题吗?不要紧的,说吧。"

他说:"'永垂不朽'说的是马克思的共产主义事业,可是,我想,社会主义国家的生命力不是太长,到现在为止,世界上只有几个国家还在坚持高举社会主义大旗。那么,我想问,苏联的解体和东欧剧变,这是不是说明马克思的事业发生了什么问题?这又怎么理解恩格斯所说的'永垂不朽'?"

> 这个问题实际上已经不在语文范围内了。

这个问题实在出乎我的意料,严格地说,对这个问题的解答已经不属于语文课的范围了。但是,学生既然提出来了,我就不能回避,而应该坦然面对。但这个问题比较复杂,非三言两语能够说清。会场一下子变得安静起来。

我心里闪过一丝紧张,但我还是故作轻松地对他说:"哦,你是为共产主义的命运而深深地担忧啊!"

同学们笑了起来。

我继续说:"这个问题本来最好是请教江泽民总书记,不过,我估计他比较忙。"

这次是全场大笑。

气氛开始轻松起来。我开这几句玩笑不仅仅是为了轻松气氛,更是为了赢得思考的时间,因为我在表面上轻松调侃的同时,大脑在飞速旋转,调动平时对此问题的思考,并组织着语言。现在,我基本上把思路调整好了,于是我从容地说:"我可以谈谈我的看法,也许你听了我的看法后对这个问题会有新的认识。别忙,刚才还有几个同学也要提问,先一起提出来,好吗?"

> 是与课文有关的问题。既然学生提出问题了,与其回避,毋宁解决。这是无可奈何的事情。

那几个同学说:"和他一样,就是这个问题。"

我说:"那么,看来这个问题是一个共同的问题了。有部分同学认为既然'他的英名和事业永垂不朽',可现在许多社会主义国家解体了,又怎么能说'永垂不朽'呢?

我是这样看这个问题的,不一定对,供大家参考。马克思主义作为一个科学的理论体系,他的基本原理应该是经得起实践和历史考验的。那么,你刚才所说的有些社会主义国家纷纷解体,原因恰恰是抛弃了马克思主义的基本原理而死守一些马克思著作中的教条。当然,苏联解体和东欧剧变原因很复杂,但这是一个重要的原因,恰恰是因为背叛了马克思主义最基本的精神。马克思、恩格斯在《共产党宣言》发表25年后的德文版序言中曾这样写道:'《宣言》中所阐述的一般原理整个说来直到现在还是完全正确的。'但是,马克思和恩格斯同时又说:'这个纲领现在有些地方已经过时了。……这些原理的实际运用随时随地都要以当时的历史条件为转移。'我们已经知道,马克思主义最重要的精神是科学求实。我就以中国为例,先给大家推荐一本书叫《交锋——三次思想解放运动纪实》,有人把这三次思想解放运动称作20年改革开放的主线。"

我突然想到五月份的几个日子:"如果我们把五月份的几个重要日子排列起来,就会发现一条马克思主义真理发展的奔腾长河:5月1日,是国际劳动节,工人阶级第一次把《共产党宣言》中'全世界无产者联合起来!'变成了响彻全世界上空的口号;5月4日,是'五四'运动纪念日,正是这个运动在中国传播了马克思主义,孕育了中国共产党,也孕育了中华人民共和国;5月5日,是马克思诞辰180周年纪念日;5月11日,是真理标准大讨论20周年,这是以邓小平同志为核心的第二代领导人冲破了自称为坚持马克思主义的'两个凡是'派,吹响了真正继承并发展马克思主义的第一声号角,也拉开了社会主义中国改革开放的序幕,最终诞生了马克思主义与当代中国实际相结合的思想结晶——邓小平理论;5月29日,是第三代领导集体的核心江泽民同志中央党校'5·29'讲话发表一周年,这个讲话是后来十五大报告的纲领和蓝本。

如果说《共产党宣言》是人类新纪元的宣言,那么,十五大报告则是新世纪宣言。这是马克思主义不朽的一个象征,更是马克思主义蓬勃发展的一个里程碑!"

渐渐地,我忘记了是在赛课,我思维越来越活跃,平时的思考、积累一下子如火山一样喷发而出,因而越说越激动:"咱们再把视线拉近一些。20年前,大港还只是一片荒凉的盐碱滩,可现在,已经是一个新兴的生机盎然的现代化城镇了。而它发展的活力正是来自中国当代的马克思主义——邓小平理论。同学们看,马克思主义离我们很近嘛!外面这条大街名叫'世纪大道',我想,这也是中华民族迈向21世纪真正屹立于世界强盛民族之林的世纪大道!恩格斯曾说:'马克思的天才、罕见的科学求实精神和极其渊博的知识都远远超过我们每个人。假如有人妄想批判他的发现,那只能落个引火烧身、自取灭亡的下场。这一点只有生活在较发达的世纪的人们才可能理解。'恩格斯还曾说:'全世界无产者,联合起来!——当四十二年前我们在巴黎革命即无产阶级带着本身要求参加的第一次革命的前夜向世界上发出这个口号时,响应者还是寥寥无几……今天我写这个序言的时候,欧美无产阶级正在检阅自己的战斗力量,他们第一次在一个旗帜下动员成一支军队,以求达到一个最近的目的,即在法律上确立八小时正常工作日……如果马克思今天还能同我站在一起亲眼看见这种情景,那该多好啊!'那么现在我要说,如果马克思、恩格斯今天能在这世纪之交,亲眼看着自己所创立的科学理论被中国人民的实践注入新的活力而蓬勃发展,那该多好啊!"

学生鼓掌,全场也爆发出雷鸣般的掌声。

我停了一会儿,思绪回到课堂:"请问刚才提问的那位同学,你说我说得有道理吗?你还有什么想法吗?"

他说:"您说得有道理。您的话使我想起了邓小平说过的一句话。"

我再次感到意外:"是吗?你想起了邓小平同志的哪句话?"

"邓小平同志曾经说过,大意是只要中国人民坚持社会主义,那么世界上就有五分之一的人在坚持社会主义,社会主义的生命力就不会消失。"他说。

全场再次鼓掌。

我特别兴奋:"看来今天同学们通过重学这篇课文的确走近了马克思,马克思主义离我们很近嘛!可以说,没有中国式的马克思主义,我今天不可能到大港来,一片盐碱地,我来干啥?难道来旅游吗?"

同学们都笑了。

> 整个环节用时过多;解决非语文问题,应该压缩内容;指为"信马由缰"似也有理。

"对不对,我来干啥?"我继续说,"所以我在想,同学们学这样的文章,不能就文论文,要想到自己,想到生活,想到社会,想到时代,这才算真正把课文读活了,而不是读死书,不是为考试而读书。同学们今天学了这篇课文以后可能对马克思及马克思主义会有一些新的认识吧!"

我看了看表,说:"好,时间不多了。刚才我说我们今天走近了马克思,现在我们再'走进马克思'吧!所谓'走进马克思'就是了解一下马克思的心灵世界。在这里,我给同学们推荐几本关于马克思的书,希望同学们能感兴趣。"

我展示投影片——

《马克思的青年时代》《回忆马克思恩格斯》《马克思秘史》《马克思的自白》

我特别推荐《马克思的自白》:"这本书尤其值得同学们读一读。我相信你们读了以后,会受到心灵的震撼,你们会感到马克思不但是一位伟人,而且还是一位非常亲切的人。这本书我也带来了,下面我选读其中的几则……"

我翻开书读——

　　您认为一般人最宝贵的品德？纯朴。

　　您认为男人最好的品德？刚强。

　　您认为女人最值得珍重的品德？温柔。

　　您的特点？目标始终如一。

我评论道："同学们想想，为什么马克思面对所有的诬蔑诽谤可以'毫不在意，把它当作蛛丝一样轻轻抹去'？因为他有'始终如一'的目标，比起这宏伟的目标，其他的一切都是微不足道的！"

然后我继续读—— 　　　　　　　　　　　　　　　有无必要？

　　您对幸福的理解？斗争。

　　您对不幸的理解？屈服。

　　您最讨厌的缺点？奉迎。

　　您能原谅的缺点？轻信。

　　您喜欢做的事？啃书本。

　　您喜爱的颜色？红色。

　　您喜爱的名字？劳拉、燕妮。

　　您喜爱的格言？人所具有的我都具有。

　　您喜爱的座右铭？怀疑一切。

读完"自白"，我说："同学们，听了马克思的这几则'自白'，我想，同学们也许现在还不一定能够理解马克思的伟大学说，但你们也一定会敬佩马克思伟大的人格！而马克思的精神：思考一切，勇于创新，注重实践，科学求实，无私奉献等等，都是我们应该学习、继承的。"

最后我对同学们说："今天，我很有幸地和同学们一起学习了这篇《在马克思墓前的讲话》。同学们可能有了一些新的收获，同时也可能还会有许多新的问题。不过这是好事，说明同学们的思维真正打开了。最后，我想赠送给同学们一段话。在座的同学们大概是十六七岁吧，马克思在你们这个年龄，曾写过一篇作文，题目是《青年在选择职业时的考虑》。让我给大家背诵几句，作为我对

> 借用名言结束。
> 很好的材料。与作者和课文关系密切。

你们的勉励,也作为我今天这堂课的结束——'在选择职业时,我们应该遵循的主要指针是人类的幸福和我们自身的完美。不应认为,这两种利益是敌对的,互相冲突的,一种利益必须消灭另一种的;人类的天性本来就是这样的:人们只有为同时代人的完美、为他们的幸福而工作,才能使自己也达到完美。如果一个人只为自己劳动,他也许能够成为著名学者、大哲人、卓越诗人,然而他永远不能够成为完美无疵的伟大人物……如果我们选择了最能为人类福利而劳动的职业,那么,我们就不会被任何重负所压倒,因为这是为全人类所作出的牺牲;那时,我们感到的将不是一点点自私而可怜的欢乐,我们的幸福将属于千百万人。我们的事业并不显赫一时,但将永远存在,而面对我们的骨灰,高尚的人们将洒下热泪!'"

> "全场鼓掌",原因在于教师应变能力强,在于教师知识渊博。
> 就讨论、对话而言,颇有成效。

全场鼓掌。

"下课。谢谢同学们!"我说。

同学们说:"老师再见!"

244

《紫藤萝瀑布》教学实录(余良善 整理)

(选自《听余映潮老师讲课》,华东师范大学出版社,2006年10月版)

时间:2003年7月15日

地点:山东省章丘市

> 文题似可解释,也是值得解释的题目。

师:今天咱们学习一篇美文,一篇写花的美文,同时也是写感悟的美文。美文呢,是要美读的,今天咱们这节课就叫"美文品读课"。我们学习内容有三个方面:第一个方面是感受文章的美,第二个方面是发现文章的美,第三个方面是欣赏文章的美。下面咱们进入第一个环节的学习——感受文章的美。

> 明确这节课的结构、流程和教法:感受、发现、欣赏。

感受美,首先要美读。读三次,第一次是自由地大声地比较快地朗读,感受文章的内容。好,我们开始自读课文,出声地阅读。

(学生自由读课文)

师:好!老师用一句话来评价一下你们刚才的朗读:沸沸扬扬,就像小蜜蜂在工作一样。下面,同学们拿起笔,把这篇文章的每个自然段都标上序号。我有个要求,标的时候,口中要喃喃自语,"哦,这一段是开头。""噢,这是写藤萝乍开。"像这样自言自语。

(学生开始标序号,并喁喁低语)

师:标好了吧?标好了,我们再读。这一次读的方法不同,老师呢,作一个主持人,引导你们读。现在我们进行课文的重点阅读,老师先读一句作示范,然后你们再齐读。

> 角色:主持人。

师:"我不由得停住了脚步",出现在我的面前的,是这样流光溢彩、生机勃勃的一树紫藤萝。请同学们以赞叹的语调,朗读课文的第2段。

(同学们朗读)

"从未见过开得这样盛的藤萝,只见一片辉煌的淡紫色,像一条瀑布,从空中垂下,不见其发端,也不见其终极。只是深深浅浅的紫,仿佛在流动,在欢笑,在不停地生长。紫色的大条幅上,泛着点点银光,就像迸溅的水花。仔细看时,才知那是每一朵紫花中的最浅淡的部分,在和阳光互相挑逗。"

师:这里的藤萝花是繁密的,生动的,活泼的,它们那么快乐,那么充满活力,那么富有美感。请同学们用喜爱的语调,朗读课文第6段。

(同学们朗读)

"每一穗花都是上面的盛开、下面的待放。颜色便上浅下深,好像那紫色沉淀下来了,沉淀在最嫩最小的花苞里。每一朵盛开的花就像是一个小小的张满了的帆,帆下带着尖底的舱,船舱鼓鼓的;又像一个忍俊不禁的笑容,就要绽开似的。那里装的是什么仙露琼浆?我凑上去,想摘一朵。"

师:是啊,这美丽的花象征着生命之可爱,它缓解了"我"心中的悲痛,让我沉浸在美的意境之中,让我对生命有了美的感悟。请大家用颇有感叹的语调,朗读课文第10段。

(同学们朗读)

"花和人都会遇到各种各样的不幸,但是生命的长河是无止境的。我抚摸了一下那小小的紫色的花舱,那里满装生命的酒酿,它张满了帆,在这闪光的花的河流上航行。它是万花中的一朵,也正是一朵一朵花,组成了万花灿烂的流动的瀑布。"

师:读得非常的好!刚才同学们读的是文章的主体内容。它组成了这样一个格局,就是由实到虚。由眼前的这一条紫藤萝瀑布,到眼前的每一朵小花,然后到对生活的感悟。到此,我们已经对课文有了一个大致的了解。下面再读,要自由地选读,深情地演读课文。什么叫演读呢?就好像你在为大家朗诵课文。不要有拖腔,也不要有拖调,要用心朗诵。听老师读第 2 段。(老师声情并茂地范读"从未见过开得这样盛的藤萝……"一段)要像这样来演读。现在,每人自选自己最喜欢的那一段来朗读。

演读。

(学生自由地尝试演读)

师:好!请一位同学来为大家演读一段。看能不能读出情感,能不能读出对花的喜爱。

(学生朗读,读完后有学生情不自禁地鼓起掌来)

师:读得不错,有那么一种感悟的味道。好!下面我们再来发现文章之美。发现美,就是要我们用眼睛来看,用心来感悟。自由品读,说说课文美在哪里。一篇美文,往往从任何一个地方都能找到她的美。一个词,一个比喻,一个句子,一段文字,或者所描述的色彩,或者抒发的感受,都可以来评说。怎么说呢?用"我读了这个地方,觉得它美,美在……"的句式来说,每个人说一点。读的时候,拿起笔来,画一画,写一写。开始。

> 圈点、评注,有效方法。借造句的形式,进行欣赏活动。

(学生默读课文,准备发言)

师:(教师巡视)用词之美,造句之美,色彩之美……,等等,都可以说。好!小组之间交流一下,每个人讲自己的观点。开始。

> "……,等等"?

(学生交流,气氛热烈)

师:有哪位同学给大家说说你的感受?

生1:我读了第2段中"紫色的大条幅上,泛着点点银光,就像迸溅的水花。仔细看时,才知道那是每一朵紫花中最浅淡的部分,在和阳光互相挑逗",觉得写得很美,她把每一朵花最浅淡的颜色比作银光,很有新意。

师:而且紫色和银光相互映衬,色彩对比很强烈,给人以绚烂之感,而迸溅的水花呢,又有一种动感,使画面更显得生动活泼。好!你来。

生2:我觉得第7自然段写得很美,因为它这一段的感情色彩很浓重。而且作者非常具体地写了她看花时心里的感受。

师:说得非常的好!作者写这一段,实际上有个背景在里面。作者唯一的弟弟得癌症去世了,这就是文中为什么提到"生死谜、手足情"。她很悲痛地看这个花,而花这么明艳,这么美好,又滋润了她的心情。说得好,见解独特!好!再来,你说。

> "滋润了她的心情"?

生3:我很喜欢第2段的第一句话"不见其发端,也不见其终极",使人感受到藤萝非常的繁茂,看不到起点,也看不到终点,让人感到很神秘。

师:对！给人一种摄人心魂的气势之美。是吧？

生4:我觉得"从未见过开得这样盛的藤萝,只见一片辉煌的淡紫色,像一条瀑布,从空中垂下,不见其发端,也不见其终极"这句话写得非常的美。这句话不仅使用了比喻的手法,而且写得像童话,充满了情趣。

师:对！你看这个句子,"从未",她把这一句放在前面,写得非常有力量,非常有情感。好！再来！

生5:"紫色的大条幅上,泛着点点银光,就像迸溅的水花"这一句写得非常美。因为它把花瀑比作大条幅,把颜色比作银光和水花。

师:色调很明净,给人以美好的、明净的感觉。好！你来。

生6:"'我在开花！'它们在笑。'我在开花！'它们在嚷嚷"这一节写得很美,利用拟人手法,把藤萝花写活了。

师:对！我们听见了它们的声音,写得很活泼、很生动。

生7:"只是深深浅浅的紫,仿佛在流动,在欢笑,在不停地生长。"这里写得很生动,也用了拟人的手法。

师:对！很有韵味,三个句子一气呵成。是吧？好！还有吗？

生8:"每一朵盛开的花像是一个小小的张满了的帆,帆下带着尖底的舱,船舱鼓鼓的;又像一个忍俊不禁的笑容,就要绽开似的。"这里写的是花苞很饱满,使人觉得花朵很美好。

师:把花朵写得那样饱满,使人更能感受到生命的可爱。

生9:我觉得第3段写得很好。"这里春红已谢,没有赏花的人群,也没有蜂围蝶阵。有的就是这一树闪光的、盛开的藤萝。花朵儿一串挨着一串,一朵接着一朵,彼此推着挤着,好不活泼热闹！"这里运用拟人,写出了紫藤萝的性格。

师:说得好!而且从全文来看,它和下文形成照应。

生10:第8段也写得很好。尤其是"香气似乎也是浅紫色的,梦幻一般轻轻地笼罩着我"写出了一种朦胧感。

师:啊!你看,朦胧感!从嗅觉的角度来写花,把无形的香气写得有形有色,多么有想象力啊!

像这样美妙的地方还有很多,同学们的品读能力都非常强,现在老师给大家总结一下,同时也和大家交流一下老师的看法。

我们学习这篇美文,首先要注意课文中的美词,你看,文中的"伫立",意为笔直地、安静地站立,写出了赏花时的心态;"繁密",写花多;"蜂围蝶阵""忍俊不禁""仙露琼浆""盘虬卧龙",这都是用得很高雅的词汇。 注意课文美词,发现美词。
几个词应予解说,以突出高雅。

第二,还有美句。再看看同学们发现的美句,"只见一片辉煌的淡紫色,像一条瀑布,从空中垂下,不见其发端,也不见其终极。"还有,大家一起读一读:"紫色的大条幅上……" 发现美句。

(生齐读:"泛着点点银光,就像迸溅的水花。")

还有描绘花形的。

(生齐读:"每一朵盛开的花就像是一个小小的张满了的帆,帆下带着尖底的舱,船舱鼓鼓的;又像一个忍俊不禁的笑容,就要绽开似的。""那小小的紫色的花舱,那里满装生命的酒酿,它张满了帆,在这闪光的花的河流上航行。")

多美啊!还有美段,像由花到人,写出作者的人生感悟的段落。没有这样的语句,文章就没有情感的深度。 发现美段。

咱们再看,这篇文章美在对盛开的藤萝花的"渲染"——这个词要学会——作者用了渲染的笔法,从各个方面来写它的美。我们还可以发现,美在"紫色"在文中的弥漫。全篇文章我们读下来,感觉它描述的色彩的基调就是紫色的。那么,这个"紫色"给人以什么样的感觉呢?一种诗意的感觉,就像刚才那个同学说的,有一种"朦胧的"、梦幻般的诗意的美。

第三,美在那充满生命力的流动。注意,作品一开始就写流动,流动,流动……到结尾还是在流动。这种花的色彩,花的美,花给人的感受,都在我们面前流动,在作者的心中流动,这种流动着的东西,就给人一种动感,就有力度,同时也能够表达作者心里的感受。

第四,美在对可爱的小花的描绘。这些句子很多,就不一一列举了。

第五,美在对曾经有过的那一大株紫藤萝的描写,这就是第8段。前面写那么美好的花,为什么这里还要写那很久以前的、凋零了的紫藤萝?这就是暗示时代的变化。我们的时代进步了,现在这花才能开得这样美好。所以这一笔很重要。还美在对人生感悟的点题段,就是第10段,它给人以深深的感受。

你们看,这篇文章从整体来看,从大的方面来看,有这样一些美点被我们发现了。那么,我们再从另外一个角度来看,这篇文章揭示了一种文章写作的规律。它首先写花之美:啊!生命是如此的辉煌灿烂!然后写情之美:生命的喜悦荡漾在我的心头,给我宁静感,给我喜悦感。最后是立意之美,就是文章的立意出来了:啊!生命的长河是无止境的。它是由"物"到"情"到"意"。所以我们读这样的文章,首先心里就有这样一个轮廓:这类的文章是由"物"写到自己的"情"再写到它的主旨、它的含义。因此,这样的文章,就是写景抒情、托物寄意的文章。好,同学们可以把"写景抒情,托物寄意"这八个字标注在课文的标题处。

一般来讲,写"物"的,如写花呀,写船呀,写船帆呀,写松树呀,写白玉兰呀,写鹰呀,它都是有意图的,都是先写"物",然后再写情感,最后再点题。因此,咱们学习一篇文章,要知道这一类文章怎么读。下面我们就来实践一下。

有一篇短文《青菜》发给你们了。你们看哪些是写"物"的?哪些是写"情"的?哪些是点出它的意味的?好,咱们一起来把《青菜》读一遍。

(生齐读:)

"可爱的青菜,土地美丽的女儿。

你感人的色彩是生命的象征。我不知道哪一种绿色能像你一样始终放射着家园的温馨。你的姿态永远谦卑,紧紧依靠土地,又向天空缓缓伸展自己的身躯,承接着阳光和雨水的恩泽。

你的根雄健而沉着,土地的血液从四面八方涌入你的根,上升到所有粗粗细细的脉管中,在你的全身汩汩流动,向世界显示着你绿色的活力。

你翩然走过土地的胸膛,顺着阳光的导引来到我的身边。你清澈的目光像泉水洗去我的烦恼和疲倦。我这个自以为高大的人,情不自禁地弯下腰来向你致敬。

我的手轻轻抚摸你洋溢青春活力的躯体,渐渐感到自己的灵魂也在长出根来,努力扎入土地内部。我会像你一样既生动又纯粹,既简洁又丰润,既朴素又高贵吗?

啊,可爱的青菜,土地忠诚的女儿,请赐给我你蓬勃的生机和一切的美德!"

师:看出来了吧?哪些是写"物"的?写物的色彩,写物的姿态,写物的根。你看,多方面地来写物,而且和"紫藤萝"不同的是它用了第二人称,它接着对事物说话,接着对事物抒情,然后表达自己的情感,最后点出主旨:"我

《青菜》,用例证法,好。

青菜岂能赐给生机和美德!

惜例文《青菜》不佳,青菜的特征不明显。

要像你一样,……扎下根来。"你看,这就是写景抒情,写物抒情,托物寄意。写青菜并抒情,升华出一定的意义。像这样的读法,我们就能够把文章读深读懂。好!咱们"品读——发现课文的美点"就进行到这儿,下面再来欣赏文章的美。

欣赏美,就要采用特殊的方法。本来我们刚才的活动也是欣赏美。老师刚刚讲过,花之美,情之美,意之美。现在请你们用横线画出写花的美句,然后再把作者点题抒情的句子画出来,这样就把一篇长文章浓缩为一篇简短的、200字左右的短文,就把课文中最美好的句子集中起来,成为一篇小小的、我们能够更容易记诵的美文。好,下面我们就开始画那些句子。我建议这样画:第一,画出写整个紫藤萝瀑布的句子;第二,画出写小花的句子;第三,画出表达自己情感的句子;第四,画出点题的句子。

咱们现在进行的是一种创造性的工作。

(学生开始边默读边画)

> 浓缩课文。有价值的训练。

师:现在我们是在进行浓缩课文的工作,很多同学都已经画完,哪个同学先起来说说?好,你说。

生1:"从未见过开得这样盛的藤萝,只见一片辉煌的淡紫色,像一条瀑布,从空中垂下,不见其发端,也不见其终极。"

师:嗯,这是总写藤萝花。

生2:(学生接着念)"还有淡淡的芳香,香气似乎也是淡紫色的,梦幻一般轻轻地笼罩着我。"

师:写感觉。

生3:还有第9自然段:"开得这样盛,这样密,紫色的瀑布遮住了粗壮的盘虬卧龙般的枝干,不断地流着,流着,流向人的心底。"

师:嗯,还差一点什么呢?

生4:"花和人都会遇到各种各样的不幸,但是生命的长河是无止境的。我抚摸了一下那个小小的紫色的花舱,那里满装生命的酒酿,它张满了帆,在这闪光的花的河流上航行。"

师:好!这是点题的地方,是课文由实到虚的表达。你们还有要说的吗?

生5:还有第6自然段:"每一穗花都是上面的盛开,下面的待放。颜色便上浅下深,好像那紫色沉淀下来了。沉淀在最嫩最小的花苞里。每一朵盛开的花就像是一个小小的张满了的帆,帆下带着尖底的舱,船舱鼓鼓的;又像一个忍俊不禁的笑容。"

师:嗯,这是写小花的。你们看:总写藤萝花,写小花,写情感,点主旨。咱们就把它浓缩成了一篇很漂亮的美文。好!大家现在把这些句子轻轻地读一遍。"从未……",开始读。

(生齐读)

师:你看,花之美,情之美,意之美,文章最美的地方就被我们集合起来了。好,咱们下面再来读一遍。老师读第1段,男同学读第2段,女同学读第3段,然后全班同学用感悟的语调来读第4段。好,开始啦。

师:"从未见过这样盛的藤萝,只见一片辉煌的淡紫色,像一条瀑布,从空中垂下。""紫色的大条幅上,泛着点点银光,就像迸溅的水花。"

生:"每一穗花都是上面的盛开、下面的待放。颜色便上浅下深,好像那紫色沉淀下来了。沉淀在最嫩最小的花苞里。每一朵盛开的花就像是一个小小的张满了的帆,帆下带着尖底的舱,船舱鼓鼓的;又像一个忍俊不禁的笑容。""我抚摸了一下那小小的紫色的花舱,那里装满生命的酒酿,它张满了帆,在这闪光的花的河流上航行。""还有淡淡的芳香,香气似乎也是淡紫色的,梦幻一般轻轻地笼罩着我。""我觉得这一条紫藤萝瀑布不只在我眼前,也在我心上缓缓流过。""生命的长河是无止境的。"

师:是啊,生命的长河是无止境的。我们要关爱生命,我们要热爱生命,我们要有意义地生活。今天,我们学习了《紫藤萝瀑布》,我们合作得非常好!我建议,像这样的短文,我们应该把它背下来,用来滋润我们的心灵。好,同学们,下课!

思维延伸。

要求背诵。

余老师的课特别适合用于公开课。为什么?

课堂结构别致。

板块式、线索式、选点式、主问题引领、淡化提问、课中微型话题……

余老师的课特别适合用于初中课堂。为什么?

内容浅显,结构单纯,足够紧凑,保证流畅。

余老师总结出了"思路明晰单纯,提问精粹实在,品读细腻深入,学生活动充分,课堂积累丰富"的教学设计30字诀。

提出要求。

245

《小石潭记》教学实录(张见亭　整理)

(选自《听余映潮老师讲课》,华东师范大学出版社,2006年10月版)

时间:2005年4月10日

地点:武汉,湖北省中学语文名师教学风采展示会

师:今天我们上《小石潭记》。上这一课,第一个要求就是读书,大声地朗读,每一个字都咬准,不要掉字,不要漏字。开始读。

师:读了一遍,我认为读得很流畅了,但是没有读出一种味道。假设你是作者,写了这篇文章后非常有兴趣地来欣赏自己的文章。你看——(师示范)"从小丘西行百二十步,隔篁竹,闻水声,如鸣佩环,心乐之。"这样来读,好像欣赏你自己的作品。再读一遍。

示范。

(生自由朗读课文)

师:读完这篇课文,看看标题。

(大屏幕显示)

小石潭＿＿＿＿记

小石潭记＿＿＿＿

师:第1句当中一定可以加一个字,加一个什么

字呢?

生1:"游"。

师:第2句后面能不能加一个什么字呢?

生2:"游"。

师:还是加一个"游"字。

原来呀,所谓"游记",所谓"记游",游记类的文章、记游类的文章,就是把自己游玩某一处风景胜地的地方记下来,就是"游记";把这个过程记下来,这个过程就叫"记游"。所以我们首先要懂得《小石潭记》是一篇游记。

下面我们回忆一首诗——《江雪》:"千山鸟飞绝,万径人踪灭。孤舟蓑笠翁,独钓寒江雪。"这首诗里面有两个重要的字眼:"孤"和"独"。"孤舟蓑笠翁,独钓寒江雪",在一个非常寥廓的、非常冷清的、非常孤寂的背景下,有一个人在那儿"钓寒江雪",这个人就是柳宗元。柳宗元写《江雪》和《小石潭记》是在同一个地方,因此,《小石潭记》是一个失意的文人写的。这个文人被贬官了,贬到一个很荒僻的地方住下来了,他很失意。因此我们读他的文章,读《小石潭记》,就还要读出他游览景物的心情。这里我还要介绍一句话,冰心说过,古今中外任何写景状物的散文都是作者以自己主观的眼光和心情来赋予这些景物特殊的性格和生命。意思是说,作者的心情很好的时候,这个景物是非常好看的;心情不好的话,这个景物会受心情的影响。读《小石潭记》就要体会作者的心情。

下面大家再来朗读一下,体会作者写景状物的方法,同时体会作者在文中的心情。

(生朗读课文)

师:我刚才仔细地听了你们的朗读,我的感受是你们这个班是受过比较好的朗读训练的班,每一位都读得很好。

下面我们再来进行一个活动,一个集体的活动,一个

如此释题,妙。

借旧说今,温故知新,嵌入式。

介绍背景。

"作者在文中的心情"?

马上见效的活动。就是我们每读一段就停顿一下,这个时候一定会有一个人来把这一段的意思概括一下,然后继续再往下读。这就考水平了。

(生朗读第1自然段)

生1:这一段写的是小石潭的出现和周围的景色。

师:把"出现"改为"发现"。老师写的是十个字:小小的石潭,奇异的景色。

(生做笔记,读第2自然段)

生2:第2段主要讲了潭中游鱼的状态。

师:"游鱼的状态",说得多好啊。老师概括的是:清澈的潭水,快乐的游鱼。

(生读第3自然段)

生3:这一段主要是写潭水的源流。

师:写"潭水的源流",写小溪。老师写的是:蜿蜒的小溪,参差的石岸。

(生读第4自然段)

生4:这一段主要讲的是凄清的石潭。

> "读出了这个地方作者的情感艺术"?

师:"凄清的石潭","凄清"用得好,他读出了这个地方作者的情感艺术。那么我们怎么样更好地概括呢:凄清的景色,孤寂的感受。真是"凄神寒骨"啊!

(生读第5自然段)

生5:是写和作者一起游小石潭的人。

师:同游的人物,跟随的小生。

> 其实就是段落大意。概括段意也是有价值的训练。

你看,我们只用五句话,每句话十个字,就把它很美地概括了一下。

读这篇文章,还有一些字需要强调。下面一起把这几个字读一下。

(大屏幕显示)

反复朗读:

清冽　参差　翕忽　差互　寂寥　悄怆幽邃

(生朗读上面的词语)

还有一批词语要注意它的读音。

（大屏幕显示）

反复朗读：

如鸣佩环　水尤清冽　青树翠蔓　蒙络摇缀

参差披拂　影布石上　往来翕忽　斗折蛇行

犬牙差互　竹树环合　寂寥无人　凄神寒骨

悄怆幽邃

（生朗读上面的词语）

> 光读恐怕不够，应简释其义。

师：你看，这是我们的一种发现，这么一篇小小的文章里面竟然用了这么多的四字美词！这个发现要为我们下面读书的发现打下一个基础。继续从课文里面自由地发现你能够发现的东西，现在老师举例说明。

（大屏幕显示）

自由发现：

例：我发现课文中有很多地方是围绕"小"字来写的。

我发现"空游"这两个字特别的好。

师：然后你还可以发现哪些是一个画面，哪里是有动景、静景的，哪里是有色彩的……你都可以发现。开始自由地发现。

（生自由读课文，发现文中的妙处）

生1：我觉得第2段中的"潭中鱼可百许头，皆若空游无所依"这一句写得非常美，因为它写的是阳光照射下潭中的鱼儿仿佛是在空中游动，无所依托。鱼影清清楚楚地印在石头上面，水似乎不存在。这样写就告诉了我们水非常的清澈，就连鱼影也清清楚楚地印在石头上面，很巧妙。

师：我要给你的发言总结一句，你说的这一段应该这样来说：它明写鱼，暗写水；正面写鱼，侧面写水。这一段有四十来个字，没有一个字是写水的，但是到处都让我们看见水，这就是技巧。

生2：我觉得第1自然段形容岸边石头的八个字用得

好:"为坻,为屿,为嵁,为岩。"我觉得这八个字把岸边石头的形态各异表现得淋漓尽致,体现了小潭的可爱。

师:"淋漓尽致",也就是说,这个石头在这儿是千姿百态,是天造的奇观。

生3:我还发现当柳宗元坐在潭上的时候,因为旁边的环境是寂寥无人的,他感觉到非常凄凉,心情非常忧伤。

师:前面"坐潭上,四面竹树环合,寂寥无人",是写外界的景色的;"凄神寒骨,悄怆幽邃",是写内心的感受的。发现得好!

生4:我还发现作者把自己的情感寄托在小石潭上,因为你试想,作者去小石潭是被贬永州,他自己孤寂地坐在小石潭上,一个孤寂而失意的才子坐在小石潭上,失望地望着一望见底的潭水,为小石潭打抱不平:为什么这么美丽、"蒙络摇缀,参差披拂"的小石潭却无人欣赏,只能"凄神寒骨,悄怆幽邃",让游人不敢走去呢?这就暗示作者他希望得到一位明君的发现,就像小石潭一样,期待一位归隐山水的隐士来这里住,欣赏抬爱它。

师:啊,谢谢你的演讲!多精彩!激情的人啊!

生5:我觉得第1段的"闻水声,如鸣佩环"这一句写得很美,因为它把水声形容成玉佩碰撞的声音,它的声音很好听。

师:我还觉得这是明写水,暗写石。你看,"闻水声,如鸣佩环",没有水和石头相碰,会有美妙的叮咚声吗?既写了水,也写了石哟。

生6:我觉得第3段的"潭西南而望,斗折蛇行,明灭可见"巧妙地用了比喻,把"溪流"比作像北斗星那样曲折,又比作像蛇行那样弯曲,让人读了以后有身临其境之感。

师:而且给我们一种镜头感,就像电影镜头一样的,你看,远望去,小溪消失了,"不可知其远",写得特别好。

"他希望得到一位明君的发现"?

生7:我读了第1段之后,觉得柳宗元的小石潭和陶渊明的桃花源是英雄所见略同,他们都是在一个迷人而偏远、没有人烟、清净、僻静的地方。柳宗元的小石潭是"伐竹取道,下见小潭",跟陶渊明的桃花源记中的景色一样,同样是非常偏僻,同时也点明了小石潭是一个不可为俗人所玷污的圣地,一个世外桃源。

"景色一样"?
两者不可类比。

师:好,你称得上是一个秀才了。不错不错!

老师讲讲自己的发现:

讲解。按设计步骤走。

咱们看第1段的写法,它是移步换景,边走边发现,先是未见其形,先闻其声,然后伐竹取道,然后见着小潭,然后见着千奇百怪的石头,然后看到美丽秀美的树、石岸。移步换景,有动有静;移步换景,动静结合。这个写法用得非常好。

第2段就不同了。第2段用了一个特写,集中他的笔力写小石潭水。写潭水,是一笔两用。为什么叫一笔两用呢?就是他写的是鱼,表现的是水。既写了鱼又写了水。我们看见的是鱼,读出来的是水。所以一笔两用,精彩得很。

第3段的写法又不同。它由近及远,留有悬念。"潭西南而望",目力打开。然后看见"斗折蛇行,明灭可见",远远望去不可知其源。那里又有什么样的神秘的地方呢?不知道。由近及远,让我们去想象。

第4段更漂亮,它是环视四周地写。语言标志是"四面竹树环合",他在幽静幽僻的环境里面四处看了一下,"寂寥无人",于是感到"悄怆幽邃,凄神寒骨"。

师:我们再来看大屏幕。

(大屏幕显示)

自由发现

第一段:移步换景,动静结合。

第二段:定点特写,一笔两用。

第三段:由近及远,留有悬念。

第四段:环视四周,情景交融。

师:移步换景,定点特写,由近及远,环视四周。这就是作者写这篇文章的精妙之处。他观察的角度不同,这么小的地方,作者的视角变化得这么丰富,是非常难得的。因此说它是精品,是经典。这就是老师的发现。

"这就是作者写这篇文章的精妙之处"?

下面再进行一个很有趣的工作,四个字——(大屏幕显示)

趣味欣赏

师:什么是"趣味欣赏"呢?老师布置了一个预习题,叫你们找一个字,一个"清"字;然后再找一个词,什么"清脆"呀,什么"清幽"呀,什么"清冷"啊,什么"清秀"哇,找了没有?没有找。老师告诉你们吧。来,注意这个"清"字啊,它是这篇文章中含义很丰富的一个字眼。老师找了很多,一起读起来。

(大屏幕显示)

趣味欣赏:

清新　清凉　清秀　清越　清澄　清脆　清亮
清澈　清幽　清冷　清寒　清寂　清静　清冽
清凄　清丽　清晰　清纯

(生齐读上面的词语)

师:再请一位同学口齿清晰地朗读一遍。

(生读一遍)

造句。建框架,搭平台。

师:每个人从文章里面选一个地方说一句话,必须要用一个含"清"字的词,任选一个词都可以。比如说"潭水是'清冷'的"。每两个人一起造一个句子。

(生思考、讨论,准备发言)

师:这个其实很简单,就是我们读懂了课文,然后来欣赏它,然后就用上一个"清"字,来形容一个景色,来表现了什么什么。哪一位先来说一下?

生1:我发现"寂寥无人,凄神寒骨"的环境是"清寂"的。

师:同时写出了作者"凄清"的心情。

生2：流水撞击两岸发出"清脆"的声音。

师："清脆"的声音很美妙。

生3："水尤清冽"形容水"清澈"透明。

师：还有"清凉"的味道。

生4："闻水声，如鸣佩环"，我认为可以用"清新"来形容，因为"如鸣环佩"的声音给人一种"清新"的感受。

师：作者感受到"清新"。

生5："潭西南而望，斗折蛇行，明灭可见"——"清幽"！

师：景物很"清幽"。

生6："清凉"的竹林里飘散着"清静"的气息。

师：她一连用到了两个词。

生7："青树翠蔓，蒙络摇缀，参差披拂"，这几个字写出了景物的"清秀"。

师：这真是"清秀"的景色和感觉啊。

生8：我觉得"以其境过清，不可久居，乃记之而去"，气氛显得很"清冷"。

师：气氛"清冷"，内心"清凄"！

我们一起来记录一段短文。（大屏幕显示）

《小石潭记》

趣味欣赏：

"闻水声，如鸣佩环"，水声叮咚，清越动人；

"下见小潭"，"尤"有清凉之感；

"青树翠蔓，蒙络摇缀，参差披拂"，景物多么清秀；

鱼儿"往来翕忽"，嬉戏在清澄的水中；

"影布石上"，可见潭水冰清玉洁，清澈透明；

小溪也一定是水声清脆，水色清亮；

"坐潭上，凄神寒骨"，是坐在石上的清冷；

"其境过清"，环境太清静了，太清幽了，这让作者更感到心境的清凄。

全文段落小巧，景物清新，画面清纯，情景交融，充满诗情画意。

应有解释。解释了，才能更好领会清越、清凉、清秀、清澈……

（生将这些趣味欣赏的短文记录下来之后，被点到名再将它朗读一遍，考查记录的水平）

师：我们这堂课分为三个活动：第一个活动是反复地朗读，第二个活动是自由地发现，第三个活动是趣味地欣赏。"趣味欣赏"这一环节同学们下去之后还可以继续地做。

谢谢大家。下课。

回顾，归纳，延伸。

246

《写出文章特色》课堂实录

（选自《听袁卫星老师讲课》，华东师范大学出版社，2006年2月版）

（师生问好。）

师：今天是我给你们上的最后一堂作文课，依旧是两节连上。大家是做作文，还是你们希望我再讲些什么？

生：还是讲些什么吧。都快要高考了，提醒提醒也好啊！（众笑）

师：那么讲什么呢？

生：就讲怎么写好一篇文章嘛！（笑）

师：以前不都讲过了么？不过我想想。我再讲一句话好不好？写出文章特色。（板书）

生：（鼓掌）

师：先别忙鼓掌，讲完觉得有收获你们再鼓掌。

师：我还是从先前讲过的材料作文与话题作文的区别讲起。材料作文的本质特征是限制：文体限制、立意限制、材料限制。话题作文的本质特征是开放：文体开放、立意开放、选材开放。

谈话，真实、自然。

理论探究不可少。然是否本质特征？

师：这里反复提醒大家注意的是：文体开放（或者称文体不限、淡化文体）不等于不讲文体。文体开放的意思是：(1) 它不像过去那样，一道题目只能用一种或两种文体来写，而是给你们提供多种选择的机会，更便于你们在自己擅长的文体中发挥。(2) 它是对多年来形成的僵化的写作模式的反拨。(3) 同一种文体可以有不同的写法。文体不限，可以记叙经历、编述故事、抒发感情、发表议论、展开想象等。你在构思时需要思考：(1) 该题最适合写何种文体。(2) 选择适合自己发挥的文体。(3) 考虑自己有没有和该文体相应的素材。

师：同时反复提醒大家注意的是：立意开放（或称淡化审题）不等于不要审题。就拿1999年高考第一次出现的话题作文"假如记忆可以移植"来讲，我们要审清这样的题意："记忆"，保存在脑子里对过去事物的印象（不是思维、性格、精神，更不是身份、地位、面貌）；"移植"，将机体的一部分组织或器官转移到同一机体或另一机体上的一种医疗手术（不是克隆，也不是复制；可以把别人的移来，也可以把自己的移走）。那一年，我在阅卷中发现，有很多考生审错了题。比如，不承认记忆可以移植或只写记忆移植的发明过程（如作文题为《记忆不可以移植》《记忆移植能否成功》《记忆移植需要以经济发展为基础》《"记忆移植"发明记》……）；再如，从材料中提炼出一个观点，另立话题（谈一分为二看问题，谈创新意识的重要性，谈科技是第一生产力，谈21世纪是充满希望的世纪……）；又如，将"移植"和"牢记""恢复""克隆"等概念简单混淆，或只写对往事的回忆，不写记忆移植……还有，无限夸大"记忆移植"的作用，一连串排比；只有结果，没有展开；缺少中间环节，未作逻辑推导……还有，把人的记忆移植到无生命的物体，如手枪、水杯之上……另外，把"记忆"与"身份"、"地位"、"外貌"等混同，等等。

师：以上是写好话题作文的大前提。其实，话题作文

> 谈作文是离不开例子的，即使讲"理论"，也需随时提供例子。
> 正面的例子：可模仿。
> 反面的例子：作镜鉴。

有着"基础等级"的得分要领:(1) 符合题意;(2) 符合文体要求;(3) 思想健康、感情真挚;(4) 中心明确、内容充实;(5) 结构完整、语言通顺;(6) 书写规范、标点正确。这些先前都探讨过,不再重复了。我认为要拿"基础等级",最关键的一点是"写什么像什么"。比如议论文,就要有论点、论据、论证,就要讲是什么、为什么、怎么样,就要提出问题、分析问题、解决问题。

> 师者,所以传道受业解惑也。
> 师者,所以示范也。

师:要写一篇"像样"的文章并不难。不信我们来试验一下,请同学们给个话题,我用最短的时间给大家"弄"一篇文章。

生:(议论过后)"自信"。

师:好,大家听着。我可以按照套路来写。写五段。第一段,先绕一个弯子,采用修辞手法;然后是引一则材料和相关信息;接着得出观点:自信重要;如果第一段文字不够,我再绕一绕弯子,运用其他修辞。

师:(口述作文)人的一生最需要的是什么?是金钱、朋友还是美貌?从前有一位法国老人,退休后才开始学绘画。在强烈的自信心的驱使下,经过长期刻苦努力,他的绘画竟然能够轰动整个巴黎,百岁以后成了了不起的起步最晚的著名画家。这个故事很深刻地告诉我们:自信很重要。是的,自信是根,它能促使理解的幼苗长成参天大树;自信是帆,它能指引人生的航船驶向成功的彼岸。

师:然后第二段应当是分论了。我把它概括为四个环节:分论点、引例子、析例子、议例子。

师:(口述作文)自信是人的一种精神力量。伟大的人从来也不拒绝自信。杰出的音乐家贝多芬说话掷地有声:"公爵之所以成为公爵,只是由于偶然的出生,公爵有许多个,贝多芬只有一个!"他的音乐曾一度被讥讽,连他本人也被称为疯子,但岁月给了他最好的公正,历史给予了他应有的地位;他的音乐被称为最有深度的音乐。是的,自信的人即使生在乡村低矮的茅檐下,也能昂起高傲的头颅,看到生活的曙光;缺少自信的人,即使身居楼台宫阙,也只会垂头丧气,心灰意冷。

师:再接着,第三段是一个过渡段,承上文,启下文,并且要扣一扣前面的"法国老人"。 瞻前顾后。

师:(口述作文)我们不难想象,当那个曾经在办公桌前逝去了青春岁月的法国老人,挥起手中的画笔时,他在调色板上调出的是自己自信的色彩;我们同样不难想象,那个在线条和色彩的世界中找到了自我的法国老人是怎样像个孩子一样背起画板到野外写生,又是怎样向比他儿子还年轻的绘画老师请教一个又一个问题……

师:第四段和第二段应当是一样的。只是在分论点的处理上可以和前面是并列的,也可以是对比的,还可以是补充的。在例子的"引""析""议"上,视例子的新鲜程度摆布文字的多少。

师:(口述作文)自信,不是心灵空虚者的狂妄,不是冒险家孤注一掷的投机,更不是赌徒押宝时所下的最后决心;它是耕耘者把种子播进肥沃的土地后的守望,是渔夫把网奋力撒向鱼群中后正待拉起的沉甸甸的希望,是暗中猜中谜底者挂上脸庞的微笑。自信的基石是人的智慧和才能。一生中进了一千多个球的贝利该有足够的自信吧?当人们问他最好的进球是哪一个时,他的回答是:"下一个!"是的,"下一个",自信永远和智慧与才能作伴。

师:最后,我们要来收尾了。还是四个环节:绕弯子、绕弯子、回材料、应观点。

师:(口述作文)"没有比脚更长的路,没有比人更高的山。"生命的烛光,不应吹熄在失望的叹息中,人生的扁舟也不应当触没在失望的暗礁上。我们不是退休后成为丹青高手、画画中绘得人生彩图的法国老人,但是我们同样需要自信。自信是无语中透着人生意志的锋芒。

师:现在,题目也有了——自信:人生意志的锋芒。

生：（热烈鼓掌）

师：可别鼓掌。这是模式作文。你写"自信"可以这么写，写"信任"，写"诚实"，也可以这么写。但都这么写，读者的胃口就倒掉了。阅卷老师就会觉得毫无特色，食之无味。这只能作为一种基本功来练，练完了之后，记住一些要素是需要的，但还得找自己的特色，会变化。

教师，知其然，更要知其所以然。

师：你比如，"引例子""析例子""议例子"，这是一个要素。"绕弯子""绕弯子""绕弯子"，这就不是要素。在掌握要素的基础上，你要学会变化。怎么变由着你的特色来。

师："引例子""析例子""议例子"，非得要在文章的段落中呈现吗？能不能整篇文章就用这三个方面来构建？"文无定法"，在掌握了一定的"常法"之后，我们完全可以自由抒写。以"信任"为话题，我试写一篇——

信　　任

《信任》。语文教师，必须能写一手好文章。

省教院门口每天早晨都有一溜儿小吃摊子摆出。烧饼、油条、饭团、豆浆之类，应有尽有。来这里面授的学员常常拒绝食堂。他们觉得，坐下来随便吃点什么要比携着饭盒到食堂喝粥便捷得多。

小摊的生意因此十分红火。你刚一站起，旁边便有人落座。摊主们采用的是集约化经营模式，你做烧饼我煎油条他烫豆浆，顾客任意挑选，自由组合，只需吆喝几声，立马就有了一份自己中意的"套餐"。顾客抹抹嘴想走的时候，才会想起该掏一掏口袋。你要了谁的烧饼吃了谁的油条喝了谁的豆浆，只有自个儿心里有数。一路付账付过去，几张毛票换来的是几张笑脸或者几声"好走"。摊主好像压根儿也没把钱放在第一。他的手忙活着，腿勤快着，你要了几份他都不记得，统统由你自己说了算。如果递上去的是一张大钞，他会不加犹豫地对你说："改天再付吧，好走！"

信任是互相的。

我们离开省教院的那天早晨,依然在门口用餐。会账的时候才发现,每个人的口袋里都没有零钱。试着把一张50元票面的钞票递上去,摊主头也不抬地说:"改天吧。"改天?那要等到下一次面授,也就是几个月之隔的秋天,那怎么行!于是我们中的一个,拿着这50元一溜小跑跑开去,在老远的一爿小店里换来零钱。

我想说,这就是信任。这信任让人感到自己的尊严和自己的价值。

苏联著名教育家马卡连柯有一次把偷窃成性、放浪不羁的谢苗叫到跟前,交给他一张证明和一支手枪,让他独自到远离教养院的地方去取回500卢布,谢苗当时竟然惊奇得说不出话来。但他立即动身,克服困难,圆满地完成了任务,马卡连柯接着又让他去取回2000卢布。这让谢苗大为震动。他从此改掉了恶习。

> 信任的力量。

我们不是谢苗,但我们同样需要别人的信任。

师:再比如,议论文结尾,作总结也好,发号召也好,像我刚才说的"绕弯子、绕弯子、回材料、应观点"也好,都很难见特色。我喜欢杂文作家吴非的写法:细节化结尾。我记得他有一篇题为《谁是真正的袁隆平?》的杂文,写杂交水稻专家袁隆平被新华社图片记者误认为"老农民",而一个三流歌手却被媒体追着报道,由此发出"谁是明星"的追问。结尾处,他写道,国庆节,打电话到袁隆平家里,邀请他参加母校校庆,电话是袁隆平女儿接的,问:"你爸爸呢?"袁隆平女儿回答:"下地去了。"这个结尾很有深意,耐人寻味。当然,你还可以根据自己的特点、文章的特点构写属于自己的结尾。

> 作文:定体则无,大体则须有。

师:话题作文光拿"基础等级"还不够,还要拿"发展等级"。"发展等级"得分要领是:(1) 深刻透彻;(2) 生动形象;(3) 有文采;(4) 有创新。根据这个得分要领,写出文章特色,或者说,写出文章亮点,是得高分的关键。那么,文章有哪些方面可以形成特色呢?想象奇特是特色,构思精巧是特色,关注社会是特色,内容深刻是特色,富有哲理是特色,文体独特是特色……我们先看这样一篇文章——

"公司开业",案例。

记忆移植公司开业琐记

江苏考生

"女士们,先生们,欢迎参加记忆移植公司开业典礼!我们的宗旨是:生活多样化,感悟人间万种风情!"

第一位顾客:某资产过亿的企业家。编码—转移—进入……

"我要上学!我要读书!""我要老师!"

苦娃伏在母亲的肩上,不断啜泣着。他闻到母亲身上那熟悉的玉米糊糊味道,也闻到了那夹着汗酸的柴火味道。苦娃知道母亲的心里也在流泪,可是……

回头看看家中,确实没有什么可以卖了,从小与苦娃一起长大的大黄上午也被人牵走了。苦娃无可奈何地背起箩筐,晶莹的泪珠掉在沾满泥巴的双手上,掉在手中那微微发黄的书页里。

站在山岗上,苦娃一边拾着值不了几个钱的柴枝,一边看着那贫瘠的土地,想着。突然,苦娃立起身来,他看到了什么?哦,那是自己昨天还上的那所小学校,还有那面迎风飘展的鲜艳的国旗。他听到了什么?"离离原上草,一岁一枯荣……"

哦,这些,苦娃情不自禁读了起来。

梦醒来,企业家眼里不知噙着什么,只是一个劲儿地在支票上写下:希望学校!

第二位顾客:某下岗已经两年多的职工。编码—转移—进入……

"我要扼住命运的咽喉,我要挑战人生!"

一位建筑工人坐在工地上,想着自己每天机械地爬上爬下,机械地垒堆着砖瓦——他不甘心永久地"机械"。

白天,他不再双手麻木地握着工具,而是手拿工具,眼盯图纸,渐渐地大厦的结构也熟透于胸。

午间,他不再手不离杯,酒不离口,而是一手抓着馒头,一手按着一本《建筑理论学》。

夜晚,大都市总是很繁华,外面的世界无法不精彩,但无论刮风下雨,夜校的第一排坐着的总是他。

几年后,人们说不清他是建筑大师,还是企业家,还是……因为他都是!

睁开眼,待业已两年多的这位职工,抓起自己的木匠家什,若有所思地走出门外。没有人知道他去干什么,但他自己当然知道未来是什么!

第三位顾客:……

这篇1999年高考作文中的佳作,遵循了"写两例,不雷同"这样一种考场作文模式,即一篇作文的主体由两个既各自独立,又相互关联的具体片段构成。这两个主体片段在题材、结构、表达等方面各具特色,互不雷同。但"写两例,不雷同"一般在议论文中间用,可这位考生在记叙类文章中使用,倒是很见特色,反而显出了构思的精巧。

"公司开业"剖析。

师:再看这样一篇作文——

赤兔之死

江苏考生

《赤兔之死》,案例。

建安二十六年,公元221年,关羽走麦城,兵败遭擒,拒降,为孙权所害。其坐骑赤兔马为孙权赐予马忠。

一日,马忠上表:赤兔马绝食数日,不久将亡。孙权大惊,急访江东名士伯喜。此人乃伯乐之后,人言其精通马语。

马忠引伯喜回府,至槽间,但见赤兔马伏于地,哀嘶不止。众人不解,惟伯喜知之。伯喜遣散诸人,抚其背叹道:"昔日曹操作《龟虽寿》,'老骥伏枥,志在千里。烈士暮年,壮心不已',吾深知君念关将军之恩,欲从之于地下。然当日吕奉先白门楼殒命,亦未见君如此相依,为何今日这等轻生,岂不负君千里之志哉?"

赤兔马哀嘶一声,叹道:"予尝闻,'鸟之将死,其鸣也哀;人之将死,其言也善。'今幸遇先生,吾可将肺腑之言相告。吾生于西凉,后为董卓所获,此人飞扬跋扈,杀少帝,卧龙床,实为汉贼,吾深恨之。"

伯喜点头,曰:"后闻李儒献计,将君赠予吕布,吕布乃天下第一勇将,众皆言,'人中吕布,马中赤兔。'想来当不负君之志也。"

赤兔马叹曰:"公言差矣。吕布此人最是无信,为荣华而杀丁原,为美色而刺董卓,投刘备而夺其徐州,结袁术而斩其婚使。'人无信不立',与此等无诚信之人齐名,实为吾平生之大耻!后吾归于曹操,其手下虽猛将如云,却无人可称英雄。吾恐今生只辱于奴隶人之手,骈死于槽枥之间。后曹操将吾赠予关将军;吾曾于虎牢关前见其武勇,白门楼上见其恩义,仰慕已久。关将军见吾亦大喜,拜谢曹操。操问何故如此,关将军答曰:'吾知此马日行千里,今幸得之,他日若知兄长下落,可一日而得见矣。'其人诚信如此。常言道:'鸟随鸾凤飞腾远,人伴贤良品质高。'吾敢不以死相报乎?"

伯喜闻之,叹曰:"人皆言关将军乃诚信之士,今日所闻,果真如此。"

赤兔马泣曰:"吾尝慕不食周粟之伯夷、叔齐之高义。玉可碎而不可损其白,竹可破而不可毁其节。士为知己而死,人因诚信而存,吾安肯食吴粟而苟活于世间?"言罢,伏地而亡。

伯喜放声痛哭,曰:"物犹如此,人何以堪?"后奏于孙权。权闻之亦泣:"吾不知云长诚信如此,今此忠义之士为吾所害,吾有何面目见天下苍生?"

后孙权传旨,将关羽父子并赤兔马厚葬。

《赤兔之死》剖析。

这篇2001年高考作文中的佳作,不仅故事新奇,立意高远,而且语言老到。通篇遣用纯熟的古白话,散整错综、明白畅晓、文采飞扬,这种老到的语言功夫,不是特色又是什么?

师:现在,我们从文学作品的角度,分别来讨论小说、诗歌、散文如何写出它的特色来。请同学们结合自己的阅读和写作展开发言。

生:就小说而言,我认为最要紧的是细节,要写出细节的特色。

师:很对。小说细节是小说的细胞,是小说情节的基本构成单位,是刻画人物形象的重要方法,是小说干预生活的必要手段。故事是好编的,但要使情节生动感人,使人物血肉丰满,就需要有好的细节。那么,什么样的细节是好的细节?

生:老师说过的,要真实。

师:这里所说的"真实"不是生活真实而是艺术真实。你能举例子来说明吗?

生:《儒林外史》中严监生临死时伸出两个指头,总不断气,原来是因为灯盏里点了两根灯草,他怕多费油。当家人把灯草拨灭了一股后,他才闭上了眼睛。这个细节虽有些夸张的成分,但它合情、合理。

艺术真实。
素材依赖平时积累。

师:是的,严监生有的是守财奴的渺小的灵魂,所以使他苟延生命的,并非什么了不起的大事,而仅仅是灯草多用了一根!和这异曲同工的是——

生:《欧也妮·葛朗台》中老葛朗台临死抓住神父脖子上挂的镀金的十字架不放。

师:好!还有《威尼斯商人》中的夏洛克、《悭吝人》中的阿巴贡、《死魂灵》中的泼留希金,等等,他们也都有着血肉丰满的细节。同学们要注意的是:这个细节,不仅真实,而且典型。真实加典型才是特色。——那么诗歌呢?

长期积累,偶然得之。

生:就诗歌而言,最关键的是语言。

师:你能举例子吗?

生:"僧敲月下门""春风又绿江南岸"……

师：古人锤炼诗歌语言，有"两句三年得，一吟双泪流""吟安一个字，捻断数茎须"之说。确实是这样，表达某一种思想、感情，有许多同义词、近义词可供挑选、使用，但其中"只有一个"是最为恰切的。诗人的技巧，就在于把"这一个"最为恰切地找出来。——那么散文呢？散文是我们考场应用最多的文体。

生：散文最重要的是"形"和"神"。

师：换一个角度，我认为就散文而言，最重要的是意境。散文意境"不是一个单层的平面的自然的再现，而是一个境界层深的创构"（宗白华，《中国艺术意境之诞生》）。散文意境有三个层次，或称三重境界：一是写实，二是传神，三为妙悟。（板书）这个老师以前没讲过，关键时刻，（笑）我给大家讲一讲。

师："写实"的"实"，一方面是指真实的客观存在；另一方面则是指思想感情的真实，不虚饰，不矫情。这种境界要求作者忠实地记述客观事物的存在形态和发展运动过程，毫不掩饰地向读者展示一个赤裸裸的自我。请同学们回想一下学过的课文，比如朱自清的《背影》。《背影》就是这样的写实名篇。那个捧了一袋橘子爬月台的老态龙钟的父亲营造了一个令人心酸的送别仪式，至今仍能打动不少读者的心。

师："传神"的"神"，指的是事物内在的底蕴和神采。它要靠"形"来传达，"形"即客观事物的外部形态。当代著名女散文家苏叶的《画饼娘》中有一段文字令人过目不忘："曾经开心地疯狂地笑过，说要开一爿店，卖炊饼。店名就叫'画饼斋'。每日以仅有的原料，做几个实在的大饼，卖给那些无福领略美酒佳肴的普通人。……倘做到哪一日，忽然缸底的面，瓮里的油，都成虚幻，而疲惫的路人仍寻上店来，我便搬出笔，在纸上画一个圆粑粑给他。告诉他，饼是没有了，钱是不收的，你就把这个拿去吧。他或者撕了，或者骂一句，或者觉得这个店还有些情意，

"形散神聚是散文特征"——这个观点是需要商榷的。教师就是要终身学习，要持之以恒地读书。

都可以,我都笑纳,都觉得安慰。"这段文字,写出了作者一种超凡脱俗的情趣,可谓"传神"。

师:"妙悟"的"悟",是指作者对人生真谛的透视,对生活本质的发现。当代女作家潘向黎有一篇散文《红尘之上》,以在贺年卡上写的句子"明月松间照,清泉石上流"为线索,对"聪明而不安定的女孩""朝夕共事的朋友""一个特别的男孩""亲爱的人"提出不同的批评、劝告以及希望。她觉得王维的这两句诗对于"聪明而不安定的女孩"来讲,"是一种宁静、淡泊的人生态度";对于"朝夕共事的朋友"来讲,"是一种无须防范、了无芥蒂的默契";对于"一个特别的男孩"来讲,"是一种单一洁净、不染尘怀的人间情怀";对于"亲爱的人"来说,是一种"物我两忘、浑然天成的禅"。她觉得人生应当有一种超脱于十丈红尘之上的"安宁、纯净、隽永,亘古不变"的境界。这样的散文,读来无疑是一次灵魂的洗涤。

生:袁老师,你能不能用你自己的文章来说明这三个境界?(众生叫好)

师:这个……也可以。我来找找……你们是要写实的、传神的,还是要妙悟的?(找)

生:都要!(笑)

师:胃口不小啊!那就看演示吧。看完告诉我,这三篇分别属于哪一个境界——

那轻柔细微的一纤

> 袁老师有绝活。

差不多每年这个时候,我都要写一些文字来纪念我的父亲。

差不多每年这个时候,我都会失魂落魄地把自己埋进对往事的回忆。

我是个没出息的儿子,整日忙忙碌碌,跟只蚂蚁似的。

蚂蚁还知道往自己家里搬东西,我却忙得连给父亲也是无奈。

的独家洒扫和祭奠的工夫也不是年年都有。

——13年,我亏欠太多。

父亲临走的一幕,谁也没有看到。

他一定是抓紧了那一条打着补丁的床单。

他一定脸憋得通红,甚或发紫。

他是被一口痰噎着了的。

一口痰,竟夺走我一根生命的支柱!

我曾经无数次地设想,如果那时候我在父亲床头,一定会捶父亲的背,帮助他把那口要命的东西给吐出来。

实在不行,我会嘴对嘴,做一次深深的呼吸。

可是上帝没有这么安排。

上帝安排我每年这个时候都在剜心割肉的痛苦中度过。

父亲的病不算是大病。

他是肺病,可以治愈,而且是正在康复的那一种。

尽管最严重的时候,他曾大口地咯血。

但三个儿子捋起衣袖来,每一个儿子的血管都是粗粗的,每一个儿子在针头扎进血管的时候都不会喊一声疼。

只是父亲自己把它当成了大病。

母亲后来跟我们几个说,父亲有一次曾让她向别人讨教肺癌的治疗。

母亲还说,父亲常常摸黑走到自家的桑园里去,弄几块桑树皮,刨几根桑树的根须。桑树皮用来泡茶喝,桑树的根须则常常洗净了揣在口袋里,时不时放到嘴里去嚼嚼。

对于桑树的药疗,我不甚了了。

只知道每到桑葚成熟的季节,树上挂满了红得发紫、紫里透黑的桑葚,我们兄弟三个围在树下,用自己瘦弱的胳膊摇晃着树干,偶尔从树上掉下来几个,总会有一番谦让。父亲瞧见了,会拿出他那根捕蟹用的长长的竹竿,噼里啪啦在树上一阵扑打,让桑葚雨点般落下来,落一份甘甜在我们的嘴里,直到心田。

直到母亲告诉我这些,我才去翻检资料。《本草纲目》言,桑叶"治劳热咳嗽,明目,长发";《名医别录》言,桑皮"去肺中水气、唾血、热渴、水肿腹满胪胀,利水道,去寸白";《滇南本草》言,桑葚"益肾脏而固精,久服黑发明目";《新修本草》言,桑葚"单食,主消渴"…… 事后"补救",心理,感情。

父亲的病是怎么落下的,家里没有人说过。

依我的看法,是那一年深秋掉进河里受了冻的原因。

已是很冷的天气,父亲提了盏桅灯,拿着网啊篓啊之类的工具到河边去捕蟹。

这河是和长江连着的,既宽且深。

父亲用那根长竹竿把网拦在河中,等到有蟹在河底下过,那网就会耸动。这时候须得眼疾手快,三把两把把网给抢上来。那蟹在网上缠着,挣扎不脱。

我闹着要和父亲一起去捕蟹,母亲不让。父亲笑一笑,嘱我围好围巾戴上帽子,提着桅灯走在头里。

捕蟹的地方选在河边一个四周有茅草的凹处,虽然可以避一些风,但久坐着,冷飕飕的空气还是灌得人脖子直往里缩。父亲见我打个哆嗦,解开他的军大衣,伸出胳膊把我搂在怀里。这一搂搂得真紧,我的耳朵分明听见他的心跳。

儿童的兴趣维持不了多少时间,我在父亲身边看着他捕上一只只膏肥肉嫩的螃蟹,开始的时候还是欢呼雀跃,到最后,迷迷糊糊也就进入了梦乡。这时候,父亲索性把大衣脱下来,把酣眠的我严严实实围住。

不知是做了个怎样的梦,按后来父亲的说法,我在睡梦中惊叫一声,把满满的蟹篓踢翻,滚落向河里。 原因正在自己。多一份哀伤。

父亲急着去抢,失去重心,连人带篓掉进了河里。

那一个深夜,从冰冷彻骨的河里爬上岸来回家的父亲还像往常那样用稻草把那一只只螃蟹捆扎成串。 父亲不恼,一如往常。

297

诚信，一如往常。	捆扎螃蟹的稻草一例不像别人那样用的是在水里浸泡了一夜的草绳，而是干燥簇新的稻草芯子。
辛苦，一如往常。	那一个深夜，在被窝里还没暖过身来的父亲鸡还没叫就起身，把那串串螃蟹一只只检查过去，凡死了的或者半死不活的，他就解下来，放在一边。
舐犊之情，一如往常。	快要出门赶集的时候，他好像想起什么，从篓子里抓出一串吐着白沫的螃蟹，解下三只威武的。
	赶集回来，他就病倒了，并且坚持不吃我们兄弟三个手中的螃蟹。
	写到这里，我突然觉得，父亲就像一株不断被摘去叶子的桑树。他全身的每一根枝条都冒着细密而快乐的叶子。
	而记忆就像嫘祖，走回故乡的那片桑园。
	那枚洁白如雪、凝结如蕾的椭圆形，你拉开它，伸展它，就会发现那是一缕长得说也说不完的故事。
父亲仁厚。 父子情深。	那轻柔细微的一纤，竟能坚韧得足以绾住我的一生。
清新的江南。	**写写江南**
	一月的江南，竖起高领，瘦瘦地走进这家，却又胖胖地走出。有关春天的消息，就这样家喻户晓了，就这样挂在嘴边了，守望，是所有的门窗。往往在这个时候，阳光格外地温暖。
	江南的二月，是少小离家的贺知章用碧玉妆成的。可惜入诗的那把剪刀，裁不出故乡的云。要不，来去匆匆的他，定会佩了一朵去，用日月潭作版面，发表眼睛和心。
古：隽雅。	三月的江南，常以村口的那冠苦楝树为笔，在蓝天的信笺上，写满思念。而后在白云的一角，盖上太阳的邮戳。是集邮爱好者的你，定会在收藏这一枚春天的时候，
今：清新。	读到她永久的心语：淅淅沥沥，淅淅沥沥……
	进入四月就进入了麦子抽穗的季节，在这个季节的

入道口,油菜花大把大把地金黄,蜂儿们大声大声地歌唱。那忽地长高的,除了庄稼,还有路。这时候你出门,一准会被意译成小令或者慢调,轻启在江南的薄唇上。

而五月里最流行的,惟有阳光。如果是盆地,必有人举之为杯,痛饮不醉。江南是光着膀子,沐在阳光里的。在他弯腰下去的地方,是一脉脉农民的血管,流尽了汗水。

按"月"组织文字,但注意变化,不呆板。

当太阳鸟黑了那头秀发,男人们的表白,再不是执一把铁梳。六月的江南被钟情灌溉,害一汪绿绿的羞!那蛙鼓,自是从田那边来,却是往梦那边去。梦的边缘是忠实的小径,开满朴素的脚印。

有江南的俗,也有江南的雅。俗亦即雅。

走过去便是七月。七月的江南,从绿油油的藤上摘下,包熟包甜。不少皮肤黝黑的童年,鱼一样游进,又鱼一样游出。莲又长高了,高得能站在河边的柳阴下,亭亭地望了……

这时候若有一丝风走过,村口那株被骑歪了脖子的苦楝树,定会以蝉的方式,发布消息。许多人便在抬头的刹那,想起来,今晚的月亮是最圆的。八月的苦楝树是结了果的。在许多人的注目之外,那果很青。

九月的江南在鸽子足下踱着,一如无垠的草坪。另一种形式的庄稼拔节的声音,时远,时近。脚手架上飘扬的红旗,是一份无法掂量的心情。月的巨镰磨亮的黎明铿然落地的时候,是谁,再也抑制不住夺眶而出的心!

十月的每一穗稻谷,都有一个动人而又饱满的故事情节,以致在收获的时候,江南人喜欢独坐田头,回顾,并且思考。收割后的田野有一种与生俱来的空白美,这种美一旦读一眼,你就会读千遍也不厌倦。

十一月的江南,雁过得好寥落。偶尔的几声叫唤,却令人很思索。许多人的梦,便是在这个时候长了翅膀的。那些跨江而来的西北风,一路剽悍,嘶鸣如诉……

而十二月最隆重的,就是这江南的第一场雪。这一场雪,是为那打点行装回家过年的异乡人下的。那一行行的脚印,留待开春时分,绿出一条条的路来。强健的脚板,将会在那个时候,不小心踩疼江南人的闲情!

以时间结构,以特色编织。

和自己在一起

知人者智,自知者明。

我常常给自己写信,那是在我劳苦困顿的时候,在我孤立无援的时候,在我欣喜若狂的时候,在我忘乎所以的时候。我用我的信,调和我生命的那一片蔚蓝;我用我的信,找回我生命的那一份本真;我用我的信,点亮我生命的那一盏航灯。

是的,敲敲门,有人在吗?也许在,也许不在。敲敲你的心门,你在吗?想想这个问题,你会对自己肃然起敬!

我们有很多时候,并没有和自己在一起。尽管吃饭是用自己的嘴在吃,走路是用自己的腿在走,穿衣是用自己的手在穿,睡觉是用自己的身体在睡;可是我们太在意别人的感受,生怕别人嫌弃你吃饭的声音,生怕别人嘲笑你走路的姿势,生怕别人评点你周身的穿戴,生怕别人听到你梦中的呓语。我们把自己交给了别人,我们的灵魂成了别人的奴隶!

为什么不找回自己,在不该妥协的时候,对别人说"No";在受人溢美的时候,对自己说"No"呢?一个人是对的,他的世界也就是对的。一位伟人说:"要么你去驾驭生命,要么生命驾驭你。你的心态决定谁是坐骑,谁是骑师。"的确,心态是你真正的主人。

现在,把你的心房打开,将它整理成一个生命的后花园吧!经过了秋天的凋零、冬天的肃杀,春天的小草已经青青。没有谁能够阻止一朵花,哪怕是无名花花期的来临。

人是要有点精神的。

用什么浇开这每天的一朵花呢?用沸血的热情,用心跳的强音,还有那笑看花开花落的表情,远望云卷云舒的心境。

也许你会说,你的周围一片黑暗。那是因为你背对太阳,自己挡住了太阳的光线。现在,请你转过身来,面向阳光。那里每天都会诞生一个黎明。

如果真的不幸,你也要相信:不幸只是一段暗道,走出不幸,就是幸福。

每天的一朵花开了,请不要在意它的颜色,它的形状,而要在意它的芬芳。每一天你都用心细细地闻它,你会闻出生命的体香。

每天的一朵花开了,请不要孤芳自赏。打一通电话,发一条短信,寄一份邮件,写一封手书,递一个微笑,一朵花就又开出许多朵。

你听你听,那是你生命新芽萌发、心情花蕾绽放的声音⋯⋯

生:我认为第一篇是"写实",第二篇是"传神",第三篇是"妙悟"。

师:呵呵,姑且这么认为吧!我再强调一次:文无定法,虽有常法。这算是我在你们高中三年结束的时候"卖弄"一次自己的文章。以后,我期待着你们的"卖弄"——贴进"校友录",发在报刊上,或者写在信里给我看。——记住,要有特色,文章的特色,你的特色!下课。

(师生道别。)

人需要鞭策。

每个人都有自己的天空,湛蓝湛蓝的⋯⋯

教师要示范,要能示范,要会示范。

真诚相待。
讲与不讲,看内容,看学生。
如果需要,教师从头讲到尾又何妨?杜郎口只讲10分钟,造假作伪,是要被钉在历史的耻辱柱上的。

247

《听了 10 节课》

(一)

最近在不同地方连续听了 10 多节语文课,感触颇多。

这些课主要环节大致相同:指导—自学—讨论、发言—总结。具体情况如下:

指导:学生展示收集的作家作品材料,老师补充相关知识,提出几个问题,布置阅读。

自学:学生或齐读或自由读或默读或朗读或选择自己喜欢的片断读。

讨论:多数为四人一组,也有六人一组的。围绕老师的几个问题进行。

发言:小组代表发言、本小组其他同学补充发言、自由发言。

总结:学生谈学习收获,或老师分条列项提炼本节课所学内容,或师生共同总结。

(二)

从总体说,上述课堂安排自有其合理性,这种安排为大多数老师采用也在情理之中;但是,操作中出现的不足也是明显的:

指导环节:学生资料多来自教辅,不少学生没有实际参与,既没有准备相关的材料,课堂也没有认真听其他同学发言;而老师提出的问题多为极容易回答或较容易回答的问题。

自学环节:对照问题,解决问题。个别的情况是,有学生两分钟把书看完,且答案随之得到,给人"立竿见影"之感。

讨论环节:一般老师视此环节为高潮所在,都比较用力。课堂内学生表现也最为积极,课堂气氛热烈:发言、补充发言,观点或大同小异,或简单对立;自由发言时热火朝天、争先恐后,但多数只是同意或不同意某某,而缺少理由的阐述。不得不指出的是,个别老师借此逗笑取乐,插科打诨,甚至引吭高歌,手之舞之足之蹈之。这有无必要?

总结环节:由于讨论环节用时较多,"总结"往往潦草匆忙。其实,总结过程也可以发现缺漏,也可以弥补前面环节的不足,但大多老师缺乏纠正弥补意识,即便有这种意识,也不可能再行展开,因为此时下课铃声即将响起。

(三)

课堂如此,效果如何?

恕我直言:看上去井井有条且热热闹闹,而实际是表面的"程序"掩盖着事实的"失控",更严重的是,整个过程中学生处于被动之中。老师不作点拨,没有引领,也不敢拨乱反正。课堂有序地进行着低效的浅表层次的操作。

出现这样的课堂状态,是有些叫人担忧的。

(四)

这 10 多节课在当前可能有一定的代表性;这就引发我们作如是思考:

(1) 模式、程序、环节等很重要,但决不能为其束缚,如果课堂教学实际有需要,老师可以而且应该灵活运用或变通处理。

一方面,我们要明确"方法"的意义。魏书生老师的"定向、自学、讨论、答疑、自测、自结"模式使课堂生动活泼、收效显著,余映潮老师的课堂设计层次清晰、推进顺畅。名师们的成功经验反复昭示我们:课堂教学是讲究方法的。回溯历史,曾经流行的苏联教学程序(起始—阅读与分析—结束—复习)、日本读文程序(通读全文—谈话—精读片段—解释—品读思考—抄写—深读体会)、德国赫尔巴特教程(明了—联想—系统化—练习多样化)及莱因的教程(预习—提示—比较—概括—应用)都对我国的语文教学产生过不小的影响。他如"读、划、批、写"程序,"读读、议议、练练、讲讲"模式,都力图使教学过程优化、科学化,具有理论意义和操作价值。

但是,另一方面,我们不能把"方法"僵化。正如吕叔湘先生所说,"成功的教师之所以成功,是因为把课教活了",课堂教学"关键在一个'活'字,如果不会活用,任何教法都会变成一堆公式"。还是那句老话,教学有法,教无定法。我们应该提倡深入研究各种教法,并结合教师的自身条件,结合学校和学生的实际情况,从而创造性地借鉴、运用之。

(2) 阅读是语文学习之母。

这次授课的老师,全部安排了阅读;但大多被动地把阅读当成一个不能缺少的环节去完成,只是布置阅读而没有强调阅读,没有花功夫去指导阅读。

就语文学科的学习而言,阅读是最基本的方法,也是最重要的方法。阅读既是"形式",更应该是内容。阅读的地位必须加以凸出。《春》如果在读上下功夫,精心指导学生用心去读,学生就能体会美、体会美景、美情、美文、美意,是否要归结为几幅图倒不大紧要。《天上的街市》,通过反复吟咏,教学任务即可完成过半。有位老师精心指导学生分角色朗读《丑小鸭》中猫绅士与鸡太太的对话等,收到了极佳效果。轻读默念,高吟朗诵,咀嚼把玩,这些常见常用的普通做法,是学习语文、提高语文水平和能力的有效方法。

(3) 教师本人较高的听、说、读、写素养是语文学科的魅力来源之一。

能说会道是语文老师的当行本色。读破万卷书,写成数篇文,对于语文老师来说不算是苛刻要求。老师多读善写、能说会道,才能居高临下,才能左顾右盼,才能深入浅出,也才能为学生楷模、向学生示范。《山中访友》,亲切自然真挚,反映作者的高洁情怀。有老师用力挖掘大嫂、大哥、爷爷、弟弟这些称呼产生的根据。事实上,拟人、比喻这些方法本来就是跛足的,是难以落实的,硬要去找原因、根据,就会被动,就会失之于"拙"。有位老师教《说"木叶"》,"读写结合"。作文题是:以"竹"为题,写两首不同立意的诗:① 歌颂气节;② 讽刺内心空虚,节外生枝。对比比喻,角度不同,意象有别,设题不错,但从与课题的结合上看,几无联系,既非延伸,也难仿作,而从诗歌写作实际上看,题意太白,中学生恐难以落笔。

(4) 语文教师要努力成为受欢迎的"导游"。

语文广阔无垠,语文博大精深,语文孕育着无穷趣味。假如说语文是闻名天下的景观,那么教师就是导游,学生则是游览参观者。这次听《假如给我三天光明》这一课,"长文短教"。文章可学之点有很多,既要总揽全文,又须合理取舍。有些老师的做法是不可取的:他们带着学生从这个景点快步赶往下一个景点,来去匆匆,走马观花,疲于奔命,看上去到过所有地方,最后的收获恐怕不过是"到此一游"。

导游讲究导游词,语文教师的教学语言尤其是提问设计则要体现语文特点,这样才能起激发诱导作用。有这样的提问式导入:学习过朱自清先生的作品吗?(学过)这篇《绿》写的是什么?(写梅雨潭)写梅雨潭的什么?(写梅雨潭的绿)这与"'春风杨柳'多少条?(万千条)""'六亿神州'怎么样?(尽舜尧)"有多大区别?有老师把计算《祝福》的经济账设为问题:福兴楼一碗鱼翅的价格,祥林嫂的月工钱,门槛的费用等,并详加比较,以期说明祥林嫂的"困苦"——殊不知语文不是算术啊。

　　导游要深入研究景点内容,教师则要深入研读文本。《从百草园到三味书屋》是批判封建教育?《荷塘月色》表现了作者对白色恐怖的忧虑?须仔细斟酌,要知人论世。《项链》表现爱情主题,这说法并非大逆不道,只不过"虚荣心"主题更容易接受,且有比较普遍的意义,这两种说法都有文本依据。有老师概括出"祥林嫂的一生没有春天":春天丧夫,开春逼嫁,暮春失子,迎春惨死。这是研读文本的收获。研读文本还要能有所拓展。关于《邵公谏厉王弭谤》,《古文观止》《才子古文》等都分析了它的说理方法,《古文观止》还划分了层次,把这些出示给学生,对学生学习该文极有帮助。"谈笑间樯橹灰飞烟灭"与"谈笑间强弩灰飞烟灭"区别在哪,通过比较可以使学生领悟。而《口技》课上,教师或学生是否一定要模仿鸟兽的声音?宜作推敲,应该从文本出发。要之,教师深入研究文本是永远都不过时的事情。

教材·教师·考试

学习的最好刺激,乃是对所学教材的兴趣。　　　　　——布鲁纳

矢人岂不仁于函人哉?矢人唯恐不伤人,函人唯恐伤人。巫匠亦然。故术不可不慎也。　　　　　　　　　　　　　　——《孟子》

亲其师,信其道;尊其师,奉其教;敬其师,效其行。　——《学记》

248

课本,课本,教学之本。

学习的最好刺激,乃是对所学教材的兴趣。

249

相传夏代产生了学校,到商周时学校已经相对成熟。孟子说:"夏曰校,殷曰序,周曰庠。"

那时学校学习的内容是六艺:礼、乐、射、御、书、数。

礼包括政治、道德、历史等,乐包括音乐、诗歌、舞蹈等,射包括射箭、投掷等,御包括驾车、骑马习战等,书包括识字、写字等,数包括算数、计算等。学礼、习乐、学书等与语文教育颇多关联。

古人主张"诗书礼乐以造士",《三字经》《百家姓》《千字文》《千家诗》《昭明文选》这些文选教材,都是将识字教育、读写教育与道德教育结合在一起的。

250

蒙学教材(以识字为主):《三字经》《百家姓》《千字文》《千家诗》等。

经学教材:《诗》《书》《易》《礼》《春秋》《大学》《论语》《孟子》《中庸》等。

文选教材:《昭明文选》(萧统)、《古文观止》(吴楚材,吴调侯)、《古文辞类纂》(姚鼐)、《经史百家杂钞》(曾国藩)、《唐诗三百首》(蘅塘退士)等。

其实,《诗经》《楚辞》等也是"文选"。

251

刘师培《中国文学教科书》,"先明小学之大纲,次分析字类,次讨论句法、章法、篇法,次总论古今文体,次选文。"

小学包括"六书"等。

语文独立出来,自与经书不同,自有语文特点,刘师培们当时没有受到干扰,从语文实际斟酌,是抓住了语文的特征的。

252

《国文百八课》每课为一个单元,内含文话、文选、文法(或修辞)、习问四项,各项打成一片,融语文知识、范文、作业为一体,系统地介绍了语文基础知识,强调了对语文基本规律的掌握和基本技能的训练。

《国文百八课》是很成熟的语文教材。

叶圣陶、夏丏尊诸先生研究过学生,研究过教师,研究过语文,而《国文百八课》就是研究成果。

253

王荣生老师的"定篇、例文、样本、用件",是对叶圣陶先生"课文是例子"的继承和发展。

然"定篇、例文、样本、用件"的名称需要推敲。

例文与样本区别不大,定篇、用件不能体现其内涵。

定篇是权威例文?样本是典型例文?用件是不是例文?

254

文选模式是语文教材的主要模式。这似乎是不得已,其实有其必然性。

社会文本与教学文本不同,社会阅读与语文阅读不同。教学文本最好不搞多元解读。

255

一篇文章,有非讲不可(亦即非学不可)的内容,有可讲可不讲的内容,有可以忽略不管的内容。以《拿来主义》为例,大宅子的内容非讲不可。其方法,比喻论证;其主旨,如何批判继承文化遗产。文中的类比论证、因果论证则可讲可不讲,而做女婿换来的、姨太太等,则可忽略。

256

《卖火柴的小女孩》《万卡》《竞选州长》《我的叔叔于勒》《最后一课》等入选教材,重视的是其内容,是其倾向(实际上,作者的倾向与选编者的理解并不相同)。

257

教材是教学的线索、凭借。编教材不能大跃进,不能急功近利。

教材建设,选文是关键。

入选文章应该保证:语词丰富,句子鲜活,技法纯熟,内容向上、向前,真情、美景、善意,旨趣高雅,文质彬彬。

对《红楼梦》等古今名著,应节选进入教材。

选文可读性要强。

课文的字词句篇、技法技巧、思想内容,皆成范例,皆可借鉴。

258

中国教师的祖师爷是孔子。

荀子提出"天地君亲师",推崇教师职业。

唐代的韩愈说,"师者,所以传道受业解惑也。"经典权威。

元代有七娼八丐九儒之说,儒是教师,排名第九,在娼、丐之下。

从1904年算起,语文教师出现业已一百多年了。

259

著名特级教师于漪说,语文教师的任务是"教文育人",影响很大。

"学高为师,德高为范""学高为师,身正为范""言为人师,行为人范""学为人师,行为世范"等已成社会的共识。

新课改后,语文教师接受了三维目标、教学设计、教学反思、教育叙事、有效教学等培训,又接受了备好课、上好课、命好题、评好课、育好人等培训。

而培训的实际效果如何?

260

一线老师靠本能,凭直觉,在这些年的语文教学实践中,字、词、句、篇任务完成得是不错的。(惜有些新理论,叫人目眩,叫人头晕。)

261

一线语文教师,差不多是个杂家。

杂家并不坏。

262

读书是语文教师的第一要务。语文教师要终身学习。学生不喜欢不学无术的教师。

语文教师要通览《史记》《诗经》《楚辞》《论语》《孟子》《文选》《唐诗三百首》《宋词选》《元曲选》等。

要阅读古今中外的文学名著,如《哈姆莱特》《红楼梦》等。要阅读当代作家、诗人的新作。

语文教师要厚积薄发。

腹有诗书气自华。

读书贵在自得。

263

语文教师要能独立解读各体文章,要擅长辨别、选取各家解读观点以用于分析文章,用于语文教学。

264

语文教师要掌握语言技巧以为学生示范,要能说会道。

语文教师要能写出像样的文章,其作用是:第一,可为学生示范;第二,有利于教师自己解读文章。语文教师的文章无需达到作家、学者文章的水平,"像样"即可。

语文教师是语文的形象。

265

语文教师不是神。

由课程的实施者转变为课程的建设者、开发者和实施者;从知识的传授者转变为学习的引领者;从课堂的主宰者转变为平等的交流者、合作者(平等中的首席);从呆板的经验者转变为教学的创新者:诸如此类,不一而足。

语文教师不能承受之众,不能承受之重。

266

学什么考什么,考什么学什么,这错了吗?没有错。考检验学,考促进学,这是常识。

难道要学什么不考什么,考什么不学什么?那样不就是有人说的"与学生为敌"吗?

267

怎么考,考试方法,命题技巧,要对其进行深入研究。

268

考试是指挥棒,要能发挥指导学生学习语文的作用,要能促进学生学习语文。

附 录

《听课感慨》(2009-4-19)

小引：两天封闭，担任评委，听40余人课，总体状况甚佳；而深感于一种现象①、一件事③、一个人⑤，分别得三诗于后。

吟常识　疑不释题目①

常识常规不能违②，返璞归真是臬圭。
何必心思都用尽？辛辛苦苦黯然归。

仿苏诗　感评分悬殊③

横看成岭侧成峰④，嗜辣喜甘各不同。
道岭无峰皆是岭，说峰非岭尽为峰！

赋胡杨　叹个性老师⑤

莫嗟上苍原聩昏，置尔浩瀚漠荒中。
风狂竟使根坚劲，沙猛犹能叶葱茏。
睨视天涯杨柳媚，戏言身畔苁蓉工⑥。
孤高桀骜三千载，多少生灵愧疚同？⑦

注：① 解释课题是很好的导入方法，但很多人对此不屑一顾，翻新花样，冀有所得。② 古代战乱平定后，肯定是休养生息，这是常识常规。常识常规就是规律，伟大人物、一般人物都该懂得。想伟大但伟大不了的人可能不懂得。③ 评定分数、评判事件确实有个人好恶的因素存在。④ 见苏轼《题西林壁》。⑤ 一老师很有学养，但张扬，来自偏僻处。⑥ 苁蓉生于沙漠。

⑦ 据说胡杨:生,一千年不死;死,一千年不倒;倒,一千年不朽。很多生灵愧对于它。

《听课三首》(2010-6-6)

从容施教者

循循善诱若攀谈,如沐春风尽乐欢。
更信古人无虚语,心沉气定意清闲。

貌似聪明人

技微巧小却连连,大道亏缺势枉然。
功绩从来凭厚重,树人大事岂等闲。

功夫在诗外

行云流水凯歌还,见肘捉襟总不堪。
规律仿佛操舵手,开端即见若干年。

《兰陵王①·重读〈苏东坡传〉》(2010-7-5)

贺监②言,公乃天庭谪仙。多歧路,投箸停杯,风浪中直挂云帆③。一生喜大川,名山,从无怠倦。辱阉宦④,戏弄玉环⑤,能令权宠不开颜!

漂泊在人间。却魂系国运,梦系黎元。朱门黔首感伤难⑥。虽浣花溪畔,茅屋一椽,犹思想广厦万间,庇寒士欢颜⑦。

坡仙,心仪远⑧。念白飘天庭,杜苦人间。一蓑风雨我笑谈⑨。世间有凉炎,琼楼更寒。谋酒于妇⑩,四五客,俱欢颜。

注:① 词牌名,三叠,130字。② 指四明狂客贺知章。③ 见《行路难》。④、⑤ 见《高力士外传》等。⑥ 见《自京赴奉先县咏怀五百字》。⑦ 见《茅屋为秋风所破歌》。⑧ 幼年即读《苏东坡传》并喜之,后柜里桌上枕边皆有之,因常读之。⑨ 见《定风波》。⑩ 见《后赤壁赋》。

《感事一首①》(2010-7-23)

十年②阅世六千天,留去③其实我两难。
结对分离④曾倡议,规章程序⑤更当先。

周公有意流言起⑥,五柳无心武陵源⑦。
诚谢匠石⑧操作巧,看风听月⑨自清闲。

注:① 2009年曾写一组七律,名《感事》。后皆弃去,独留此第一首,故名《感事一首》。② 1999—2009年。③ 留,可能有所作为,但其中辛酸难状;去,倒是一身轻松,然到底心有不甘。两难之间,则顺其自然,而决定本不在我,故泰然接受结果。④ 2004年开始,"新老结对",实施青蓝工程;"考教分离",提升教学质量。⑤ 1999年开始,教务处率先搞规章制度。滥觞之功不可没也。⑥ 周公东征(约公元前1045年)前,有"周公将不利于孺子"之类的流言。⑦ 陶潜不为五斗米折腰,而神往桃花源。⑧《庄子·徐无鬼》:"郢人垩漫其鼻端,若蝇翼,使匠石斫之。匠石运斤成风,听而斫之,尽垩而鼻不伤,郢人立不失容。"⑨ 可以以看戏的态度观察社会人生,可以做一个"散淡的人"。我有诗曰:"漫把看风听月趣,吟成心雨一篇篇。"友人有诗云:"策马扬鞭待远行,崎岖征程好风景。亮剑且把琵琶弹,收戈更将美酒饮。无奈闲云遮明月,人生难料阴与晴。茕茕踽踽向何往,无君作帅谁示明。"

《贺朋友生日》(2011-3-25)

晚上数人为朋友生日小酌,一友人提议我献诗一首,遵嘱作。

华诞早春二月间,暖风拂面艳阳天。
教学教育堪欣慰,处事处人更浩然。
烈烈秋风慕田峪,沉沉夜色湘江边。
有朋如镜常持照,自在自然自心安。

《贺友人寿诞》(2011-4-17)

柳丝摇绿水如蓝,寿诞清明湛湛天。
渤海曾经同远眺,薄酷每对共欢言。
教学山重殷殷矣,富贵云轻淡淡然。
自是所得相较少,为因较少获心闲。

《怀念父亲》(2011-9-9)

二十年来频入梦,叮咛教诲与昔同。

疏财仗义传乡里,樽俎折冲誉邑中。

家外家中凭照应,村前村后赖融通。

站直坐正殷殷语,坦荡从容古圣风。

《御街行·忆访怀远包集中学①》(2012-5-17)

涡淮河畔长祈望。路曼曼,意昂昂。楼前绿树影婆娑,倍感弦歌鹰扬②。一兄开课,众人答问,精彩一场场。

名牌五岔鸡难忘。馄饨美,油茶香③。临风把水荆山上,细把名泉欣赏④。离开旬日,眉间心上,犹自频怀想。

注:① 5月5日至6日,一行访包集中学。包集中学位于涡河淮河岸边,校长宋在馥执教数学,其为苏奖获得者,一位智慧的管理人。② 一所农村中学,竟已考取清华、北大6人。2011届宏志班,高考平均分高出一本50分,最低一人高出一本线30分。③ 五岔烧全鸡,潘老师家的馄饨,怀远的油茶,至今仍回味。④ 怀远有天下第七泉。一般认为:趵突泉为天下第一泉,无锡有第二泉,第三泉在湖北浠水兰溪镇,第四泉在上饶市,第五泉在扬州,第六泉在庐山。

《第十届弟子将鏖战考场》(2012-6-2)

今天上午,本届高三两个班的语文课结束了。又一个三年过去了。算起来,这届学生是我教授的第十届学生,我的舌耕生涯业已三十年矣。一如既往地希望学生攀仙桂步青云,盼望冰生于水而寒于水,青出于蓝而胜于蓝。感慨既多,作小诗以记之。

少时书史浅结缘,绛帐执鞭已卅年。

又送英才科场去,将迎佳讯校园传。

炎凉世相人浮躁,冷暖园丁自甜甘。

弟子负笈初心慰,扬鞭策马意酣然。

古诗:曾是昔年辛苦地,不将今日负初心。

《别东区》(2013-2-25)

　　高门大锁两重天,疏木矮楼日照寒。

　　料峭春风声飒飒,二十九载一瞥间。

注:上午课后去东区,绕道至附中门前。爰成此四句以为纪念。

《故园三秋即景》(2013-11-4)

　　秋风飒飒老秋光,摇曳蒹葭映碧塘。

　　双雁影轻斜日下,西窗蛩唱乐无疆。

《听〈记承天寺夜游〉》(2014-1-8)

上午听刘飞老师讲《记承天寺夜游》,感而作。

　　月光如水水空明,藻荇水中竹柏影。

　　闲月闲人闲字句,空明如月是闲心。

附:记承天寺夜游(苏轼)

　　元丰六年十月十二日夜,解衣欲睡,月色入户,欣然起行。念无与为乐者,遂至承天寺寻张怀民。怀民亦未寝,相与步于中庭。庭下如积水空明,水中藻荇交横,盖竹柏影也。何夜无月?何处无竹柏?但少闲人如吾两人者耳。

《感作文丛书出版》(1996-10-15)

(一)

　　书山陡峭荆棘多,帷幄运筹费蹉跎。

　　终有淡薄同志在,共攀险峰共吟哦。

(二)

　　蓝缕荜路艰辛多,刮垢磨光费蹉跎。

　　但有学子稍会意,共擎玉液共吟哦。

注:主编《初中作文分类集锦》丛书(共七本)。

《教师节答友人》(1997-9-10)

(一)

年来默默撰《大观》,煮字裁章费周旋。

追日盗火榜样在,挥洒汗水苦亦甜。

(二)

潮落潮起不牵心?富贵于我是浮云。

心底波澜笔端意,书声琅琅胜涛声。

注:《世界成语故事大观》是我喜爱的一部书。它由著名语言学家张斌主编,我为副主编,"世界成语故事"部分全由我撰写。

跋

自 2012 年 12 月 10 日写成《序》开始,我便埋头于本书的撰写之中了。2013 年 3 月 18 日,成初稿;2013 年 10 月初,修改润色基本完成;今天终于定稿了。

语文教学史是一部曲折、叫人心酸的历史。

1904 年语文独立,一大批学者为语文做出了贡献。由于当时既没有学科内部干扰,又没有行政外部干预,一开始就抓住了语文的本质。而从此以后的语文实践也造就了大批大批的语文人才。

开明一派,由叶圣陶先生而起,坚持工具说。后有吕叔湘先生继承发展,张志公先生总其成。这本是语文的幸运。可是,特殊时代,工具说不能坚持了。

而汉语、文学分科,1957 年草草收场。后来又把语文弄成了政治。更有甚者,语文只学"语录",只学老三篇,离工具说越来越远,越发荒唐了。

20 世纪初叶及其后一段时间的语文教材选文不适合现在的情形,现在的新技术可以辅助语文教学,这些当然不可否认,但若弄些花里胡哨的东西,那是戕害语文,戕害语文教学。

本书返璞归真,回到常识,捍卫常识。

语文就是语言,就是字、词、句、篇。当然,教学中,不能搞字、词、句的要素教学,而要把字、词、句融入篇中学习。学生字、词、句、篇知识扎实,字、词、句、篇能力过硬,那就是学好了语文。教师教出的学生,语言功夫扎实、过硬,就足以证明教师的教学成功了。如此而已,岂有他哉?

让语文成为语文。

期待语文成为语文。

莺啼柳丛，鹰击长空，虎啸山林，驼行大漠，骅骝奔驰于大草原……这是极致，这是大美，这也是本真，这更是常识。

希望中学生和大学中文系学生从本书中受到启发，期待广大中小学语文教师对本书提出宝贵意见。

吴华宝
2014 年 7 月 14 日